新概念教材

中国高等院校市场学研究会
中国高等职业技术教育研究会电子商务与物流协作委员会 规划组编

高职高专教育电子商务专业教材新系

网络编辑

（第三版）

韩隽 吴晓辉 梁利伟 编著

东北财经大学出版社
Dongbei University of Finance & Economics Press
大连

图书在版编目（CIP）数据

网络编辑／韩隽，吴晓辉，梁利伟编著．—3 版．—大连：
东北财经大学出版社，2015.2（2016.12 重印）
（高职高专教育电子商务专业教材新系）
ISBN 978-7-5654-1864-8

Ⅰ．网…　Ⅱ．①韩…②吴…③梁…　Ⅲ．互联网络-新闻
编辑-高等职业教育-教材　Ⅳ．①G210.7②G213

中国版本图书馆 CIP 数据核字（2015）第 026983 号

东北财经大学出版社出版
（大连市黑石礁尖山街 217 号　邮政编码　116025）
教学支持：（0411）84710309
营 销 部：（0411）84710711
总 编 室：（0411）84710523
网　　址：http://www.dufep.cn
读者信箱：dufep@dufe.edu.cn

大连雪莲彩印有限公司印刷　　　东北财经大学出版社发行

幅面尺寸：185mm×260mm　　　字数：445 千字　　　印张：19
2015 年 2 月第 3 版　　　　　　2016 年 12 月第 6 次印刷

责任编辑：许景行　张晓鹏　韩敌非　　　责任校对：那　欣
封面设计：冀贵收　　　　　　　　　　　版式设计：钟福建

定价：32.00 元

编审说明

本书是全国高职高专教育通用教材，经审定，同意将其作为"两会"规划教材出版。书中不当之处，欢迎读者批评指正。

中国高等院校市场学研究会
中国高等职业技术教育研究会电子商务与物流协作委员会
规划教材审定组

总　　序

电子商务是发展迅猛的新兴产业。在我国，电子商务历史虽短，但从 20 世纪 90 年代初的 EDI 电子商务应用，到其后的"三金工程"，再到 90 年代末开始的互联网，发展势头极为强劲。进入 21 世纪，电子商务带动了企业管理与商务模式的创新，对经济环境与国际政策的挑战也日益显著，特别是对于中小企业，电子商务发展的潜力不可估量。

与产业发展同步，电子商务专业是我国多数高等院校开设的大专业之一。迄今为止，在全国 1 100 多所高职院校中，已有 700 多所开设了电子商务专业，为社会源源不断地提供大量电子商务高等应用型人才。

在专业课程设置方面，国内高职院校经过近几年教学计划的交流，并借鉴国外特别是欧美电子商务教育经验，已在主要方面达成阶段性共识，提炼出以网络技术与应用、数据库技术与应用和网页设计与制作等技术基础课为依托，以电子商务概论、电子商务网站建设与维护、电子商务安全管理、网络营销、电子商务法律、网络编辑、电子商务英语、电子商务综合实训等专业课为主干，以国际贸易实务、电子商务项目管理、客户关系管理、电子商务物流等拓展课为必要补充的高职高专电子商务专业课程体系。

根据上述新的课程体系设计推出的"21 世纪新概念教材·高职高专教育电子商务专业教材新系"（共 15 种），由中国高等院校市场学研究会和中国高等职业技术教育研究会电子商务与物流协作委员会（以下简称"两会"）规划组编，东北财经大学出版社出版。其领衔作者是从全国各高校专业带头人中择优遴选出来的，他们或者是国家级精品课程的主讲者，或者是本专业领域的资深专家。

本套教材具有六大鲜明特色：

（1）与时俱进的课程设置：与国内外高校电子商务专业教学改革最新进展保持同步。

（2）合理先进的代型设计：定位于"产学研结合"，着眼于"双证沟通"，涉足于"创新教育"，突出"高等应用性"，充分展示既定成果，也适当关注"问题意识"。

（3）能力本位的人才模式：坚持整合论意义上的"知识教育、技能训练和能力培养三者统一"。

（4）简明优化的教学内容：按照"先进、精简、适用"的原则对教学内容进行优化重组。

（5）典型到位的案例穿插：章首的引例，节内的微型案例，章后的中型案例与书后的综合案例融为一体。

（6）系统完备的教辅支持：免费提供网络教辅系列，"PPT 教学课件"、"章后习题参考答案与提示"、"综合案例分析提示"、"综合实训教学建议"、"综合讨论教学引导"、"试题题库"等一应俱全。

作为全国通用的最新教学用书，本套教材是高等职业技术院校、高等专科学校、本科院校二级学院、五年制高职等电子商务专业、IT 专业、工商管理专业及其他财经类相关专业的首选，也可供成人高校、电大、民办高校和社会从业人员参考使用。

本套教材只是"两会"高职教育教学改革与创新研究的阶段性成果，这些成果在取得上述突破的同时，尚存在某些方面的不足。这些不足的克服，有赖于在广大专家和读者的支持与关怀下的不断修订。

"高职高专教育电子商务专业教材新系"编写委员会

第三版前言

当我们修订本教材第三版的时候，正是互联网进入中国的第 20 个年头。虽属巧合，也并非专门为中国互联网发展致礼，但在这样的时间当口，却是多了一些理性、庄重和豪迈。

20 年前的 4 月 20 日，是一个永载史册的日子。中国成功实现了与国际互联网的全功能链接。此后的 20 年间，通过从业者和互联网爱好者的共同努力，众多的"中国第一次"被成功演绎成了"世界之最"。

2008 年，中国网民突破 2.5 亿人，超过美国，跃居世界第一；2011 年，中国手机网民规模达到 3.56 亿，手机网民超越计算机网民，进入移动互联网时代；2012 年，中国电子商务交易额突破 8 万亿元，相当于中国 GDP 的 1/6；2013 年，中国网民规模达 6.18 亿；到 2014 年 6 月，中国网民规模达到 6.32 亿，全球十大互联网企业中中国揽有 3 席。中国，已经当之无愧地成为互联网大国。

得益于世界和中国互联网的发展，也得益于许多理论研究者的总结和研究，8 年前的这个时候，我们组建的年轻的撰述队伍刚刚完成的本书的第一版正在繁忙地校订中。毋庸讳言，这个版本满载了作为网络实践参与者的我们的热情，我们试图穷尽当时互联网编辑方面的全部，但网络编辑所涉及内容的庞杂也使得我们力有不逮。4 年前的这个时候，我们完成了本书第二版的修订，删繁就简是第二版修订时主要的着眼点，我们希望让教材更接近学生的感知、更适应教学的需求。

又一个 3 年过去了，今天，网络购物、网络金融、网络教育……已经成为我们生活的一部分，很难想象，离开网络我们的生活会怎样。网络也从最初给我们带来惊喜，到我们对其渐渐熟视无睹。但互联网对我们这个世界的丰富和改变却一直在进行，尤其在这个移动互联的时代，每时每刻，我们每个人都在用自己的手指丰富着网络信息、改变着网络的形态。网络传播和网络编辑活动的公众化，让我们充分认识到了从事网络编辑规律探究的意义，也使我们对推出本书第三版有了更多的渴望。

第三版延续了我们一贯的理念：使本书成为一本网络实务教材。其依然着眼于学生的感知、理解、掌握、运用，追求最新理论和实践的结合。在这一版中，我们补充了互联网新发展尤其是移动互联网的内容。本版最大的变化是，根据教学经验适当删减了前两版中技术篇的两个章节，让内容更符合网络编辑最新需求。在这次的修订中，渭南师范学院的梁利伟老师负责修订第 1、2、3、9、10、11 章，西北大学新闻学院的韩隽教授修订了第 4、5、6、7、8 章，西安石油大学的吴晓辉老师修订了第 12 ~ 14 章，全书最后由韩隽教授总纂定稿。

感谢每一位互联网的使用者，感谢多年支持我们的读者，感谢业界和学界，因为有你们的支持、鼓励和鞭策，我们得以更进一步接近网络世界的内核。同时，感谢东北财经大学出版社对选题的前瞻和出版过程的高效率。这本教材恰似桥梁，我们共同架设，也会实时维护和更新。

编　者

2015 年 2 月

第二版前言

我们的生活正在被互联网日日刷新。创新,尤其在网络社会成为永远的追求。于是对网络进行的每一次研究、每一个经验总结都有了一定的滞后性。

4 年前,我们推出了本书的第一版。当时的一次次碰撞和对前沿的追寻,使得我们很确信这本书基本描绘了当时网络世界的概貌。可是 4 年后的今天,当我们再次审视这本书时,书中的许多东西已经与网络世界有了些许隔膜。4 年来,互联网发展之迅疾确实超出了我们的想象。

4 年前,中国有上网计算机约 5 940 万台,上网用户约 1.37 亿人,网民数占全国人口 10%。2010 年 12 月底,我国网民规模达 4.57 亿人,较 2009 年底增加 7 330 万人;互联网普及率攀升至 34.3%,较 2009 年提高 5.4 个百分点。2007 年,我国有 4 430 万人以手机为终端进入互联网;2010 年,手机网民规模达 3.03 亿人。手机网民在总体网民中的比例进一步提高,从 2009 年末的 60.8% 提升至 66.2%。

4 年间,网络应用技术也更加丰富,博客、播客、维客、社会化书签、SNS 服务、微博客蓬勃发展,网络视频、网络文学等均在急速增长。

特别值得注意的是:4 年间,尤其是近一年来,电子商务类互联网应用成为我国互联网经济发展最迅速的主力军。2011 年 1 月中国互联网络信息中心(CNNIC)发布的《第 27 次中国互联网络发展状况统计报告》显示,网络购物用户年增长 48.6%,是用户增长最快的应用,而网上支付和网上银行也以 45.8% 和 48.2% 的年增长率,远远超过其他类网络应用,我国更多的经济活动正在加速步入互联网时代。而同时,中小企业互联网接入比例达 92.7%,规模较大的企业互联网接入比例更是接近 100%。43% 的中国企业拥有独立网站或在电子商务平台建立网店;57.2% 的企业利用互联网与客户沟通,为客户提供咨询服务;中小企业电子商务/网络营销应用水平为 42.1%,其中电子邮件以 21.3% 的比例成为"最普遍的互联网营销方式"。这个变化不仅丰富并改变了中国互联网的特点和功能,也使我们的教材有了前瞻性和可持续价值。

变革,鞭策着我们更新和深化对互联网的认识。

就在这时,东北财经大学出版社许景行先生给我们传来一个好消息,本书第一版已经告罄,要我们动手修订,争取早日出第二版。

感谢 4 年来支持我们的众多读者,是你们的鼓励和鞭策,使我们忘却了在网络研究中一次次跋涉的艰辛,也使我们有勇气不断探索,以求更加接近网络世界的内核。

与第一版一样,编著者延续了使本书成为一本网络实务教材的理念,着眼于学生的感知、理解、掌握、运用,追求最新理论和实践的结合。在新版中,我们更新了许多已经落后于互联网新发展的内容,并将原版本中一些较为复杂的段落、语句进行了重新改写,力求让本教材更接近于学生的感知，从而引发他们在体验中的思考，最终通透气象万千、纷繁复杂的网络的本质。同时也修订了当时编著者囿于认知、视野的局限所产生的一些谬误。本书也可以作为网络编辑国家职业培训的参考读本。

4 年前，作为网络实践者的我们凭借着参与者的热情和对互联网理论建构贡献力量的激情，组建了一支年轻的撰述团队。4 年后，当年这支年轻的写作班子中的许多人因对事业和梦想的追求，已散居于神州大地各处。因此，这次修订的任务主要由三位持续从事网络编辑教学研究的高校教师担任，他们分别是：渭南师范学院的梁利伟老师，负责修订了第一、二、三、九、十、十一章；西北大学新闻学院的韩隽教授，负责修订了第四、五、六、七、八章；西安石油大学的吴晓辉老师，负责修订了第十二章到第十六章。全书最后由韩隽教授总纂定稿。

当然，这次修订只是我们新一次探索的阶段性成果。互联网的发展仍在日新月异，相信新的实践能让我们有新的启发和新的养分，并能不断修订我们的认知和操作思路。期待下一次与读者分享我们对互联网的新体验和新探索。

感谢业界和学界给予我们的启迪和智慧，感谢东北财经大学出版社为我们提供这样的机会，感谢许景行先生为本书付出的高效和辛勤的劳动。

编　者

2011 年 4 月

第一版前言

　　世界因为互联网而发生着彻底的改变！这种改变不仅突破了地理意义上的阻隔以及政治、经济、文化、社会阻隔，为世界提供了广阔无限的信息交流沟通平台，使世界生活从此发生着深刻的变化，而且来势迅猛，万千花开，最关键的是，今天这股强劲的浪潮仅仅是一个开始。

　　网络迅速成为新兴媒体，其与所有传统媒体的嫁接、融合更使得传媒形态与研究呈现多层面、多元化的竞争，其强大的兼容性和渗入性使得中国业界、学界对传媒的属性有了更全面的理解：媒体真正具备了更多的新闻、宣传、信息、广告、娱乐、实用、服务、交流、观点属性，信息产业和文化商品的双重意义凸显。按国家劳动和社会保障部2005年发布的数字，中国拥有网络编辑从业人员300多万人，而且在未来10年内，网络编辑需求将呈上升趋势，总增长量将超过26%。

　　蓬勃的实践推动理论的总结和研究。网络的经营和管理需要专业化的队伍以及不断更新的专业化技术手段支撑，网络编辑员成为一个新兴的职业种类，成为众多网站架构的灵魂。国家劳动和社会保障部制定的国家职业标准将网络编辑员的工作内容概括为：采集素材，进行分类和加工；对稿件内容进行编辑加工、审核及监控；撰写稿件；运用信息发布系统或相关软件进行网页制作；组织网上调查及论坛管理；进行网站专题、栏目、频道的策划及实施。新兴的职业需要统一的职业标准与规范，如何为发展中的职业确立标准，如何使网络编辑人员形成规范的职业工作流程，对网络和网络编辑的持续、稳定、健康发展，有着"功莫大焉"的现实意义。

　　从编著者的角度来说，我们认为本书应该成为一本关于网络实务的教材，贯穿其中的灵魂，必须首先着眼于学生的感知、理解、掌握、运用，追求的是最新理论和实践的紧密结合。

　　编著者们的明确追求有五点：

　　第一是着眼于"产学研结合型"教育所要求的"双证沟通"。本教材按照网络编辑员职业岗位群的要求调整内容，旨在与国家劳动和社会保障部新近批准颁布的《网络编辑员国家职业标准》相衔接，即将助理网络编辑师和网络编辑师职业标准所规定的诸项要求融入教材。

　　第二是从实务引例出发。首先是强调网络编辑的实务价值取向，根据网络发展中的真实案例展开知识的阐释和叙述，紧跟着的是方法、模式和规范，最后是总结、练习、启发性的思考。我们坚定地打破了旧有教材从概念出发，先建框架，再装材料的写作思路。因为我们面对的首先是需要接受专业技能训练和需要培养工作规范的学生。当然通过教材，编著者们期望学生能够了解网络媒体的功能特质，进而强化作为网络编辑的职业道德伦理素质。

第三是目标读者明确。本书既然是教材，教师、学生和受培训者就是教材的目标读者。我们推崇发现问题、解决问题的思路，强调培养学生或学员的兴趣和方便老师的讲解，沿着"参与—感受—发现—研究—创造"的路径，师生合作，力求能够在主动与自觉状态下自主完成探究式学习的全过程。

第四是兼顾知识教育、技能训练与能力培养。本教材吸收和整合了最新的研究成果，追求在社会大视野中确立职业风范，强调对学生的启思作用。编著者们认为网络传播和网络编辑的研究刚刚开始，我们试图建立一个开放的框架，强力渗入现在进行时的网络传播生态环境和媒体特征，"守正"不"守旧"，"创新"不"歧异"。

第五是方便教学。我们为主教材配制完备的网络教学资源包，包括 PPT 电子教学课件和 8 个附录。这些附录是："章后习题参考答案与提示"，"综合案例分析提示"，"综合实训教学建议"，"综合讨论教学引导"，"题库"，"网络编辑员国家职业标准"，"《中国互联网行业自律公约》"和"相关法律、法规"。使用本教材的任课教师可登录东北财经大学出版社网站（www.dufep.cn）查询或下载这些网上教学资源。

本书由韩隽、吴晓辉等编著。参与此书编撰的教学人员分别是：西北大学新闻传播学院韩隽、党明辉、李常青，西安石油大学人文学院吴晓辉，陕西行政学院陈艳。他们都分别担任着与网络传播内容相关的教学与研究工作，有较好的学术积累。参与本书编撰的还有西北大学新闻传播学院的 5 名硕士研究生沈亚英、王睿、高静、梁利伟、刘金伟，西北大学物理系 1 名硕士研究生刘启。他们也有初步的网络编辑操作经验和辅助教学实践。全书编写分工如下：沈亚英第 1 章，梁利伟第 2 章、第 10 章，王睿第 4 章、第 5 章，刘金伟第 7 章、第 8 章，吴晓辉第 3 章、第 9 章、第 11 章，陈艳第 6 章，党明辉第 13 章、第 14 章，刘启第 12 章、第 15 章、第 16 章；6 名研究生分别负责了自己对应章节的基本资料搜集和内容整理工作；韩隽、吴晓辉分工负责前 11 章的统稿、修改工作；李常青负责第 12 章以后的统稿、修改工作。全书最后由韩隽总纂定稿。

感谢前 10 年中迅速发展的网络业界和传播学界！我们在编撰此书的过程中参考了大量已有的案例、成果、专著和教材，博采所长，在此深躬致谢。感谢东北财经大学出版社的许景行编审，无论是全书的整体设计还是具体运作，他都为我们树立了高效率和改革创新的榜样。感谢西北大学新闻传播学院的同事和研究生，幸有他们的鼓励在前和催促关心在后，我们不敢懈怠。感谢我们这个教材写作的年轻的班子，大家能够夜以继日，不断在一次次头脑和智慧的碰撞中发现新点子并及时交流，特别是忍耐住一次次的修改和删减，尤其感谢吴晓辉老师在其中承担了大量琐碎的编务工作。我们这半年的公共邮箱会成为我们昼夜交替、努力工作的见证。书稿完成后，互相的勉励、理解和催促就化成作者、编辑以及同行、同事、师生之间一生的友情了。

盼望这本教材能够在中国的网络编辑实践中发挥"有用"的作用。在一门实践学科中作理论教学和研究，如果不能融入实践，那是最大的不幸，当然我们也时刻盼望最新的实践能够让我们持续吸收网络实践营养和启思因子，尽快刷新自己的成果，不断完善当前的理论和操作路径。

本书可作为电子商务、物流管理、现代文秘及新闻传播等相关专业（如新闻采编与制作、广告设计、广播电视制作、播音与主持艺术、编辑出版）的通用教材，也可作为上述专业领域在职人员和网络编辑师初、中级资格考试培训教材使用。

韩 隽
2007 年 1 月于西安

目　　录

第1编　基础篇 ……………………………………………………………… 1

第1章　基础知识 …………………………………………………………… 3
　■ 学习目标 ……………………………………………………………… 3
　1.1　网络的基本概念 …………………………………………………… 4
　1.2　互联网的发展与现状 ……………………………………………… 6
　1.3　作为传媒的互联网 ………………………………………………… 10
　1.4　职业工作站 ………………………………………………………… 16
　1.5　分析评价 …………………………………………………………… 17
　■ 本章小结 ……………………………………………………………… 17
　■ 主要概念和观念 ……………………………………………………… 18
　■ 基本训练 ……………………………………………………………… 18
　■ 观念应用 ……………………………………………………………… 19

第2章　中国网络管理概述 ………………………………………………… 21
　■ 学习目标 ……………………………………………………………… 21
　2.1　宏观政策环境：管制与开放 ……………………………………… 22
　2.2　行政管理 …………………………………………………………… 24
　2.3　法律管理 …………………………………………………………… 27
　2.4　行业管理 …………………………………………………………… 32
　2.5　职业工作站 ………………………………………………………… 34
　2.6　分析评价 …………………………………………………………… 35
　■ 本章小结 ……………………………………………………………… 35
　■ 主要概念和观念 ……………………………………………………… 36
　■ 基本训练 ……………………………………………………………… 36
　■ 观念应用 ……………………………………………………………… 36

第3章　网络编辑的职业素养 ……………………………………………… 38
　■ 学习目标 ……………………………………………………………… 38
　3.1　网络编辑的职业特点 ……………………………………………… 40
　3.2　网络编辑的角色定位 ……………………………………………… 43
　3.3　网络编辑的素养 …………………………………………………… 46
　3.4　网络编辑的伦理 …………………………………………………… 49
　3.5　职业工作站 ………………………………………………………… 51

3.6 分析评价 ·· 51

■ 本章小结 ·· 52

■ 主要概念和观念 ·· 52

■ 基本训练 ·· 52

■ 观念应用 ·· 53

第 2 编 应用篇 ·· 55

第 4 章 网站定位 ·· 57

■ 学习目标 ·· 57

4.1 常见网站类型 ·· 58

4.2 网站定位依据 ·· 61

4.3 职业工作站 ·· 66

4.4 分析评价 ·· 67

■ 本章小结 ·· 69

■ 主要概念和观念 ·· 69

■ 基本训练 ·· 69

■ 观念应用 ·· 70

第 5 章 网站的结构与编排 ·· 73

■ 学习目标 ·· 73

5.1 网站的结构 ·· 75

5.2 网站的创意设计 ·· 79

5.3 网页的编排设计 ·· 83

5.4 网络内容原创 ·· 88

5.5 职业工作站 ·· 89

5.6 分析评价 ·· 90

■ 本章小结 ·· 91

■ 主要概念和观念 ·· 92

■ 基本训练 ·· 92

■ 观念应用 ·· 93

第 6 章 网络的文字编辑 ·· 95

■ 学习目标 ·· 95

6.1 信息采集 ·· 96

6.2 内容原创 ·· 98

6.3 文字信息的加工处理 ·· 102

6.4 文字信息的编排 ·· 104

6.5 标题的制作 ·· 108

6.6 职业工作站 ·· 116

6.7 分析评价 ·· 116

■ 本章小结 ·· 117

■ 主要概念和观念 ·· 117

■ 基本训练 ··· 117
■ 观念应用 ··· 118

第7章 网络的图片编辑 ·································· 121
■ 学习目标 ··· 121
7.1 网络图片的格式特点 ································ 122
7.2 网络图片的获取与使用 ···························· 124
7.3 职业工作站 ·· 137
7.4 分析评价 ·· 138
■ 本章小结 ··· 139
■ 主要概念和观念 ··· 139
■ 基本训练 ··· 139
■ 观念应用 ··· 140

第8章 网络的音视频编辑 ······························ 142
■ 学习目标 ··· 142
8.1 网络音视频的格式 ·································· 144
8.2 网络音视频的特点 ·································· 146
8.3 网络音视频的发展 ·································· 148
8.4 职业工作站 ·· 155
8.5 分析评价 ·· 156
■ 本章小结 ··· 157
■ 主要概念和观念 ··· 157
■ 基本训练 ··· 157
■ 观念应用 ··· 158

第9章 交互性设计 ······································ 160
■ 学习目标 ··· 160
9.1 交互性设计在网站中的作用 ···················· 161
9.2 网络聊天 ·· 162
9.3 BBS ·· 164
9.4 电子邮件 ·· 167
9.5 网络调查 ·· 169
9.6 博客 ··· 171
9.7 微博 ··· 173
9.8 职业工作站 ·· 174
9.9 分析评价 ·· 175
■ 本章小结 ··· 176
■ 主要概念和观念 ··· 177
■ 基本训练 ··· 177
■ 观念应用 ··· 178

第 10 章　专题的策划与制作 ································· 179

　　■ 学习目标 ··· 179

　　10.1　专题概说 ····································· 180

　　10.2　网络新闻专题 ································· 182

　　10.3　稿件编排 ····································· 190

　　10.4　职业工作站 ··································· 193

　　10.5　分析评价 ····································· 193

　　■ 本章小结 ··· 194

　　■ 主要概念和观念 ································· 194

　　■ 基本训练 ··· 194

　　■ 观念应用 ··· 195

第 11 章　网站的经营管理 ································· 197

　　■ 学习目标 ··· 197

　　11.1　网络经营环境与网站战略选择 ··············· 198

　　11.2　网站的品牌建设 ····························· 205

　　11.3　网站的资本运营 ····························· 207

　　11.4　职业工作站 ··································· 210

　　11.5　分析评价 ····································· 210

　　■ 本章小结 ··· 211

　　■ 主要概念和观念 ································· 211

　　■ 基本训练 ··· 211

　　■ 观念应用 ··· 212

第 3 编　技术篇 ··· 215

第 12 章　HTML 语言 ··································· 217

　　■ 学习目标 ··· 217

　　12.1　HTML 概述 ··································· 219

　　12.2　HTML 基本概念 ······························ 219

　　12.3　HTML 语法及编写原则 ······················ 221

　　12.4　HTML 元素 ··································· 226

　　12.5　分析评价 ····································· 229

　　■ 本章小结 ··· 229

　　■ 主要概念和观念 ································· 230

　　■ 基本训练 ··· 230

　　■ 观念应用 ··· 231

第 13 章　平面图像处理——Photoshop ··············· 233

　　■ 学习目标 ··· 233

　　13.1　图像基础知识 ································· 234

　　13.2　Photoshop 的窗口 ····························· 236

　　13.3　图像的编辑 ··································· 238

13.4　使用工具箱 ··· 239

13.5　图像色彩和色调的控制 ·· 242

13.6　使用路径 ··· 245

13.7　图层 ·· 246

13.8　通道和蒙版 ·· 249

13.9　使用文字 ··· 249

13.10　Photoshop 的滤镜 ·· 250

13.11　分析评价 ··· 254

■ 本章小结 ·· 254

■ 主要概念和观念 ·· 254

■ 基本训练 ·· 255

■ 观念应用 ·· 255

第 14 章　网页制作软件——Dreamweaver ································· 257

　■ 学习目标 ··· 257

14.1　Dreamweaver 基本知识 ·· 258

14.2　页面和超链接创建 ·· 261

14.3　站点 ·· 265

14.4　框架、AP Div（层）与 CSS 样式的使用 ······························ 266

14.5　利用模板创建网页 ·· 270

14.6　分析评价 ··· 272

■ 本章小结 ·· 273

■ 主要概念和观念 ·· 273

■ 基本训练 ·· 273

■ 观念应用 ·· 274

综合案例 ·· 276

综合实训 ·· 278

综合讨论 ·· 279

主要参考书目 ··· 280

第 1 编

基础篇

第 **1** 章

基础知识

■ 学习目标
1.1　网络的基本概念
1.2　互联网的发展与现状
1.3　作为传媒的互联网
1.4　职业工作站
1.5　分析评价
■ 本章小结
■ 主要概念和观念
■ 基本训练
■ 观念应用

■ **学习目标**

知识目标：

　　了解关于网络的概念、网络的产生与发展、网络媒体的兴起及基本特征等方面的基础知识。

技能目标：

　　依据网络的基本原理，学习上网的简单操作，掌握网络编辑必需的技能。

能力目标：

　　在养成初步职业意识的基础上，具备分析本职业产生的背景与发展的前景的能力，培养初步的职业设计构想。

引例　神曲《江南 Style》：互联网创造的奇迹

2012 年，《江南 Style》成为红遍全球的神曲，并引发了全球的模仿热潮。这让我们看到了互联网时代全球传播的便捷、快速，也让我们不禁感叹互联网创造的奇迹。

《江南 Style》是韩国音乐人 PSY 的一首单曲。这首歌曲于 2012 年 7 月发布，12 月 21 日 UTC15∶50 左右成为互联网历史上第一个点击量超过 10 亿次的视频。2012 年 9 月，这首歌曲的音乐录像带还打破了吉尼斯世界纪录，成为 YouTube 历史上最受人喜欢和观看次数最多的视频。截至 2013 年 5 月 1 日，这支音乐录像带在 YouTube 网站的点击量为 15.78 亿次。

这首作品在发表之后，通过互联网的快速传播，很快在全世界成为一种流行文化，并引发了大量的二次创作。相比于歌词，韩国以外的人们更感兴趣的则是 MV 里 PSY 独创的"骑马舞"：身形偏胖的 PSY，不断重复着扬鞭套马、策马狂奔的动作和耍贱的表情，配上音乐节奏，让人莫名就有了跟着一起舞蹈的冲动。这也正是从明星到草根都趋之若鹜进行模仿的段落。

除了宛如精神病毒般的节奏和旋律，《江南 Style》里的骑马舞步也是它红遍全球的原因，引发了全世界网民的模仿、改编热潮，不少网民都录制了自己的版本，几乎个个都能令人捧腹大笑，绝对算得上是全球范围内的娱乐盛宴。在外国，网上流传很火的包括：奥巴马竞选 Style、军队 Style、伦敦 Style、印度 Style 以及各类游戏 Style 等。

除了众多网友在 Style 中"寻欢作乐"外，名人们也不甘落后。在明星模仿的引领下，短短三个月时间就引来了上千个版本的模仿，游戏界有"魔兽版"、"植物大战僵尸版"，电影版的剪辑包含了惊悚、喜剧、恐怖多个片种，还有母子版、萝莉版、红军版、韩国警察版、美国海军版等各个版本。

这首韩国歌曲悄然地创造了一项又一项的奇迹，如 76 天就突破了 3 亿点击数，打破了由詹妮弗·洛佩兹以及贾斯汀·比伯保持的历史最快纪录。

到底这是为什么？一位网民直言："这是在互联网上才会出现的奇迹。"

资料来源　佚名. 神曲《江南 Style》：互联网创造的奇迹［EB/OL］. http：//baike. baidu. com/link? url = o3wmytOg5nfhyirznckpyDYcqohnkMydLM61ZLpnjRRehpw3NKKp61oTe9RcDvPhXB6NfG ＿ rEUAg9iW ＿ xHbY0K，2012–12–16.

今天，互联网创造的类似奇迹数不胜数。那么，什么是互联网？互联网是怎样产生的？互联网发展到现在经历了怎样的过程？网络发展到什么程度，才出现了网络编辑？同时，要做一个合格的网络编辑，又应该掌握怎样的网络技能？这些都是我们这一章要回答的问题。

1.1　网络的基本概念

什么是网络？如果你曾经打过电话、通过邮局或者各种各样的托运公司传递过包裹、买过东西的话，你就使用过网络。当然，你使用的这些是电话系统交换网，邮局、托运公司的交换网或销售网。其实一个系统——在这个系统中，只要使用一系列确保可靠服务的规则，就能将相似的项目连接在一起——就是网络。

当然，现在我们提到的网络，一般指的是计算机网络。

1.1.1　网络的定义与构成

所谓**网络**,就是将若干台独立的计算机通过传输介质相互物理地连接,并通过网络软件逻辑地相互联系到一起而实现资源共享的计算机系统。网络是现代通信技术和计算机技术结合的产物。

网络主要由连接对象、连接介质、连接的控制机制和连接的方式与结构四个方面构成。具体来说,包括以下几部分:

1）计算机系统

建立具有两台以上独立功能的计算机系统是计算机网络的第一个要素,是网络中不可缺少的硬件要素。网络连接可以是巨型机、大型机、小型机、微机、笔记本电脑或其他终端服务设备。

计算机系统是网络的基本模块,是连接的对象,主要作用是负责数据信息的搜集、处理、存储、传播和提供共享资源。

2）通信线路和通信设备

用于连接计算机的通信线路和通信设备也是网络的硬件部分。通信线路是指传输介质及介质连接部件,包括光缆、同轴电缆、双绞线、无线电等。通信设备指的是网络连接设备、网络互联设备（包括网卡、集线器、中继器、交换机、网桥和路由器）以及调制解调器等其他设备。使用通信线路和通信设备将计算机互相连接起来,硬件上的"网络"就建成了。

通信线路和通信设备控制数据的发出、传送、接收或转发,包括信号转换、路径选择、编码和解码、差错校验、通信控制管理等。它们是连接计算机系统的桥梁,是数据传输的通道。

3）网络协议

网络协议是指通信双方必须共同遵守的约定和通信规则,即通信双方关于通信如何进行所达成的协议。比如,彼此通信时用什么样的格式表达、组织和传输数据,如何校验和纠正信息传输中的错误,以及传输信息的时序组织与控制机制。最常用的网络协议有TCP/IP 协议、IPX/SPX 协议等。协议就像人类的语言一样,决定了彼此交流的规则。语言不通,交流也就无从谈起。所以,协议在网络中是至关重要的,通信双方必须遵守约定,否则通信就完成不了。

4）网络软件

网络软件是在网络环境之下使用、运行或者控制和管理网络的计算机软件,根据其功能,可以分成网络系统软件和网络应用软件两大类。网络系统软件是控制和管理网络的运行、提供网络通信、分配和管理共享资源的网络软件,包括网络操作系统、管理软件和我们前面提到的网络协议软件、通信控制软件等。网络应用软件是指为了某一个应用目的而开发的网络软件。比如,我们经常使用的电子图书馆软件、远程教育软件、即时通讯软件、网络游戏软件等都属于网络应用软件。

1.1.2　网络的分类

对网络进行分类,应该有一个标准,标准不同,分类自然也不同。

1）按照网络中通信线路和节点的几何排序来分类

这种分类方法主要是根据网络的拓扑结构来体现整个网络的结构外貌，反映各模块之间的结构关系。

（1）点对点传输结构

点对点传输结构包括三种类型：星形结构、环形结构和树形结构（如图1-1所示）。

（2）广播式传输结构

广播式传输结构主要是总线形结构（如图1-1（d）所示）。总线形结构比较简单，节点的增加、撤除和位置的变动较易实现，系统的扩充性能好。

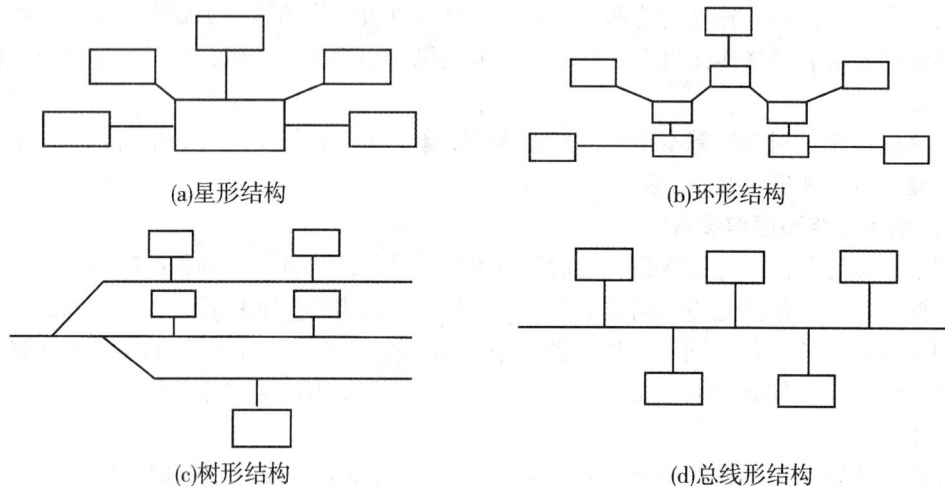

(a)星形结构   (b)环形结构

(c)树形结构   (d)总线形结构

图1-1　星形结构、环形结构、树形结构和总线形结构

2）按照网络节点规模大小来分类

处于网络中的每台计算机，被称为一个节点。按网络节点多少，网络可以分成局域网、广域网和互联网。

（1）局域网：限制在一定地域的网络就是局域网，也可以叫内部局域网或地方网，如公司内部网、实验室内部网、校园网等，英文称为Local Area Network（LAN）。

（2）广域网：一个城市或国家所有组网计算机的集合，就是一个广域网。通常情况下，广域网的作用范围可以达到几十公里到几百公里，英文称为Wide Area Network（WAN）。

（3）互联网：局域网和广域网的集合就是互联网。人们一般情况下所说的上网，"上"的就是互联网。网络编辑在进行编辑和管理的学习与工作时，平常所用的也是互联网。所以，本教材在以下章节中所说的网络特指互联网。

1.2　互联网的发展与现状

20世纪60年代，互联网在美国开始发展，之后迅速蔓延到其他国家；直到20世纪90年代，我国的互联网才开始发展。

1.2.1　互联网的由来

互联网的前身是美国国防部高级研究计划局（ARPA）主持研制的阿帕网。

20 世纪 60 年代末，世界正处于冷战时期。当时美国军方为了使自己的计算机网络在受到袭击时即使部分被摧毁，其余部分仍能保持通信联系，便由国防部的高级研究计划局建设了一个军用网，叫做"阿帕网"（ARPA Net）。阿帕网于 1969 年正式启用，当时仅连接了 4 台计算机，供科学家们进行计算机联网实验用。这就是因特网的前身。

到了 70 年代，ARPA Net 已经有了好几十个计算机网络，但是每个网络只能在内部的计算机之间互联通信，不同计算机网络之间仍然不能互通。为此，ARPA 又设立了新的研究项目，支持学术界和工业界进行有关研究。研究的主要内容就是用一种新方法将不同的计算机局域网互联，形成"互联网"。研究人员称为"Internet Work"，简称"Internet"（也被音译为"因特网"）。这个名词一直沿用到现在。

1983 年，阿帕网分成两部分：一部分军用，称为 Milnet；另一部分仍称阿帕网，供民用。1986 年，美国国家科学基金会（NSF）将分布在美国各地的 5 个为科研教育服务的超级计算机中心互联，并支持地区网络，形成了 NSF 网。1988 年，NSF 网替代阿帕网成为互联网的主干网。1989 年，阿帕网解散，互联网从军用转向民用。

互联网的发展引起了商家的极大兴趣。1992 年，美国 IBM、MCI、MERIT 三家公司联合组建了一个高级网络服务公司（ANS），建立了一个新的网络，叫做 ANS 网，成为互联网的另一个主干网。它与 NSF 网不同，NSF 网是由国家出资建立的，而 ANS 网则是由 ANS 公司所有，互联网由此走向商业化。

1995 年 4 月 30 日，NSF 网正式宣布停止运作。从 20 世纪 80 年代后期开始，互联网获得了长足的发展。

进入 21 世纪，互联网更以惊人的速度发展，相继出现了无线互联网和移动互联网。

无线互联网是建立在无线网络基础上的互联网。2007 年 5 月 15 日中国互联网络信息中心（CNNIC）在京发布的我国无线互联网（WAP）领域的第一个发展报告显示：截至 2007 年 3 月底，我国 WAP 活跃用户数约为 3 900 万人，具有独立域名的 WAP 站点数量约为 6.5 万个，WAP 网页数量约为 2.6 亿，网页字节数约为 800GB。我国无线互联网产业已初具规模。

随着宽带无线接入技术和移动终端技术的飞速发展，人们迫切希望能够随时随地乃至在移动过程中都能方便地从互联网获取信息和服务，移动互联网应运而生并迅猛发展。

移动互联网（Mobile Internet，MI）是一种通过智能移动终端，采用移动无线通信方式获取业务和服务的新兴业态，包含终端、软件和应用三个层面。终端层包括智能手机、平板电脑、电子书、MID 等；软件层包括操作系统、中间件、数据库和安全软件等；应用层包括休闲娱乐类、工具媒体类、商务财经类等不同应用与服务。随着技术和产业的发展，未来，LTE（长期演进，4G 通信技术标准之一）和 NFC（近场通信，移动支付的支撑技术）等网络传输层关键技术也将被纳入移动互联网的范畴之内。

1.2.2　互联网在中国

我国互联网网民数量持续增长，现有网民已达 6.32 亿人。随着互联网在我国的发展和普及，网民的特征结构也发生了相应的变化。深入分析、了解网民的特征结构，探求其变化趋势和规律，对网络编辑工作大有裨益（本部分资料来源于中国互联网络信息中心 2014 年 7 月发布的《第 34 次中国互联网络发展状况统计报告》）。

1）用户性别和年龄

截至 2014 年 6 月，中国网民男女比例为 55.6：44.4，与 2013 年情况基本保持一致。在庞大的网民基数影响下，网民性别比例保持基本稳定。2014 年我国农村网民规模达到 1.78 亿，占全部网民总数的 28.2%。城乡互联网普及差距进一步缩小，农村地区依然是中国网民规模增长的重要区域。

此外，网民结构在年龄上更加优化（如图 1-2 所示）。2014 年，我国 20~29 岁年龄段网民的比例为 30.7%，在整体网民中占比最大，和 2013 年底网民结构一致。而低龄和高龄网民数略有提升，这意味着互联网的普及继续深入。

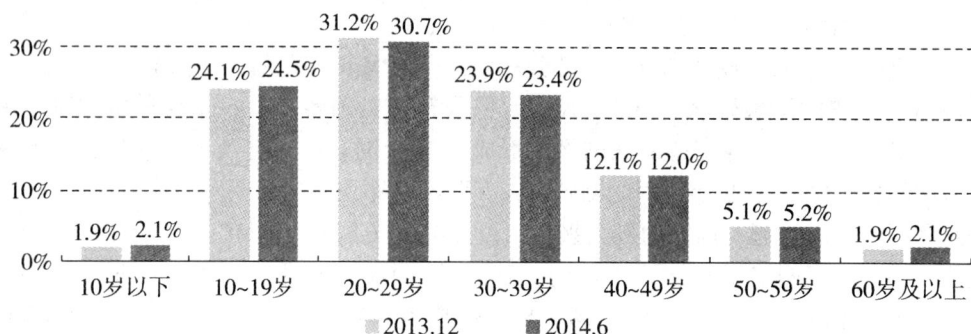

图 1-2　我国网民年龄分布

资料来源　中国互联网络信息中心．中国互联网络发展状况统计调查［R］．2014.

此次调查结果与历次调查结果相似，年轻网民依然是中国互联网用户的主力军。

2）用户文化程度

截至 2014 年 6 月，初中及以上学历人群中互联网普及率已经达到较高水平，未来进一步增长空间有限。2014 年，小学及以下学历人群的占比为 12.1%，相比 2013 年有所上升，保持增长趋势，中国网民继续向低学历人群扩散（如图 1-3 所示）。

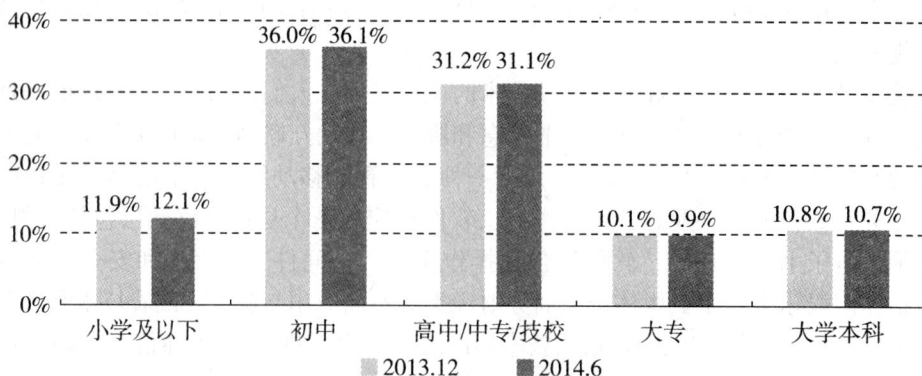

图 1-3　我国网民文化程度分布

资料来源　中国互联网络信息中心．中国互联网络发展状况统计调查［R］．2014.

3）用户职业

学生依然是中国网民中最大的群体，占比 25.1%，互联网普及率在该群体中已经处于高位。个体户/自由职业者构成网民第二大群体，占比 21.4%。企业/公司中高层管理人员占比为 2.9%，一般职员占比为 12.2%（如图 1-4 所示）。

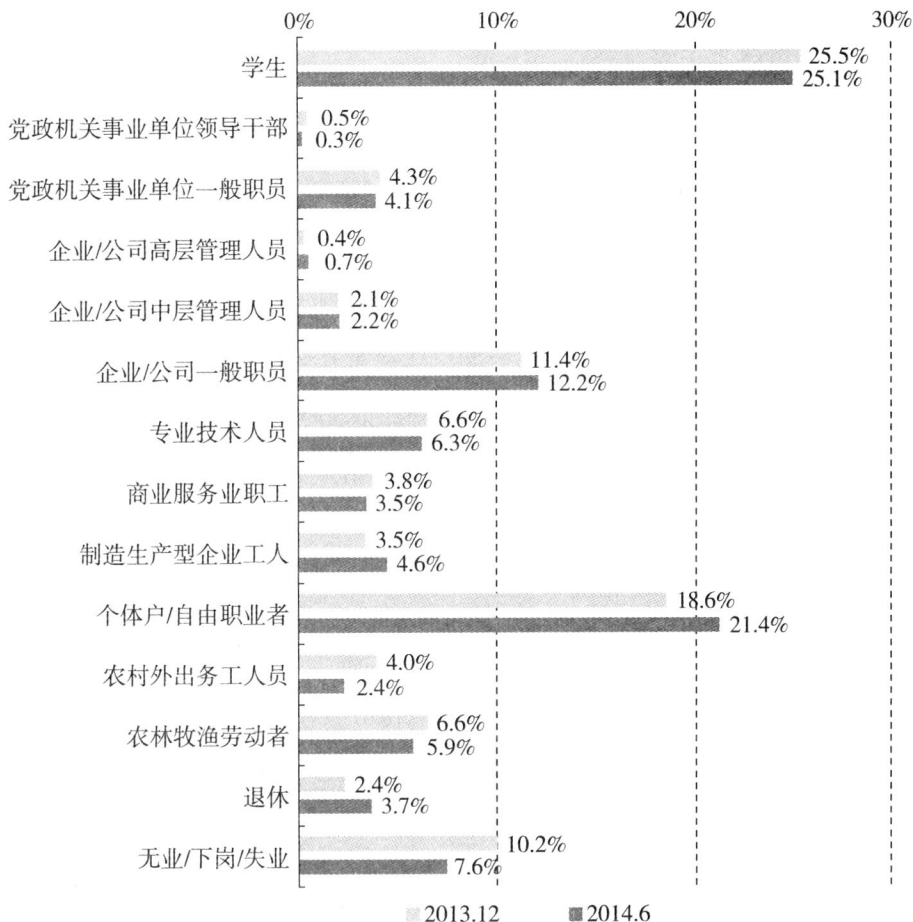

图 1-4 我国网民职业分布

资料来源 中国互联网络信息中心．中国互联网络发展状况统计调查［R］．2014.

4）用户经常使用的网络服务

整体来看，2014 年，在移动互联网的推动下，契合手机使用特性的网络应用进一步增长。即时通信作为第一大上网应用，其用户使用率继续上升，微博市场进入成熟期，整个市场呈现出集中化趋势；社交类网站呈现持续下降趋势；电子商务类应用继续保持快速发展势头，网络购物用户规模大量增长；对网络流量和用户体验要求较高的手机视频和手机游戏等应用使用率看涨（见表 1-1）。

整体来看，目前中国网民对网络娱乐、信息获取和交流沟通三类应用的使用比例较高。除了论坛/BBS 外，这三类网络应用在网民中的普及率均在 50% 以上。2010 年，搜索引擎成为网民第一大应用，其使用率首次超过了网络音乐，成为我国网民规模最庞大的应用。商务交易类应用的用户规模高速增长，网络购物用户增长 48.6%，是用户增长最快的应用。

表 1-1 用户经常使用的网络服务

应用	2014 年 6 月		2013 年 12 月		半年增长率（%）
	用户规模（万）	网民使用率（%）	用户规模（万）	网民使用率（%）	
即时通讯	56 423	89.3	53 215	86.2	6.0
搜索引擎	50 749	80.3	48 966	79.3	3.6
网络新闻	50 316	79.6	49 132	79.6	2.4
网络音乐	48 761	77.2	45 312	73.4	7.6
博客/个人空间	44 430	70.3	43 658	70.7	1.8
网络视频	43 877	69.4	42 820	69.3	2.5
网络游戏	36 811	58.2	33 803	54.7	8.9
网络购物	33 151	52.5	30 189	48.9	9.8
网上支付	29 227	46.2	26 020	42.1	12.3
网络文学	28 939	45.8	27 441	44.4	5.5
微博	27 535	43.6	28 078	45.5	-1.9
网上银行	27 188	43.0	25 006	40.5	8.7
电子邮件	26 867	42.5	25 921	42.0	3.6
社交网站	25 722	40.7	27 697	45.0	-7.4
旅行预订	18 960	30.0	18 077	29.3	4.9
团购	14 827	23.5	14 067	22.8	5.4
论坛/BBS	12 407	19.6	12 046	19.5	3.0
互联网理财	6 383	10.1			

1.3 作为传媒的互联网

作为网络的网络，互联网被称为 20 世纪人类最伟大的发明。

互联网是全世界最大的图书馆，它为人们提供了众多的并且还在不断增长的信息资源和服务工具，用户可以利用互联网提供的各种工具去获取巨大的信息资源。当互联网迅速向人们的日常生活渗透时，网络媒体也就渐渐浮出了水面。

1.3.1 网络媒体的兴起

报纸、广播、电视，人类历史上的三大媒体都是在一定技术手段的基础上诞生的。同样，20 世纪，互联网从军用转向民用，也为网络媒体的诞生奠定了基础。网络本身就是天然的最适宜发布、传播信息的载体，集报纸、广播、电视等传统媒体的优点于一身。所谓网络媒体，从广义上说就是指互联网。1998 年 5 月，联合国新闻委员会宣称互联网为

"第四媒体"。从狭义上说，**网络媒体**就是用以互联网为介质而构筑的传播平台来报道新近发生的、足以引起大多数人共同兴趣的新闻和信息的传播机构。

在我国，网络媒体的兴起可以分为如下四个阶段：

1）第一阶段：传统媒体纷纷上网

20 世纪 90 年代，互联网成为全球信息资源网，国内传统媒体在海外报纸纷纷上网的情势之下，开始向互联网进军。传统媒体与网络的"联姻"最早开始于平面媒体的电子版。1993 年，《杭州日报·下午版》通过该市联机服务网络进行传输，拉开了中国大陆传统媒体电子化尝试的帷幕。1995 年，《神州学人》杂志和《中国贸易报》先后上网，开启了大陆传统媒体上网的第一波热潮。1996 年，出现了报刊踊跃上网的势头：中央大报、地方小报、综合类报纸、专业类报纸、中文报纸、外文报纸……各类报纸争先恐后挺进网络。

紧随其后，1996 年，我国广播、电视也开始尝试上网。1996 年 12 月，广东人民广播电台率先走入互联网，成为国内第一个上网的广播电台。同月，国内最具影响力和覆盖面最广的强势媒体——中央人民广播电台、中国国际广播电台和中央电视台挺进互联网。

当时的传统媒体上网，基本上只是把日常新闻信息搬到了网上。对平面媒体来说，仅仅是报纸的文字版，连新闻图片的行踪都难觅。对广播、电视来说，也只是把单一的文字信息放到网上，缺乏声音、图像等多媒体信息。网络的强大功能还没有被有效地利用。

2）第二阶段：传统媒体的网络版和 ISP 推出新闻频道

（1）传统媒体的网络版

1997 年 1 月 1 日，《人民日报》正式推出《人民日报·网络版》。它不仅囊括了当天《人民日报》的全部内容，而且还能看到《人民日报》旗下的一系列报刊。网络版还推出了众多重大新闻专辑和背景资料库的全文检索，可以查阅 1995 年以来《人民日报》上发表的任何一篇文章。

由此，大陆传统媒体上网迎来了第二个高峰。1 年后，《光明日报》将其网络版演变为"光明新闻网"。1999 年，90 家平面媒体成为"四川新闻网"的一员。而后，各地平面媒体也纷纷联合组建各自的新闻网。

广电媒体也开始建立自己的网站。1997 年，中国国际广播电台率先尝试，创建了一个多语种的网站。同年，中央电视台重新注册了顶级域名：www.cctv.com，并利用互联网报道了第二年的春节联欢晚会。1999 年中央电视台网站改版，使网民当晚就可以看到每天的《新闻联播》，一度成为国内媒体网站的翘楚。

这个阶段的网络媒体与前一阶段相比稍有进步，形式上更加多样化，文字、图片、影像都上了网站，内容也更加丰富了。由于一个新闻网由众多媒体组成，媒体资源整合能力也有所加强，媒体网站开始向综合新闻门户转变；新闻网与原来媒体的关系也有所改变，在体制上更加独立，为网络媒体的自主采编经营奠定了基础。但是新闻网仍然有很多缺点，包括照搬原媒体内容、更新迟缓、网页制作质量良莠不齐、资金和人才缺乏等。

（2）ISP 推出新闻频道

ISP 是网络服务商（Internet Services Provider）的英文缩写。从 1996 年开始，大量 ISP 的涌现成为中国网络的一大景观，并且由于他们彼此间的竞争使网络费用降低，因此吸引了大量的用户进入互联网。该年年底，国内互联网用户的数量达到了 10 万之多。数量巨大的用户，把 ISP 也推上了网络媒体之路。1998 年，网易新闻频道开播，并且与新华社、中新社、凤凰卫视、《扬子晚报》等媒体合作，每天发布并随时更新国际、国内的社会、体育、娱乐等各种新闻信息。第二年，新浪网继 1998 年海湾战争中首创 24 小时值班制之后，又在科索沃战争中采取滚动播报方式，每天发布几十甚至上百篇报道。ISP 的新闻频道也成了网络媒体的一员。现在影响较大的 ISP 新闻频道是新浪、网易、搜狐三大门户网站。

3）第三阶段：传统媒体网站改制与网络新闻媒体诞生

（1）传统媒体网站改制

2000 年 5 月 15 日，《中国青年报》网络版改名为"中青在线"，同时改制为商业化、公司化运营，号称中央级报纸网站中第一家商业化改制的媒体网站，这也开启了传统媒体进入互联网的第三次高潮。之后，传统媒体网络版纷纷改制转向：新华社网站改称"新华网"，《人民日报》网络版改称人民网，《北京青年报》网络版也改用了与报纸划清界限的域名，上海文汇新民报业集团的网站改为"申网"，《广州日报》的网站改名"大洋网"，南方日报报业集团建立"南方网"，《浙江日报》推出了"浙江在线"……

稍后，广播、电视媒体网站也同样经历了改制。2002 年，中国国际广播电台网名定为"国际在线"；同年，中央人民广播电台正式启用"中国广播网"这个名称。

这个时期的媒体网站已不再只将"母体"内容照搬上网，而是从依托"母体"的新闻信息起步，逐渐扩展到广纳国内外各类信息资源，然后大规模地整合来自四面八方的信息；提供多种服务功能，充分发挥互动性，更好地利用网络的优势功能。其实，某些优秀的媒体网站与新闻网站在这个阶段已经合流了。

（2）网络新闻媒体诞生

网络新闻媒体，有时也称为新媒体。它与媒体网站最大的不同就是不像后者那样以传统媒体为依托，而是完完全全的网络媒体。同时，它又有完善的采编体系，采用自己的记者原创的稿件。虽然也有个别媒体网站在该阶段拥有独立的记者队伍，但毕竟还是没有完全摆脱"母体"的资源。这是网络新闻媒体的又一特征。

我国最早的网络新闻媒体出现在台湾。2000 年 2 月 15 日，台湾网络原生报纸《明日报》诞生，半年之内就成为台湾媒体的一匹黑马。5 月 8 日，大陆首家专业的网络新闻媒体——千龙新闻网正式推出测试版，标志着真正具有划时代意义的网络新闻媒体已经诞生。它集报纸、广播、电视等三大传统媒体的优点于一身，又同时开设视频新闻、音频新闻、图片新闻、卡通新闻等商业网站和媒体网站没有的频道，在传统媒体与网络媒体的结合上亮起了一面鲜艳的旗帜。5 月 28 日，上海东方网也如法炮制开通了测试版，与三天前正式开通的千龙新闻网形成南北呼应之势。

4）第四阶段：媒体网站的回归

这一阶段最明显的特征是传统媒体网站越来越向母体进行形式上的靠近，试图把"全真"的母体搬上网络。这一趋势以平面媒体的 PDF 版上网开始。

2002 年 3 月，河南报业集团把所属四报（《河南日报》、《大河报》、《城市早报》和《河南农村》）的 PDF 完全图形版搬上了互联网。2002 年 9 月，《北京青年报》网络版推出了以 PDF 为文件格式的内容。当时的媒体把《北京青年报》的 PDF 版称作"原汁原味"的或"原装"的报纸。之后，PDF 版报纸开始被少量报纸网络版所采用。

比 PDF 版更进一步的是数字报纸的诞生。2006 年 2 月 20 日，浙江日报集团推出了全国首家数字报纸（如图 1-5 所示），引起了较大的反响。国内上百家媒体以"真正意义上的数字报纸"、"国内首批数字报纸出炉"等字样报道了此次事件。继《浙江日报》之后，《人民日报》（4 月）、《嘉兴日报》（4 月）、《南湖晚报》（4 月）、《广州日报》（5 月）等相继推出了类似的数字报纸。

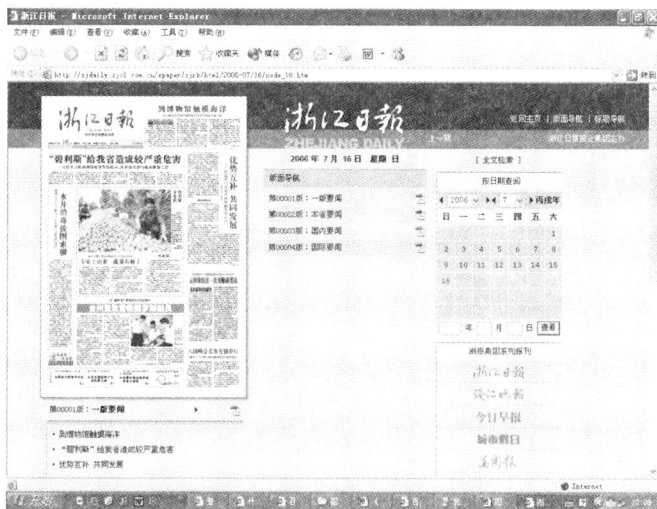

图 1-5　《浙江日报》数字报纸网站

这一类数字报纸的界面基本相同：屏幕左侧是以报纸全貌呈现的数字化版面，以版面图为视觉中心，又可以随意切换版面，模拟阅读纸质报纸的翻页感；在各个版面点击想要阅读的板块，其中内容就会清晰地显示在右方，方便了读者的选择阅读。更神奇的是，见诸报端的新闻可以转化成语音收听。整个界面以灰色为主色调，也迎合了传统新闻纸媒培养的视觉习惯。

此类数字报纸的最大特点是力争从更高的层面上还原传统报纸，再尽其所能把人们阅读纸质报纸的全部形式和过程搬到网络上，最大限度地迎合传统的阅读习惯，是媒体网站对"母体"回归的表现。

1.3.2　网络媒体的特征

网络媒体作为一种传播媒介，其基本特征是区别于报纸、电视等传统媒介的显著征象和标志。概言之，网络传播的特点是基于其 TCP/IP 协议及各类强大的功能实现的，包括电子邮件（E-mail）、远程登录（Telnet）、网络新闻组（Usenet）、文件传送（FTP）、万维网（WWW）、网络论坛（BBS）、网络即时通讯（IRC、ICQ）等。这些功能在信息传播中处于一种复合使用的状态，故可使传播的范围和影响力在极短的时间内扩张到极大。

1）信息传播的即时性

网络媒体的特点之一就是信息传播的即时性。

首先，传统媒体从信息采集到发布的整个流程需要一定时间。平面记者外出采访回来，要整理采访记录并写成新闻稿，然后经过编辑之手修改、上标题、定稿、组版、排版，再把版样传给印刷厂，最后付诸印刷、运输以及发行，这个流程才算结束。对光电媒体来说，一般也要经过记者采访、撰写文字稿、后期剪辑制作等程式。网络媒体相对来说就简单多了，只要信息采集回来，写作、编辑、加工、上传这些工序都是在网上流水作业，节省了从新闻事件发生到形成新闻作品的时间。

其次，新闻作品出来之后，传统媒体的信息发布还有时间限制。对报纸来说，需要一个等待版面的时间。电视也有特定的节目安排，现在虽然一旦发生重大新闻也有电视台打破常规，直接用正在发生的新闻换掉日常节目，但是许多电视台还达不到这种程度。网络没有版面限制，也没有节目单的束缚，可以随时进行信息的传播，让网民在第一时间获得信息，让他们在任何时间、任何地点只要登录网站就能查找自己需要的信息。很多时候，在传统媒体还没有动静的时候，网络媒体已抢先一步发布了重大消息。

2）互动性

新浪网首席执行官曹国伟表示："新媒体最明显的特性就是互动性。"所谓互动性，是指与一般通信方式和活动相比，利用互联网通信和进行网络活动，尤其是利用多媒体通信和在多媒体条件下进行网络活动，具有双方乃至多方几乎是同时进行信息交流和网络活动的特点。网络主体可以根据对方的信息或活动立即进行信息反馈或实施相应的行为。

网络媒体信息的传播具有很强的互动性，不仅传者与受者之间，而且受者与受者之间、受众群与受众群之间，甚至传者与传者之间，都可以利用论坛、聊天室、网络电话等工具，实现语音、文字甚至影视图像的相互交流、沟通。不同地点的网民，可以对共同关注的新闻内容，随时展开在线讨论，还可以举行网络会议。

3）文字、照片、声音、动画、影视相结合的多媒体传播

多种媒体的传播格局早已存在。在现代新闻传播之前，书籍中就有文字、绘画、图表；现代新闻传播之初，报纸上有文字、绘画、图表、照片；广播发明之后，新闻传播中加入了音响、音乐、语音；电视发明之后，新闻传播中有了视频。所以，在网络出现之前，人类的传播活动一直都是多种媒体共存的传播格局。但是实际上，直到出现网络媒体，多媒体传播才现实地走进我们的视野。

比如，新浪网 2009 年年底 2010 年年初推出的"我国大部遭寒潮袭击"专题（http：//news.sina.com.cn），就融合了文字、图片、音频、视频和网上直播等多种传播手段，是网络多媒体传播实践的一个范例。

4）超链接、全方位、可选择

网络本身就具有海量信息的特点，而基于网络平台的网络媒体自然也继承了网络的这个特性，它的信息资源的无限性也是任何传统媒体所无法比拟的。以 2005 年 10 月神舟六号发射及返回为例，人民网和新华网经授权对神舟六号发射实况进行了现场直播。在长达 120 多个小时的直播里，人民网直播页面共发布信息 1 209 条，平均 6 分钟 1 条。在 18 日 3 时至 8 时这个时段，更达到平均不到 2 分钟便发布 1 条信息的高频率。

同时，信息资源在网络媒体上以超链接的形式存在，各种各样的超链接把与新闻事件相关的各个层面的信息全方位展示出来，受众可以根据自己的需要有选择地点击来获取信息。这样也解决了传统媒体信息空间受限和信息内容不可选的问题。

5）无纸化、环保型

这是网络媒体相对于纸质媒体的优点。中国的新闻纸出版业正在整顿发展中，有的大报版面已达 56 版，小报版面已达 72 版。新闻纸消费总量 2000—2004 年复合增长率为

17%。2004 年，新闻纸消费增速达到 29%。2010 年，消费需求达到 645 万吨。据统计，一吨纸相当于 20 棵大树，所以大规模的新闻用纸意味着我们天天在失去大量的树木，久而久之对环境是很不利的。

但是，信息在互联网络中的存储和传递是以数字化的方式进行的，而不是基于一般的语言文字或文本形式。因此，信息在网络上进行传播、存储、交流等，不像现实环境中那样往往需要以纸张为载体，信息在网络上完全脱离纸张，可以节省大量的书写和纸张费用，也就不会产生环境问题。

1.3.3　网络编辑应运而生

伴随着网络媒体的产生与发展，网络编辑这个新兴职业就应运而生了。

其实，早在传统媒体上网的第一、第二阶段，网络编辑就是存在的，只是没有一个明确的称呼。他们一般由以下几部分组成：传统媒体为了出电子版专门聘请的计算机技术人员、从传统媒体中抽调出来的编辑或记者，以及还在传统媒体供职但是兼任其网站编辑工作的人员。当时的工作也比较简单，仅仅是把传统媒体的内容作简单的、基础化的编辑，然后上传到网上而已。有些媒体网站甚至仅仅为了赶时髦，做一两期的样本来标榜自己已经上网，并不真正对自己的网站进行更新和维护。

随着媒体网站的完善和逐渐脱离"母体"，网络媒体开始需要真正属于自己的固定编辑。一般认为从千龙新闻网招聘网络编辑开始，我国大陆就正式确立了这个新兴职业。随后各个网站都开始以"招聘网络编辑"为名招揽人才，扩充实力。现在，随便搜索"招聘网络编辑"字样，可以得到 2 万多个结果。根据网站数量估算，目前，我国拥有网络编辑从业人员 300 多万人，估计在未来的 10 年内，网络编辑需求量将呈上升趋势，总增长量将超过 26%。由此可见，现在对网络编辑人才的需求是空前的。

面对这个由网络媒体催生的新兴职业，我国劳动和社会保障部门已经出台相关规范措施。2005 年 12 月底，黑龙江省作为第一批试点省份进行网络编辑的试验性鉴定考试。2006 年 1 月下旬，北京市也迎来了助理网络编辑师认证的首次鉴定考试。从此，我国 300 多万网络编辑正式以一种职业进入职场。这对因互联网迅速壮大而膨胀起来的网络编辑队伍的规范，对网络编辑从业人员素质的提高，对该职业持续、稳定、健康地发展意义非凡。

同时，网络编辑的工作内容也不再局限于原先的"复制"加"粘贴"，而是有了更高的要求。一般来说，网络编辑的工作主要有：（1）采集素材，进行分类和加工；（2）对稿件内容进行编辑加工、审核及监控；（3）撰写稿件；（4）运用信息发布系统或相关软件进行网页制作；（5）组织网上调查及论坛管理；（6）进行网站专题、栏目、频道的策划及实施。依据《网络编辑员国家职业标准》，网络编辑分为网络编辑员、助理网络编辑师、网络编辑师和高级网络编辑师四个等级。

网络编辑人员，就是网络媒体的设计师和建设者。一个网络编辑需要具备相关专业知识、新闻传播知识以及互联网技术等方面的综合素质，包括网络方面的知识、新闻专业的素质等。同时，面对第四媒体的新特性，网络编辑还必须充实自我，以适应新的媒体、新的传播方式的要求。

1.4　职业工作站

那么，网络编辑该怎么做？对于有志于从事这一行业的青年来说，应该从哪些方面做好自己的职业规划？本节我们来开展一项研究性学习活动，以检验同学们的学习效果；同时，通过主动、参与性的学习加深对课本知识的了解，积累有益的学习方法。

1.4.1　寻找问题

通过阅读文献寻找问题，文献可以参考以下所列，也可以自己寻找。

（1）网络编辑的"井"字形知识结构。①

（2）网络编辑的五个台阶，见 http://yoyo9owht. bokee. com/。

（3）网络编辑四要素，见 http://blog. sina. com. cn/s/blog_ 4e92b39001009810. html。

（4）国家职业资格网络编辑员职业培训鉴定介绍，详见本书附录。

（5）彭兰. 中国网络媒体的第一个十年［M］. 北京：清华大学出版社，2005：196.

1.4.2　设计课题

通过阅读文献发现问题，并对问题进行整理，形成课题。参考课题如下：

（1）我对互联网到底了解多少？你觉得还有什么网络技能是网络编辑应该掌握的？（小组成员之间互相讨论学习，每人重点学习一种，然后轮流向组员讲解）

（2）你经常上网做什么？你认为网络媒体有什么样的优势？对你所接触的网络媒体进行归纳总结。

（3）我是否愿意做一名网络编辑？怎样做网络编辑的职业规划？（集体采访 1～2 名网络编辑，然后结合自身情况做一份职业规划）

（4）我对网络编辑的认识达到什么样的程度？（什么是网络编辑？网络编辑做什么样的工作？它对网络的意义体现在哪里……互相交流整理成文）

（5）你觉得网络编辑有什么样的发展前景？（搜集资料，集体讨论分析，最后派代表向全班作报告）

全班同学自由组合分成 5 个小组，采用小组合作的方式分别承担一个课题。学习过程中，课题组成员各有独立的任务，既有分工，又有合作，各展所长，协作互补。如果有小组想做其他有关本章内容的课题，可以自己设计，并事先在课堂上对课题进行陈述。

1.4.3　交流与评价

在这一阶段，学生要对取得的成果进行归纳整理、总结提炼，形成书面材料和口头报告。成果的表达方式要多样化，除了按一定要求撰写实验报告、调查报告以外，还可以采取开辩论会、开研讨会、搞展板、出墙报、编刊物（包括电子刊物）等方式。同时，还应要求学生以口头报告的方式向全班演讲，或通过指导教师主持的答辩。

---

① 于歆. 网络编辑的"井"字形知识结构［J］. 中国记者，2005（7）.

通过交流、研讨与同学们分享成果，这是研究性学习不可缺少的环节。在交流、研讨中，学生要学会欣赏和发现他人的优点、学会理解和宽容、学会客观地分析和辩证地思考，也要敢于和善于申辩。

通过互相评价的方式，每组选派一人进入评委组，在交流和报告的同时对每组做出评价和建议。

1.5　分析评价

网络是人类 20 世纪最伟大的发明，给人们的生产、生活带来了翻天覆地的变化，也直接影响了传统的编辑方式。传统的编辑几乎是报纸编辑的同义语，讲究工作的方法和程序，主要进行选题、组稿、审读、加工、发稿、读校样等具体工作，对工作的平台和技术要求不高，有个办公室就能操作。网络编辑本身是一种电子编辑，是在网络技术的大前提下应运而生的。因此，要做一名合格的网络编辑，首先要了解产生这个行业的平台——网络，包括它的产生、发展、特征以及简单的技术操作。只有在这样一个基础上，我们才能展开进一步的具体学习。

网络编辑是利用相关专业知识及计算机和网络等现代信息技术，从事互联网网站内容建设的人员。作为互联网时代的新职业，它于 2005 年首次被列入国家职业大典。《北京考试报》2005 年 7 月 28 日发布了"网络编辑国家资格认证试点培训启动"的消息。这标志着我国 300 多万网络编辑从此正式以一个职业进入职场。

未来 10 年内，网络编辑需求量将呈上升趋势，总增长量将超过 30%，急需培养大量网络编辑人员。作为新兴职业，目前的网络编辑是从传统媒体中的编辑、记者、网站管理员、图文设计师等职业中分流出来的，缺乏统一的职业标准与规范，给企业的培训、考核及人员使用带来了很多技术困难。

■ 本章小结

本章以网络基础知识入门，讲述了网络的定义、构成、分类等内容。这一部分的知识点简单而集中，要求对基本的网络知识进行查漏补缺，同时理解网络工作的原理。从 1.2 节开始讲述互联网的发展与现状，包括互联网的由来、基本功能和在中国的发展现状。知识点一步步地深入，其中穿插简单的对网络技能的讲解。1.3 节主要讲述网络媒体的兴起和特征，从而引出网络编辑这个新的行业，并在 1.4 节中通过组织研究性的学习进一步理解本章内容。节与节之间由浅入深，通过互联网等基础知识的铺垫引出本书的重点讲解对象——网络编辑，并对这个职业作初步的介绍。

第 1 章总体上来说是简单知识的介绍和全书的入门篇。不论是介绍网络知识，还是介绍互联网的形成过程，都是为了给网络编辑这个新兴职业作知识和技能上的铺垫，以期形成和建构初步的网络编辑观念，为本课程的学习建立较扎实的知识储备。

■ 主要概念和观念

□ 主要概念

网络 网络协议 网络软件 网络媒体

□ 主要观念

商业因素的介入使互联网迅速发展壮大 网络本身就是天然的最适宜发布、传播信息的载体 网络媒体也称新媒体 网络编辑是一个新兴行业

■ 基本训练

□ 知识题

▲ 简答题

(1) 什么是网络？

(2) 网络由哪几部分构成？

(3) 网络媒体的诞生分几个阶段？

▲ 选择题

△ 单项选择

(1) 建立( )台以上具有独立功能的计算机系统是计算机网络的第一个要素。

A. 2   B. 3   C. 4   D. 6

(2) 广播传输结构的主要类型是( )。

A. 星形结构   B. 环形结构

C. 树形结构   D. 总线形结构

(3) ( )年，中国发出第一封电子邮件"跨越长城，走向世界"，拉开了中国人使用互联网的序幕。

A. 1995   B. 1987   C. 2000   D. 1990

△ 多项选择

(1) 网络具体由( )构成。

A. 计算机系统   B. 通信线路和通信设备

C. 网络协议   D. 网络软件

(2) 网络媒体的特征有( )。

A. 信息传播的即时性

B. 互动性

C. 文字、照片、声音、动画、影视相结合的多媒体传播

D. 超链接、全方位、可选择

E. 无纸化、环保型

(3) 根据互联网络信息中心的调查，( )是网民经常使用的三大网络服务。

A. 浏览新闻   B. 搜索引擎

C. 聊天室　　　　　　　　D. 收发邮件

▲ 阅读理解

图 1-6 是中国互联网络信息中心于 2006 年 6 月发布的对不同教育程度网民数量的历次调查，请结合本章图 1-3 描述这两个图形，并做出适当分析。

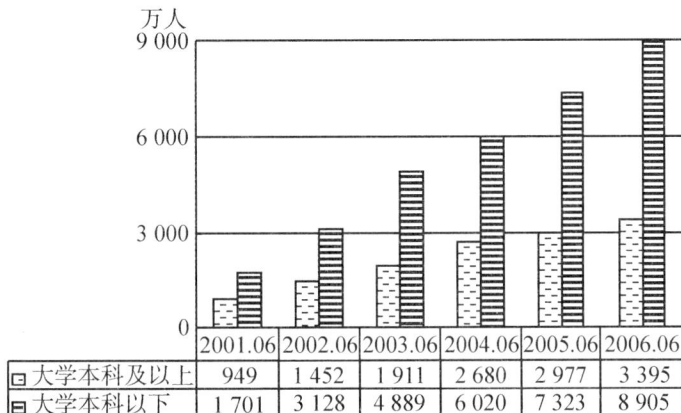

图 1-6　不同教育程度网民数量的历次调查

资料来源　中国互联网络信息中心. 中国互联网络发展状况统计调查 ［R］. 2014.

□ 技能题

▲ 单项操作训练

（1）写出保存网页的操作步骤，并在微机上完成该项操作。

（2）写出收藏一个站点的操作步骤，并在微机上完成该项操作。

（3）写出启动 IE 的操作步骤，并在微机上完成该项操作。

▲ 综合操作训练

（1）写出发送电子邮件的操作步骤，并在微机上完成该项操作。

（2）写出使用 IE 浏览器的操作步骤，并在微机上完成该项操作。

（3）写出申请 IP 地址的操作步骤，并在微机上完成该项操作。

■ 观念应用

□ 案例题

新浪新闻频道（http：//news. sina. com. cn/）

新浪网的前身是四通利方公司的技术网站"利方在线"。1998 年 12 月 1 日，四通利方公司与北美的华渊公司宣布合并，成立新浪公司并推出同名中文网站，开始向门户网站迈进。1998 年 12 月底，美英对伊拉克发动海湾战争期间，新浪网的新闻主管和编辑第一次意识到网络新闻运作的紧迫性和超常规性，他们为此打破了正常上下班制度，在国内商业网站中首创了 24 小时值班制。随后在一系列国内、国际突发事件中，新浪网的报道显示出了网络媒体的威力。

如 1999 年 4 月 15 日，韩国大韩航空公司一架麦道 MD-11 货机于 16：04 分从上海虹桥机场起飞升空后仅 1 分钟，便坠落在上海闵行区莘庄莘西南路的一处建筑工地上。有一署名"tiu"的上海网友，于17：57分将一则主题为"飞机坠落！！"的帖子贴到了新浪网站的"谈天说地"论坛中。新浪网于18：11分以快讯形式在"国内新闻"栏目中报道"一架飞机今天16：00在上海附近失事"。紧接着，在18：14分、18：22分、18：33分发出的报道中，都主要引用"tiu"提供的信息。新华社在其网站"快讯"栏中发出第一条消息的时间已是22：02分，而有关报道出现在中央电视台网站中，已是4月16日的事了。

1999年3月25日凌晨（北京时间），当北约的战机开动起来对科索沃实施空中打击时，新浪网于25日凌晨2：50分刊出第一条快讯《科索沃首府普里什蒂纳出现空袭警报》，3：04分，刊出第二条快讯《普里什蒂纳周围出现爆炸声》。大多数中国人是25日早间从广播、电视甚至是更晚一些时候从报纸上获知北约空袭一事的，然而有关新闻报道在新浪网上已整整滚动播出了几个小时，有时两三分钟就更新一次。

2000年奥运会期间，中国奥委会授权新浪网为第27届奥运会中国体育代表团唯一互联网合作伙伴的称号。新浪网这样描述自己的新闻刷新速度与数量：一项比赛结束后5秒钟出结果、30秒钟出图片、1分钟出报道、5分钟出详细报道、新闻刷新高峰期每分钟在10条以上。

新浪网成功的因素最主要有两个：一是建立一个功能强大的、稳定的中性传播平台，着眼于新闻、信息的客观、全面、及时报道；二是主要通过转载的方式，把各类媒体发布的新闻、信息通过编排整合成自己的产品，不刻意追求原创内容或深度报道，用一种简捷、经济的方式尽快形成自己的优势。

问题：

（1）新浪新闻频道属于哪一类网络媒体？网络媒体的特征有哪些？

（2）新浪新闻频道为什么会成功？有什么优势？

☐ **实训题**

实训1：到网上寻找有关奥运文化的文章，保存其中一个网页到桌面，同时把一篇文章发给 sunshine2000@ sina. com。

实训2：把本校校园网的网络地址找出来，面向全班进行讲解。

☐ **讨论题**

网络编辑与传统编辑有哪些不同点？

第 2 章

中国网络管理概述

■ 学习目标
2.1 宏观政策环境：管制与开放
2.2 行政管理
2.3 法律管理
2.4 行业管理
2.5 职业工作站
2.6 分析评价
■ 本章小结
■ 主要概念和观念
■ 基本训练
■ 观念应用

■ 学习目标

知识目标：

从宏观上了解我国对互联网的管理，包括行政、法律、行业三个层面，了解目前有关互联网信息传播等方面的政策、法律、法规。

技能目标：

通过对互联网三个层面管理的了解和认识，进一步理解三个层面管理的宏观环境，能够将理解和认识运用到实际问题（如案例分析）中。

能力目标：

能在较深的层面上全面把握和认识互联网管理问题，理解此问题的重要性，增强管理意识，培养对此问题的关注和敏感度，并能有自己的思考。

引例　中国民间网络的声音——净化网络环境

2003 年下半年，一篇名为《网站 CEO 的下一个称呼——老鸨》的文章在互联网上掀起了轩然大波，文章揭露了在商业利益的驱动下一批商业网站正涉嫌从事色情内容经营的事实。文章引发了社会各界对网络色情问题前所未有的关注，很多人将其称为中国民间声讨网络色情的檄文，文章的作者王吉鹏由此成为"反黄英雄"。

王吉鹏是辽宁锦州渤海大学的一名教师，2003 年年初，他被派到渤海大学北京办事处。在非典时期，他开始研究网络经营模式的发展，但网络上色情内容的泛滥及很多网站打着性感诱惑牌子赚钱的现象让王吉鹏吃惊不小。他的一个朋友给他讲的一个故事也令他吃惊：作为生日礼物，这位朋友送给自己 13 岁的小女儿一部手机，但不久，父亲却在女儿的手机里看到了大量不堪入目的淫秽内容。孩子说这是从网上下载的短信内容。"不能伤害孩子是这个社会的底线，救救孩子吧，我坐不住了。"6 月 18 日，王吉鹏还在博客中国网站上发出了中国民间网络反黄的呼声《一个公民的拷问：谁应该为网络色情现状负责？》。

7 月 4 日到 10 日，最早支持网络反黄的博客中国网站遭到了国内史无前例的长达 6 天的不间断攻击，网站长时间陷入瘫痪。博客中国的创办者方兴东说："'反黄运动'伤害了某些群体的利益，他们在背后伸出了黑手。"王吉鹏个人也受到了威胁。

6 月 24 日，政府相关部门开始咨询过问此事；6 月末，相关部门召开内部会议探讨解决该问题。此后，几家主要门户网站都作了相应的改版，其中一家的短信从原来的 90 多页删减到 30 多页，而另一家则在某些内容上加注"18 岁以下未成年人士禁止订阅"。作为最大的一家网络运营商——中国移动下令整改各大门户的"短信联盟"，而中国联通也给门户网站发函要求禁绝色情内容。

中国的网络发展已经进入一个新的历史时期。无论是网站的自觉认识，还是政府的管制、网民的积极推动，规范与自律都是网络下一轮飞跃的基础。

资料来源　彭兰. 中国网络媒体的第一个十年 [M]．北京：清华大学出版社，2005：153.

1998 年 5 月，联合国新闻委员会年会正式提出了"第四媒体"的概念。时任联合国秘书长安南在会上指出：互联网已经成为继报刊、广播、电视之后的"第四媒体"。这种有别于传统大众媒体的新型媒体，凭借数字化、多媒体、实时性和交互式传递信息的独特优势，迅速走进社会生活的各个方面，并以惊人的速度向前发展，不断为我们提供更方便、快捷的信息流，创造更多、更先进的信息流通渠道。

2.1　宏观政策环境：管制与开放

对互联网是管制还是开放，如何去管制和开放，这样的讨论从互联网诞生的那一刻起就从来没有停止过。这里，我们先来看看开放的网络世界里出现的系列问题。

2.1.1　网络传播的负面效应

技术从来都是一把双刃剑。网络自由、开放的结构给人们打开了看世界的一扇窗口之后，也带来了新的问题。钟瑛曾说过，网络运行到 1999 年，其内容的混乱及管理问题引起了政府的高度重视。目前网络传播中存在着如下几个比较突出的问题：

1）信息"过剩"

如今，在百度、谷歌或者其他搜索引擎上随便输入一个关键词，动辄出来的都是成千上万个结果。对于一些焦点、热点，如 2008 年奥运会、迈克尔·杰克逊、甲流等搜索的结果可能就是成百上千万，但这些并非都是我们所需要的，其中很多属于重复信息、过时信息甚至是垃圾信息。它们占据了大量的网络空间和信道，将有用的信息淹没在信息的汪洋大海之中，增加了人们搜寻和打捞有用信息的难度。

2）虚假新闻

虚假新闻尽管有违职业道德，但自有新闻传播开始就从来没有消失过，将来也不可能完全消失。网上虚假新闻的出现，其实和传统媒体上发生的假新闻事件并无本质差别，但问题在于网络传播的快捷和共享能够放大传播效果，从而使虚假新闻造成的影响更加恶劣。有的时候，虚假新闻还会误导网民，使他们做出错误的判断和行动，造成经济和其他方面的损失。

3）色情信息

"性"是互联网上最热门的话题之一。某些著名搜索工具的统计显示，人们对色情信息的查询常多于对其他信息的查询。网络色情的表现方式可以是文字、声音、影像、图片、漫画等。

网络的使用常常是一种私人行为，在现实生活中压抑的人性在网络空间往往可以无所顾忌地得到释放。这也许就是我们在网络中看到那么多色情、暴力信息的原因。同时，网络造就的是不同于现实世界的虚拟世界，在由"陌生人"组成的这个社会里，传统的道德准则几乎不起作用。不仅如此，人们对网络色情的最大忧虑是它对孩子的影响。青少年涉世未深，生理和心理上的不成熟使其无法抵御不良信息的侵害。2009 年年底，我国在全国范围内掀起了一轮整治互联网色情信息的专项打击活动。

4）网络诽谤与隐私侵犯

网络诽谤是指以网络为传播途径，向被诽谤者之外的第三人发表不利于被诽谤者的言论，使被诽谤者名誉受损和社会评价降低，给其带来精神或财产上的损害。网络降低了公开发表言论的门槛和成本，其自由性也容易使人产生"为所欲为"的冲动。在网络上发生的诽谤事件具有控制困难、传播迅速、传播范围广、危害性大等诸多特征，有时甚至是跨越国界的传播，所有这些都给法律上的责任认定和法律适用带来了难题。

另一个问题是利用网络传播他人隐私。由于没有了严格的把关，一些人滥用网络自由传播他人隐私，甚至泄露国家机密。随着网络和个人数字摄像机的普及，一旦有好事者偷拍了他人的隐私并上传网络，就会引发不可逆转的灾难性后果，挑战人类文明社会的道德底线。

5）著作权的侵犯

网络的自由和共享为信息的传播提供了便利，但也给知识产权尤其是著作权的保护带来了极大的挑战。且不说各种不知名的网络媒体，如各种 BBS、新闻组等在未经许可的情况下复制、转载、传播他人作品的情况比比皆是，甚至国内外著名的网络媒体也存在着大量的侵犯著作权的问题。2009 年中国作协对谷歌公司发布《中国作家协会维权通告》就是为此。

著作权的侵犯主要有三种情形：网站侵犯传统媒体版权、传统媒体侵犯网络版权、网络媒体之间互相侵权。

2.1.2　为了自由而管制

网络在带给我们自由、快捷和主动权的同时，也给我们带来了巨大的挑战，人们逐渐认识到了规则和管理的必要性。因为这种形式的自由同时带来了一系列的新问题，信息垃圾堵塞通道、虚假新闻欺骗世人、网络偷窥侵犯隐私、色情暴力误导青少年等，不但给人类造成了新的伤害，实际上还造成了另一种形式的不自由。正如阿尔温·托夫勒所说："有时选择不但不能使人摆脱束缚，反而使人感到事情更棘手、更昂贵，以至于走向反面，成为无法选择的选择。一句话，有朝一日，选择将是超选择的选择，自由将成为太自由的不自由。"①

但无论如何，网络的发展势不可挡，我们已经不可能也不愿意回到"网络前"时代了。对于网络不能忽视的负面效应，我们应该做的是深入探索网络传播的规律，对网络加以适当的管理和控制。对此，政府和互联网从业单位、从业人员都应积极承担起自己的责任，努力创造健康、安全、便利的网络信息交流环境。

一般来讲，对网络的管理主要涉及行政、法律、自律三个层面。

2.2　行政管理

这里首先要说的是由政府出面进行行政管理。

出于保护儿童、限制商业不正当竞争乃至维护社会主流价值观念等多种需要，对于互联网这个深刻影响到社会生活的新生事物，没有一个国家放任自流，只是介入的程度有所不同，或更直接地管理，或更间接地管理。国家管理机关在互联网管理活动中始终占据着主动位置。

2.2.1　行政管理机构

目前，世界各国对互联网的管理大致可分为三类：政府主导型（如新加坡）、政府和行业共同管理型（如法国）和政府指导行业自律型（如美国、日本、加拿大）。根据我国的国情，我国对互联网的管理采取了政府主导型管理模式，强调政府在管理中的主导作用。政府通过强有力的法律手段和行政手段直接干预和管理互联网，政府各部门从一开始就在各自的职能范围内对网络活动进行监管。

目前，我国的国家和地方主管部门，都参与了从电信基础设施建设、互联网域名资源、计算机信息系统到互联网服务提供者以及网络媒体内容等全方位的对网络的管理和控制。各相关部门和机构分工合作，在自己的职责范围内，根据制定的相关行政法规，对网络实施具体的行政管理。

（1）国务院电信主管部门负责互联网行业管理，负责对互联网信息服务的市场准入、市场秩序、网络资源、网络信息安全等实施监督管理。

（2）公安部计算机管理监察机构负责计算机信息网络国际联网的安全保护管理

---

① 托夫勒. 未来的震荡 [M]. 任小明，译. 成都：四川人民出版社，1985：313.

工作。

（3）国务院信息产业主管部门以及各省、自治区、直辖市电信管理机构负责互联网信息服务的监督和管理。

（4）国务院新闻办公室负责全国互联网站从事登载新闻业务的管理。

（5）工业和信息化部及各省、自治区、直辖市电信管理机构和其他有关部门承担通信网络安全及相关信息安全管理的责任，负责协调维护国家信息安全及其保障体系建设，指导监督政府部门、重点行业的重要信息系统与基础信息网络的安全保障工作，协调处理网络与信息安全的重大事件。

（6）国家新闻出版广电总局负责监督管理全国互联网出版工作，各省、自治区、直辖市新闻出版行政部门负责监督管理本行政区域内互联网出版的相关事宜。

（7）文化部负责文艺类产品网上传播的前置审批工作，对网络游戏服务进行监管。

此外，新闻、出版、教育、卫生、工商行政管理等其他相关部门和机构根据其职责范围参与网络的规范和管理。

2.2.2　我国对网络进行规范和管理的主要形式

1）等级许可或备案

个人或组织机构进入互联网行业之前，需要经过相关部门的许可，或者在相关部门备案。对从事某种信息服务的个人或机构进行事先审核，将那些不具备条件的申请者给予否决，并通过许可登记、备案登记的方式，对符合条件的申请者进行记录。实际上，通过这种许可和备案的方式，可以在第一时间将不符合条件的个人或机构拒绝在网络媒体内容和服务提供者的行列之外，从而消除一些不必要的隐患。

例如，从事经营性互联网信息服务，应当向省、自治区、直辖市电信管理机构或国务院信息产业主管部门申请办理互联网信息服务增值电信业务经营许可证，取得许可后，应当持许可证向企业登记机关办理登记手续；从事非经营性互联网信息服务，应当向省、自治区、直辖市电信管理机构或国务院信息产业主管部门办理备案手续。

2）监督管理

各主管部门和机构可以依照相关的法律、法规以及规章制度对其职责范围内的事务进行监督管理，从而引导、督促互联网企业健康、正常地运转。

各互联网信息服务提供者必须按照经许可或者备案的项目提供服务，不得超出经许可或者备案的项目提供服务。例如，非经营性互联网信息服务提供者不得从事有偿服务。互联网信息服务提供者变更服务项目、网站网址等事项的，应当提前 30 日向原审核、发证或者备案机关办理变更手续。

3）处罚

各主管部门和机构可以依照相关的法律、法规以及规章制度，在其职责范围内对违反相关法律、法规和规章制度的个人或机构进行处罚，甚至取消相关当事人的某些权利。行政处罚主要包括责令限期改正、没收违法所得、违法罚款、吊销经营许可证、责令关闭网站等。

根据《互联网信息服务管理办法》的相关规定，对互联网信息服务提供者来说，如果有以下行为，可以由相关部门对其进行处罚：未取得经营许可证，擅自从事经营性互联网信息服务，或者超出许可的项目提供服务的，由省、自治区、直辖市电信管理机构责令限期改正。有违法所得的，没收违法所得，处违法所得 3 倍以上 5 倍以下的罚款；没有违法所得或者违法所得不足 5 万元的，处 10 万元以上 100 万元以下的罚款；情节严重的，责令关闭网站。

【小资料 2-1】

重要政策解析

2005 年 9 月 25 日，国务院新闻办公室、信息产业部联合发布了《互联网新闻信息服务管理规定》（以下简称《规定》），这是我国规范互联网新闻信息服务的一个重要规章。近 10 年来，互联网在我国快速发展，已成为人们获取新闻信息的重要渠道，对政治、经济、文化以及社会生活产生着深刻影响。国务院新闻办公室、信息产业部曾于 2000 年 11 月发布了《互联网站从事登载新闻业务管理暂行规定》（以下简称《暂行规定》），经过近 5 年的发展，互联网技术、互联网新闻信息服务的形式和内容都已发生了很大变化，《暂行规定》的有关内容已不适应新形势的需要。

依据《规定》要求，电信主管部门将主要在四个方面发挥重要管理作用：

（1）互联网新闻信息服务单位依照规定设立后，应当依照有关互联网信息服务管理的行政法规向电信主管部门办理有关手续。

（2）互联网新闻信息服务单位变更名称、住所、法定代表人或者主要负责人、股权构成、服务项目、网站网址等事项的，除了向国务院新闻办公室履行相关义务外，根据电信管理的有关规定，需报电信主管部门批准或者需要电信主管部门办理许可证或者备案变更手续的，依照有关电信管理规定办理。

（3）违反规定擅自从事互联网新闻信息服务，或者超出核定的服务项目从事互联网新闻信息服务的，由国务院新闻办公室或者省、自治区、直辖市人民政府新闻办公室依据各自职权责令停止违法活动，并处 1 万元以上 3 万元以下的罚款；情节严重的，由电信主管部门根据国务院新闻办公室或者省、自治区、直辖市人民政府新闻办公室的书面认定意见，按照有关互联网信息服务管理的行政法规的规定停止其互联网信息服务或者责令互联网接入服务者停止接入服务。

（4）互联网新闻信息服务单位登载、发送的新闻信息含有规定禁止内容，或者拒不履行删除义务的，由国务院新闻办公室或者省、自治区、直辖市人民政府新闻办公室给予警告，可以并处 1 万元以上 3 万元以下的罚款；情节严重的，由电信主管部门根据有关主管部门的书面认定意见，按照有关互联网信息服务管理的行政法规的规定停止其互联网信息服务或者责令互联网接入服务者停止接入服务。

看点一：涉及外资应先行报审

《规定》对外资进入互联网新闻信息服务提出了明确限制。

《规定》第九条明确指出，任何组织不得设立中外合资经营、中外合作经营和外资经营的互联网新闻信息服务单位。

互联网新闻信息服务单位与境内外中外合资经营、中外合作经营和外资经营的企业进行涉及互联网新闻信息服务业务的合作，应当报经国务院新闻办公室进行安全评估。

看点二：禁区

《规定》划出了 11 处禁区：在第十九条明确指出，互联网新闻信息服务单位登载、发送的新闻信息或者提供的时政类电子公告服务，不得含有下列内容：（1）违反宪法确定的基本原则的；（2）危害国家安全、泄露国家秘密、颠覆国家政权、破坏国家统一的；（3）损害国家荣誉和利益的；（4）煽动民族仇恨、民族歧视，破坏民族团结的；（5）破坏国家宗教政策、宣扬邪教和封建迷信的；（6）散布谣言、扰乱社会秩序、破坏社会稳定的；（7）散布淫秽、色情、赌博、暴力、凶杀、恐怖信息或者教唆犯罪的；（8）侮辱或者诽谤他人、侵害他人合法权益的；（9）煽动非法集会、结社、游行、示威、聚众扰乱社会秩序的；（10）以非法民间组织名义活动的；（11）含有法律、行政法规禁止的其他内容的。

同之前的《暂行规定》相比，《规定》第九条和第十条是新出现的内容。

看点三：罚则

违规者可被罚3万元。《规定》第二十六条至第三十一条对违反《规定》的行为应承担的法律责任进行了明确界定。

资料来源 佚名. 2005年度中国互联网行业的10大新闻揭晓［EB/OL］.（2005-12-15）. http://cto. icxo. com/htmlnews/2005/12/15/739145_ 0. htm；佚名. 国务院新闻办和信息产业部联合颁行<互联网新闻信息服务管理规定>［EB/OL］.（2005 - 09 - 27）. http://www. cnii. com. cn/20050801/ca315956. htm.

2.3 法律管理

通过法律对互联网进行管理是一种较为有效、可行的途径，我国已经出台了部分相关法律、法规。但是，网络立法也是一个不断调试的过程，因为网络的法律控制问题很复杂。社会学专家、华东理工大学华东社会发展研究所所长鲍宗豪教授分析说，网络立法至少有三大难点：海量的信息汇聚、信息的高度流动性和信息形态的多样性。

网络是一种新的行为方式、思想观念和社会形态，如同其他事物一样，都有一个从不成熟到成熟、从乱到治的发展完善过程。网络信息传播快而且覆盖面大，法律保护的目的是鼓励传播、繁荣创作、保护和促进网络业及知识产权的共同健康发展。网络立法如何做到在制裁网络上的不法行为的同时，又不束缚网络的发展；既有威慑力，又不吓走众多的网络经营者和用户，其实质是效率与公平、发展与规范的辩证关系。

另外，网络立法还要考虑到规范实现的可能性。要使网络规范与网络技术发展相衔接，使制定出的规范能够被有效地、低成本地贯彻实施，避免法律规范成为不切实际的空中楼阁或劳民伤财的根源。只有符合网络高效、廉价特点的法律规范，才是有生命力的网络法律规范。

我国已经出台了部分相关法律、法规，但法律、法规之间存在着细微的差别。法律是指由全国人大或其常务委员会制定的在全国范围内生效的规范性法律文件。行政法规特指最高国家行政机关国务院为领导和管理国家各项行政事务，根据宪法和法律，按照法定程序制定和发布的规范性文件。其地位和效力低于宪法和法律，高于行政规章。这些规范性法律文件都具有强制性，不同之处在于效力等级的差别，即根据制定机关不同有上位法和下位法的差别。

2.3.1　国外网络立法扫描

1）德国

德国是欧洲信息技术最发达的国家，其电子信息和通讯服务已涉及该国所有经济和生活领域。1997 年 8 月，德国政府出台的《信息和通讯服务规范法》生效。该法规定：服务提供者根据一般法律对自己提供的内容负责；若提供的是他人的内容，服务提供者只有在了解这些内容、在技术上有可能阻止其传播的情况下对内容负责；他人提供的内容，在服务提供者的途径中传播，服务提供者不对其内容负责；根据用户要求自动和短时间地提供他人的内容被认为是传播途径的中介；若服务提供者在不违背电信法有关保守电信秘密规定的情况下了解这些内容、在技术上有可能阻止且进行阻止不超过其承受能力，则有义务按一般法律阻止利用违法的内容。

此外，德国政府还通过了《电信服务数据保护法》，并根据发展信息和通讯服务的需要对《刑法》法典、《传播危害青少年文字法》、《著作权法》和《报价法》作了必要的修改和补充。

2）美国

美国众议院司法委员会要求色情邮件需加标注，使用户可以不打开邮件直接将其删除。另外，因特网接入服务提供商可以起诉滥发垃圾邮件者，索赔 100 万美元以上的费用。

此外，《儿童网上隐私保护法》已经获得美国国会批准，并在 1998 年经美国时任总统克林顿签署成为法律。该法要求商业网站的运营者在允许互联网用户浏览对未成年人有害的内容之前，先使用电子年龄验证系统对互联网用户的年龄进行鉴别。第一次违反者将面临最高 6 个月的监禁和 50 000 美元的罚款。

但是，这条法律从未正式实施过。它一经颁布，就遭到了美国民权联盟以及包括杂志出版商和书商在内的 17 个组织和企业的强烈反对。这些反对者指控这条法律有违宪法第一修正案。美国一位联邦法官发布了初步裁决，认为这条法律侵犯了自由言论权，指出网站运营商缺乏有效的措施来阻止未成年人接触色情内容。网络法律问题专家称，该项判决意味着网上世界不再被视为一个特殊的领域，现实生活中的法律同样适用于网络世界。

3）法国

在意识到互联网的重要性及存在的问题之后，法国政府积极地关注互联网的发展并制定了有关法律。1996 年 6 月，法国邮电、电信及空间部长级代表对一部有关通讯自由的法律进行补充并提出了《菲勒修正案》。该法案根据互联网的特点，针对在互联网从业人员和用户之间自律解决互联网带来的有关问题提出以下三方面措施：迫使网络服务的信道提供者向客户提供封锁某些信道的软件设备，从而使成年人通过技术控制对未成年人负责；建立一个委员会负责制定上网服务的职业规范，对被告发的服务提出处理意见，特别是重新负责原来由网络信息委员会管辖的终端视讯服务；若网络信道提供者违反技术规定，为进入已存异议的网络提供信道，或在知情的情况下为被控告的服务进入网络提供信道，则追究其刑事责任。

4）新加坡

新加坡广播管理局（SBA）于 1996 年 7 月 11 日宣布对互联网实行管制，实施分类许可证制度。该制度自 1996 年 7 月 15 日起生效。它是一种自动取得许可证的制度，目的是鼓励正当使用互联网络，促进其在新加坡的健康发展。它依据计算机空间的最基本标准，谋求保护网络用户尤其是年轻人，使其免受非法和不健康的信息传播之害。

2.3.2　国内网络立法的现状

在中国，从法律的角度研究网络、规范网络、保护网络的发展，还是需要一个过程的。我们目前正处在这个过程的探索和开始阶段。

1）我国网络立法起步阶段的基本情况

（1）在网络管理的具体立法上走出了一步。国家有关部门对互联网的行政管理已经做出了若干规定，如《互联网信息服务管理办法》、《计算机信息系统安全保护条例》、《计算机信息网络国际联网管理暂行规定》等。这几个规定都属于行政法的范畴，是以部门规章的形式出现的，仍然属于管理型的法规。

（2）在网络主体的权利上，做出了重要的司法解释。例如，最高人民法院做出了关于网络作品著作权的司法解释，对网络作品的著作权以及就这种民事权利发生的争议如何处理，确定了具体的原则。这一司法解释性的文件，内容是对网络主体权利的规定，属于私法性质。

（3）学者和专家对网络立法在理论上的探索和研究，以及对网络法律问题的研究已经达到了一定的程度，对立法的框架、立法的主要内容、应当建立的基本制度，已经有了初步设想。有的正在深入地进行论证，在更深的层次上进行研究和探讨。

网络本来就是复杂的，涉及网络的法律问题更是复杂，不是短短的几年就能够认识清楚的。因此就我国网络立法的现实情况而言，工作还仅仅是探索性质的，要想达到全面建设网络法律的程度，还需要时日。

2）规范网络信息传播行为的主要法规

从广义上来说，适用于网络的法律渊源很多，如《宪法》、《刑法》、《民法通则》等主要法律及与其有关的司法解释，其中有些条款是针对整个新闻传播活动的，因此对网络的新闻传播活动也同样适用。其他法律如《气象法》、《保守国家秘密法》、《广告法》、《著作权法》等的相关条款同样是针对整个新闻媒介的，因此也适用于网络媒体。中国已经加入的国际公约如《世界版权公约》、《伯尔尼保护文学和艺术作品公约》等，也对网络上的相关活动有规范作用。

在我国颁布的网络法规中，针对网络信息传播或与其相关的主要有法律性文件、行政法规和部门规章。法律性文件如《关于维护互联网安全的决定》，2000 年 12 月 28 日九届全国人大常委会第 19 次会议通过，这是我国互联网管理法律体系中具有最高效力的法律文件。行政法规如《计算机信息系统安全保护条例》、《计算机信息网络国际联网管理暂行规定》等。部门规章比较多，如《互联网电子公告服务管理规定》、《互联网站从事登载新闻业务管理暂行规定》等。此外，还有一些最高法院司法解释，如《最高人民法院关于审理涉及计算机网络著作权纠纷案件适用法律若干问题的解释》等。这些法规虽然有相当一部分是程序性规定，但就其最终的立法目的而言，本质上它们所指向的都是网络内容。因此我们要对这些法规进行解读，首先从内容上作一个大致的分类。

（1）关于网络管理

关于网络管理的法规是最多的，如《中华人民共和国电信条例》、《互联网信息服务管理办法》、《互联网电子公告服务管理规定》、《中国公众多媒体通信管理办法》等。

其中有针对网络服务提供者的管理与规范，如《计算机信息网络国际联网管理暂行规定》、《互联网信息服务管理办法》、《互联网电子公告服务管理规定》、《互联网站从事登载新闻业务管理暂行规定》、《中国公众多媒体通信管理办法》、《计算机信息网络国际联网管理暂行规定实施办法》、《互联网新闻信息服务管理规定》、《互联网文化管理暂行规定》、《互联网视听节目服务管理规定》、《信息网络传播权保护条例》、《即时通信工具公众信息服务发展管理暂行规定》等。

有的是对域名的管理。国务院信息化工作领导小组办公室（简称国务院信息办）为我国的域名系统管理机构，负责制定我国的域名设置、分配和管理政策及办法，监督、检查各级域名注册服务情况。CNNIC 协助国务院信息办管理域名系统。CNNIC 根据 1997 年 6 月颁布的《中国互联网络域名注册暂行管理办法》制定了《中国互联网络域名注册实施细则》，2000 年又发布了《中文域名注册管理办法（试行）》、《中文域名争议解决办法（试行）》。这些管理办法主要对域名的注册要求、申请原则、注册手续及注册费用等做了规定。例如，申请 CN 下的域名需要递交书面材料，并经 CNNIC 审批，但只需要 1 周左右时间；在 CNNIC 上注册一个国内域名的费用并不是很高，规定的费用为 2 000 元左右，每年需要 300 元运行费。

域名的注册常会引起一些侵权纠纷。2001 年出台的《最高人民法院关于审理涉及计算机网络域名民事纠纷案件适用法律若干问题的解释》为域名纠纷的具体法律理解和适用制定了具体办法。该解释涉及以下内容：受理范围、受诉法院的确定、域名纠纷的诉因和案由的确定、不正当竞争或侵权行为的认定、侵权责任。可以肯定的是，该解释为司法实践中大量的域名纠纷指明了具体的司法解决方案，构建起了域名的基本法律秩序。

（2）关于电子商务

关于电子商务的法规有《网上证券委托暂行管理办法》、《最高人民法院关于审理扰乱电信市场管理秩序案件具体应用法律若干问题的解释》、《经营性网站备案登记管理暂行办法实施细则》等。

（3）关于知识产权

关于知识产权的法规有《计算机软件保护条例》、《计算机软件著作权登记办法》、《保护网络作品权利信息公约》、《最高人民法院关于审理涉及计算机网络域名民事纠纷案件适用法律若干问题的解释》、《最高人民法院关于审理涉及计算机网络著作权纠纷案件适用法律若干问题的解释》、《中国互联网网络版权自律公约》等。

（4）关于网络安全

网络技术的发展和应用，使得与网络有关的犯罪日益突出，其中既有以网络为对象的犯罪，又有以网络为工具的犯罪。针对网络犯罪的网络安全法规有《计算机信息系统安全保护条例》、《计算机信息网络国际联网出入口信道管理办法》、《计算机信息网络国际联网管理暂行规定》、《中国公用计算机互联网国际联网管理办法》、《计算机信息网络国际联网安全保护管理办法》、《计算机信息系统国际联网保密管理规定》、《全国人大常委会关于维护互联网安全的决定》、《关于严厉打击非法经营国际电信业务违法犯罪活动的通告》等。

3）重要法规解析

（1）《关于维护互联网安全的决定》旨在严厉打击各类互联网犯罪，从而维护国家安全和社会公益。可以说作为我国政府迄今为止针对互联网监管制定的最强有力的法律规范，它在事实上扩大了《刑法》的打击范围，被称为中国的"网络刑法"。本决定共 7 条，从保障互联网的运行安全，维护国家安全和社会稳定，维护社会主义市场经济秩序和社会管理秩序，保护个人、法人和其他组织的人身、财产等合法权利 4 个方面，规定了构成网络犯罪的几种行为，对利用互联网犯罪的处罚做出了明确规定，从而成为规范网上信息行为的一个法律依据。

（2）《互联网电子公告服务管理规定》出台的目的是加强对互联网电子公告服务的管理，规范电子公告信息发布行为，以维护国家的安全和社会稳定。规定共 22 条，对在互联网上以电子布告牌、电子白板、电子论坛、网络聊天室、留言板等交互形式为上网用户提供信息发布条件的行为，要求进行审批或备案，并对违规行为的处罚做出了规定。规定对电子公告服务的申办程序进行了说明，即向当地省级电信管理机构或工信部申请备案，并从 4 个方面规定了申请条件，即确定的栏目、完善的规则、安全保障措施、专业与技术管理人员。规定还重点对服务提供者提出了 6 个方面的要求（6 个"应当"），即应当在服务系统的显著位置刊载经营许可证的编号、服务规则以及提示用户需要承担的责任，应当在所批准的类目内提供服务、对用户个人信息保密、对违法违规内容进行删除并上报、记录用户使用信息并保存 60 天以备查询等，并对违反规定的不同情形的处罚形式进行了说明。

（3）2012 年 12 月 28 日，十一届全国人大常委会第三十次会议通过了《全国人大常委会关于加强网络信息保护的决定》（以下简称《决定》）。专门为网络信息保护立法，重点保护个人电子信息安全，这在我国尚属首次。

公民个人信息保护是重点，《决定》规定："任何组织和个人不得窃取或者以其他非法方式获取公民个人电子信息，不得出售或者非法向他人提供公民个人电子信息。"网络服务提供者和其他企业事业单位有保护个人电子信息的义务。政府有关部门及其工作人员对在履职中知悉的公民个人信息同样负有保密和保护义务。

治理垃圾电子信息有法可依，《决定》明确规定："任何组织和个人未经电子信息接收者同意或者请求，或者电子信息接收者明确表示拒绝的，不得向其固定电话、移动电话或者个人电子邮箱发送商业性电子信息。"

《决定》规定，网络服务提供者为用户办理网站接入服务、电话等入网手续，应当在与用户签订协议或者确认提供服务时，要求用户提供真实身份信息。这一规定并非此前公众理解的"网络实名制"，实际上是对网络身份信息实行后台管理。

个人电子信息权是公民的基本人权，关系到公民的人格尊严和人身自由。立法保护公民个人电子信息具有重要意义。《决定》重点针对我国当前网络活动中存在的突出问题建立、完善相关制度，为加强公民个人信息保护、维护网络信息安全提供了法律依据，以适应当前互联网健康有序发展的需要。

4）法律管理与技术手段相结合

目前，网络媒体的技术管制手段有三种：阻止进入（Blocking）、过滤（Filtering）和分级（Rating），我国普遍采用的是前两种。阻止进入技术是指通过在互联网的国际主出口上设定对访问某些 IP 地址的限制，使得国内网民无法直接连接这些国外网站。目前，我国阻止进入的网站多为带有政治敏感性内容的网站。过滤技术主要运用于网络媒体的论坛管理，通过设定若干特殊关键词，使得网民发帖时一旦使用这些特殊关键词，这些帖子便不能被直接发送上网，而是转到论坛管理员那儿审看。论坛管理员可将帖子修改后发布，也可将帖子删除。媒体网站经常根据宣传部门的指令，不断更新设定的限制性关键词。分级技术是针对色情信息的主要管制手段，通过启用分级过滤软件，可以将网上的不良信息分成不同的级别，并通过人为设置的过滤标准，过滤掉超标信息。

2.4　行业管理

一味指望通过法律制度的完善来规范和调节网络行为，网络将永远无法得到发展。在法律、法规还不能及时到位和完善的今天，网络自身必须承担更多的责任。

与此同时要指出的是，要想让网络具备一个可持续发展的环境，仅靠行业自律是远远不够的。它还有赖于来自社会的群体监督，以及每位公民积极的个体实践。换言之，提倡自由，并不意味着默许对自由的滥用；号召网络媒体自律，同样希望每位网民承担起责任。在此意义上，我们相信，在互联网上播撒责任的种子，将在互联网上收获自由的文明。正如本章开头所述，我们的目标就是要在社会走向开放的过程中坚持信息自由，并且努力避免因为滥用这种自由伤害自由本身。

2.4.1　我国网络行业自律的发展概况

互联网的行业自律是指网络信息传播者采取自我约束的方式从事网络信息传播活动，即传播者通过自我治理来管理自己的网络信息传播行为。提倡网络信息传播自律是为了鼓励人们有选择地、有节制地使用互联网，以营造出一种合乎道德的网络信息环境。

1）第一阶段（1994—1999 年）

在这一阶段，互联网行业自律提上了议事日程。1999 年 4 月 15 日，国内 23 家有影响力的网络媒体首次聚会，共商中国网络媒体发展大计，并原则性地通过了《中国新闻界网络媒体公约》，呼吁全社会重视和保护网上信息和产权。

2）第二阶段（2000—2002 年）

在这一阶段，一些半官方和民间的管理组织相继成立，并有一些行业自律公约和网民道德公约出台，互联网自律机制初步建立。2000 年 5 月 20 日，中文域名协调联合会（CDNC）在北京成立，承担中文域名的民间协调和规范工作。2001 年 5 月 25 日，中国互联网协会成立，并于 2002 年 3 月 27 日颁布了《中国互联网行业自律公约》。另外，2001年 11 月 22 日，共青团中央、教育部、文化部、国务院新闻办公室、全国青联、全国学联、全国少工联、中国青少年网络协会也向社会正式推出了《全国青少年网络文明公约》，全国亿万青少年从此有了自己的网络行为道德规范。

3）第三阶段（2003 年至今）

为推动和加强行业自律，2003 年 12 月 8 日，人民网、新华网、中国网、南方网、新浪网、搜狐网、网易等 30 多家互联网新闻信息服务单位在北京共同签署了《互联网新闻信息服务自律公约》，承诺自觉接受政府管理和公众监督，坚决抵制淫秽、色情、迷信等有害信息的网上传播，抵制与中华民族优秀文化传统和道德规范相违背的信息内容。2004 年 6 月 10 日，中国互联网协会新闻信息服务工作委员会发布了《互联网站禁止传播淫秽、色情等不良信息自律规范》。

2.4.2 网络自律：行业协会

1）互联网行业协会

中国互联网协会，英文名为 Internet Society of China（ISC），成立于 2001 年 5 月 25 日，是一个非营利的全国性社团组织，主管单位是信息产业部。该协会的成立由国内从事互联网行业的网络运营商、服务提供商、设备制造商、系统集成商以及科研、教育机构等 70 多家单位共同发起（协会网址为：http：//www. isc. org. cn）。

协会由 6 个工作部门组成：协会秘书处、网络与信息安全工作委员会、互联网应用创新工作委员会、推广与普及工作委员会、政策与资源工作委员会、学术工作委员会。工作部门的结构分布显示出了其工作重心。就整体而言，互联网行业协会作为一个重要的管理与协调机构，其主要职责可以概括如下：

（1）对内，协调互联网行业间的关系，促进它们之间的交流与沟通，维护行业整体利益，组织制定行约、行规，实现行业自律。

（2）对外，协调行业与用户、政府的关系。

（3）提供行业发展现状与趋势的数据、报告。

（4）开展互联网学术交流与教育普及活动。

（5）承担会员单位及其他社会团体或政府部门委托的事项。

在国际社会，国际互联网协会（Internet Society，ISOC）成立于 1991 年，由 180 多个国家和地区的 150 个组织会员和 16 000 名个人会员组成（协会网址为 http：//www. isoc. org）。其主要专业机构有网络机构委员会（IAB）、网络工程任务小组（IETF）、网络工程指导小组（IESG）、互联网号码分配管理局（IANA）等。其主要职责是统一网络技术与应用标准、开展网络教育与研究活动、推动网络协作与交流、协助欠发达国家与地区的网络开发、参与网络的全球管理等，以促进与提高互联网在全球范围的有效使用。

2）互联网自律公约

最早的互联网职业伦理规范，可以追溯到 1973 年美国计算机学会推行的《计算机职业行为规范》，这是针对整个互联网行业的。我国互联网协会的《中国互联网行业自律公约》也属此类。也有针对互联网行业中某一具体行业的公约，如《网络服务业者（提供者）自律公约》、《网络广告业自律公约》、《电子商务者自律公约》、《网吧自律公约》等。

在我国，《中国互联网行业自律公约》于 2002 年 3 月 26 日上午在北京人民大会堂台湾厅正式签署生效，该公约的规范对象包括"从事互联网运行服务、应用服务、信息服务、网络产品和网络信息资源的开发、生产以及其他与互联网有关的科研、教育、服务等活动的行业"（《中国互联网行业自律公约》第2条），将互联网相关行业囊括殆尽。

该公约（见附录）共分为4章，即总则、自律条款、公约的执行与附则。4章之下划分为31条：总则部分5条，对公约的制定目的、规范对象、基本原则、执行机构等进行了阐明；自律条款部分13条，对网络从业者提出了总体与具体个别的道德要求；公约的执行部分7条，对互联网协会的职责、权限等问题进行了说明：互联网协会对公约成员有管理、协调、维护其权益、适度处罚的权利，也有被监督与公正执行本公约的责任；附则部分6条，对该公约的生效时间、解释权、修改条件、签约者的加入与退出等作了具体说明。

2.4.3 网站自律：网站管理规范的意义解读

1）互联网站一级栏目管理规范

网站的一级管理规范对网站的整体行为具有普遍的约束力，这些管理规范大都是网站为了树立良好形象、完善内部管理、避免不必要的矛盾纠纷，在创办之初出台的一系列管理规章，主要有网站服务条款、网站隐私声明、网站版权声明、网站免责声明等。一般而言，服务条款主要是对网站与用户双方的权利、义务进行阐明，隐私声明是对用户个人资料的保护、使用以及用户拒绝使用的方法等进行说明，版权声明是声明网站对其内容、服务及技术等的所有权，免责声明是对网站不能承担的责任进行明确说明。

整体而言，媒体所办网站的管理规范更多地倾向于对网站自身权利的强调，因此其形式多在网站首页刊以"网站声明"、"版权声明"、"法律声明"等。商业门户网站较之媒体所办网站的管理规范，更多地注重对用户隐私问题的说明。其管理规范一般都将隐私保护条款列于所有规范之首，在专门的隐私条款之外，服务条款仍会再一次强调隐私保护问题，显示出商业门户网站对用户的重视以及对隐私问题的敏感。榕树下、西陆网等交互娱乐网站带有商业网站诸多共同特征，更突出其交互性与娱乐性，因此在管理规范上也显示出这一特点。

2）互联网二级栏目管理条例

就整体管理规范而言，网站在用户协议、隐私声明、免责声明等的约束之下，各栏目还会有进一步的适合自己栏目特色、针对性更强的管理规范，我们将这类具体栏目的管理规范统称为栏目管理规范。其中具有代表性的栏目管理规范有电子邮件使用协议、BBS管理条例、聊天室公约、手机短信服务条款等，其中BBS与聊天室因其互动性都带有较强的人际交流特征。整体而言，网络聊天室与论坛栏目的管理规范，主要是以"严禁"、"不得"、"请勿"、"必须"等形式为主的操作性较强的具体条款。

相对于政府的行政监管、法律规范而言，行业自律应该属于一种"柔性监督"，因为它不具有直接的强制力，要靠网络行业及网民的自觉约束。因此，对整个网络的监督和管理，还是需要各方的积极协调、主动配合，才能创造出一个健康的网络发展空间，最大限度地减轻网络的负面效应，让网络真正为我们所用。

2.5 职业工作站

本章从行政监管、法律规范和行业自律三个层面介绍了网络管理的问题，在行文中对网络立法和行业自律倾注了相对较多的笔墨，因为这两个方面也是网络管理实践中的热点。作为从业者，首先，要对政府的相关政策熟悉、掌握，了解政府的态度、倾向及思路，从而指导工作实践。其次，要重点掌握现行的网络法律、法规，这些法律、法规与从业实践关系密切。再次，要有高度的敏感性，密切关注新法规的出台，如果能在此基础上对网络立法问题有更深入的思考更好。最后，要从自身做起，积极推动自律，这是一个从业者职业道德和职业素养的体现。在这方面，从业者自身也有较大的自主空间，因此要主动做好自身的自律工作，积极为推动行业自律出谋划策。

2.6　分析评价

本章第二节重点探讨了网络立法问题。我国互联网立法虽然经过三次修正，但发展至今其管理法规仍然存在一些问题。

（1）重审批，实行主体许可。国家对经营性的互联网信息服务活动采取许可制，此外，从事新闻、出版、教育、医疗保健、药品和医疗器械等互联网信息服务，还需要分别经过国务院新闻办、新闻出版广电总局、教育部、卫生部、国家食品药品监督管理总局等部门的前置审批。也就是说，从事互联网信息内容服务必须经过至少两个以上部门的审批。

（2）职能交叉，多头管理。在一些条文上的兼顾交叉，是构成一部完备的法规体系所必需的，但同等效力的法规如果交叉面太多，或是一种覆盖、包含的关系，就等于是多重授权。

（3）执法难，操作性差。目前各网站一般至少有两个许可证：一个是互联网内容主管部门颁发的，一个是电信管理部门颁发的。网站违规了，取证时都要通过电信管理部门（各省为通信管理局），而有的网站服务器并不一定在注册地或违规单位、个人的所在地，有的甚至不在中国大陆，这为取证带来了很大困难。此外，处罚是要讲证据的，互联网信息更新非常快，一般来讲，内容一旦删除就不复存在了，传统媒体可以事后追究，或白纸黑字，或录音、录像都有实物，而网络媒体很难做到这一点。

（4）缺乏必要的监管手段。目前，公安部、工信部、国务院新闻办、文化部、新闻出版广电总局等都在开发对网上信息内容实施有效监管的信息系统，各部门也都在自主开发内容监管软件。

■ 本章小结

本章从网络的负面效应入手，提出了网络管理的必要性，并分别从行政管理、法律规范、行业自律三个层面探讨了网络管理问题，主要介绍了当前我国在这三个层面的管理现状，其中在网络立法和行业自律问题上稍有侧重。法律规范一节对我国目前已出台的部分法律做了一个大致分类，并重点对其中几个做了解析。该节最后简略提到了技术手段与法律管理的结合运用。在有关行业自律的内容中，除了总体的概述外，主要介绍了中国互联网行业协会和《中国互联网行业自律公约》。

■ 主要概念和观念

□ 主要概念
　　网络诽谤　互联网的行业自律　中国互联网协会

□ 主要观念
　　网络传播的负面效应　法律管理与技术手段相结合

■ 基本训练

□ 知识题

▲ 简答题

（1）网络上对著作权的侵犯有哪些情形？

（2）我国政府对网络的行政管理通过哪些形式实现？

（3）简述我国网络行业自律的几个发展阶段。

▲ 选择题

△ 多项选择

（1）网络传播的负面效应有（　　　）。

A. 信息"过剩"　　　　　　　　　　B. 虚假新闻

C. 网络诽谤与隐私侵犯　　　　　　 D. 色情暴力信息

（2）目前网络媒体的技术管制手段有（　　　）。

A. 阻止进入　　　　　　　　　　　 B. 过滤

C. 分类　　　　　　　　　　　　　 D. 分级

□ 技能题

▲ 单项操作训练

（1）查找几个关于网络的重要法律、法规，阅读全部条款并分析。

（2）查找有关国外网络行业自律的资料，与我国的做法作个比较。

▲ 综合操作训练

（1）举一个网络著作权侵犯的案例，分析其涉及、运用了哪些法律、法规。

（2）分析传统媒体在行业自律方面有什么好的做法，对网络行业有哪些值得借鉴的地方。

■ 观念应用

□ 案例题

腾讯、360 之争

　　腾讯 QQ 和奇虎 360 是国内最大的两个客户端软件之一。腾讯以 QQ 为基础，向各个方面发展，以其强大的市场占有率和客户群体，不断"吞噬"着互联网各个领域。奇虎360 是以安全闻名的企业。其 360 安全卫士永久免费的策略，使得它以很短的时间，占据了绝大多数安全市场份额，也成了继腾讯 QQ 之后第二大客户端软件。双方为了各自的利益，从 2010—2013 年，上演了一系列互联网之战。

奇虎 360 于 2010 年 11 月 10 日宣布 QQ 和 360 已经恢复兼容，并在官方网站发布名为《QQ 和 360 已经恢复兼容 感谢有您!》的公告，感谢广大用户对 360 软件的支持，公布了有关部门的联系方式，提醒用户若发现二者软件出现冲突可向相关部门举报。腾讯公司于 2010 年 11 月 21 日发布名为《和你在一起》的致歉信。双方冲突在工信部的介入下正式化解。

2012 年 4 月 14 日，腾讯和 360 纷纷对外宣称，将针对 3Q 大战期间对方存在的不道德行为以及滥用市场支配地位行为，向对方提起诉讼，广东高院将开庭审理此案。

2013 年 11 月 26 日上午，备受瞩目的奇虎 360 诉腾讯垄断一案的二审在最高人民法院开庭。该案 2013 年 3 月在广东省高级人民法院一审，一审判决奇虎 360 败诉，奇虎 360 随后提出上诉。该案是迄今为止我国互联网领域诉讼标的额最大的垄断案件，被称为中国"互联网反垄断第一案"。

问题：该案涉及哪些法律问题?

□ **实训题**

实训 1：试搜集地方政府在网络法律和推动网络行业自律方面的积极作为材料。

实训 2：试列举几个网络侵权的案例，说说它们可以给网络管理提供哪些借鉴。

□ **讨论题**

如何从更多的层面对网络进行规范和管理?

第 **3** 章

网络编辑的职业素养

■ 学习目标
3.1 网络编辑的职业特点
3.2 网络编辑的角色定位
3.3 网络编辑的素养
3.4 网络编辑的伦理
3.5 职业工作站
3.6 分析评价
■ 本章小结
■ 主要概念和观念
■ 基本训练
■ 观念应用

■ 学习目标

知识目标：

了解网络编辑和传统媒体编辑的区别，了解网络编辑的职业特点，了解优秀的网络编辑应具备的伦理观念和职业素质。

技能目标：

通过对网络编辑工作环境、工作内容的了解，有目的地培养和提高网络编辑自身的文化道德素质。

能力目标：

能自觉遵守网络编辑行业规范，规避网络不实、不良信息，发挥传播者的文化引导职能，为互联网受众提供有效、有用的信息。

引例　一个网络编辑的紧张生活

某日清晨，电闪雷鸣，大雨滂沱。

空荡荡的大厅，静悄悄的走廊，一串串湿漉漉的脚印通向 8 楼的一间办公室。

"早!"杨磊微笑着冲同事们问好，便径直走向自己的办公桌，打开电脑，启动桌面上的"OA 精灵"，点击"个人考勤"——6∶20 分。

杨磊，"荆楚网"时事新闻部的网络编辑员。入行前，他曾认为，网络编辑只不过是日复一日的"Ctrl+C"、"Ctrl+V"。直到他成为一名网络编辑员，他才发现网络的快速、无限与宽容仿佛一个巨大的磁场，传统媒体的各种形式几乎都可以在网络上完成，只有脑子想不到的，没有网络做不到的。

很快他便爱上了这个岗位，睡懒觉的生活不再有，他习惯了在网友们开机上网之前到位，习惯了在新浪、搜狐等网站摘稿，即使在这样一个黄金周末，也风雨无阻。

杨磊打开编辑平台，当天的见报稿一目了然。8 点之前，所有的要闻和社会、经济新闻必须更新完毕。10 点之前，要更新服务信息、副刊内容等。"哇! 这么长的标题!"杨磊皱了皱眉头，大刀阔斧地砍掉眉题，再把主题和副题合并后稍作修改，一个全新的标题便提炼出来。"不错呀!"记者在一旁称赞了一句。

"网络标题的制作可有讲究了! 字数必须控制在 45 个字节之内，太长了就无法一排显示，太短了则影响网页的美观，文字还要通俗生动，尽量运用网络化语言。"杨磊盯着显示器，一边忙着手中的活，一边小声向记者介绍着。

除了采集素材，进行分类和加工，对稿件内容进行编辑、审核及监控外，网络编辑员还要撰写稿件，运用信息发布系统或相关软件进行网页制作，组织网上调查及论坛管理，进行网站专题、栏目、频道的策划及实施。

复制、粘贴、修改、保存、制图、调色、标注、生成……杨磊麻利地重复着这一道道程序，仿佛生产流水线上熟练的操作手，游刃有余。"真神奇啊!"面对记者的惊叹，杨磊得意地笑了。"其实很简单，每个网站都有一套内部系统，我们制作一条网络新闻时，就好比填一张注册表格，将新闻的标题、内容、图片等统统放到预先制作好的类似注册表格的系统中，最后一提交，网站的主机得到信息后就自动生成一个网页，通过这个网页，我们预先要传达的新闻就可以在网站上被读者看到。"他的声音依旧压得很低。

宽敞的办公室里，只能听到手触键盘的噼里啪啦声，每个人都专注地工作。"7 点半了，大家抓紧时间，要先发'新闻湖北'了!"科长发话了。"今天的独家新闻才两条，谁还能提供?""谁有漂亮一点的彩色图片?""滚动新闻怎么做? 要批量保存吗?"一时间，办公室变得热闹起来。"OK!"杨磊重重地按下了回车键。当进度条走完最后一格时，"荆楚网"已焕然一新。此时，电脑右下角显示的时间是"7∶50"。

杨磊松了一口气，往背椅上一靠，拿出他的早餐。他撕开满是水珠的塑料袋，顾不得形象，一阵狼吞虎咽。"杨磊，吃完了吗? 帮我做一下天气预报好吗?"新来的同事不太熟悉业务，更新速度慢，请求援助。

杨磊三口两口咽下面包，接过同事递上来的样报，重新"跳"进编辑平台。

雨渐渐停了，天空开始放晴。"我爱你，爱着你，就像老鼠爱大米……"原来是杨磊的手机响了。"喂，你好……什么，踢球? 我下午还要网上直播呢! 3 点半，武汉黄鹤楼对上海中邦啊……嗯，你们踢吧，这次就让你们赢吧，下次再决战……呵呵，拜拜。"杨磊挂断电话，又仔细搜寻网站，检查是否有"漏网"的资讯。

墙上的时钟嘀嘀嗒嗒地走着，杨磊和他的同事们仍端坐在电脑前忙碌着。他们深知自己肩负的那份责任，网络的内容要求"更新、更快、更多"，网络的竞争是信息更新速度和更新量的竞争，这也注定了这份工作的辛苦。如果说网络资讯是"分秒必争"，那么网络编辑员则是一群与时间赛跑的人。

资料来源 刘世英，等. 网络时代的宠儿［M］. 北京：中国时代经济出版社，2006.

这段文字记录了"荆楚网"网络编辑杨磊的几个工作镜头。那么，网络编辑员主要从事什么工作呢？他们的工作与传统媒体的编辑有什么不同呢？在此简述一下。

3.1 网络编辑的职业特点

编辑是新闻媒体内容运转过程——采写、编辑、成品内容——中一个承上启下的环节。一个编辑，他的工作地点相对固定，无论他的工作对象是什么，办公地点一般是在办公室，而不像记者那样具有流动性。他们等待记者将搜集到的信息汇总到他们的工作台，然后对这些信息分类、加工、处理。他们通常既了解和指挥前方的信息采集工作，决定成品信息的取舍，又掌握着播发的决策权。编辑的这种位置和作用在传统媒体中，不论是报纸、电台还是电视台，都基本如此。

网络编辑相对于传统媒体的编辑而言是个全新的职业。国家劳动和社会保障部对它的定义是：网络编辑，是网站内容的设计师和建设者，通过网络对信息进行搜集、分类、编辑、审核，然后向世界范围的网民进行发布，并且通过网络从网民那里接收反馈信息，进行互动。**网络编辑**是指利用相关专业知识及计算机和网络等现代信息技术，从事互联网网站内容建设的人员。对网络编辑来说，他们的工作特点与传统媒体的编辑有相似之处。网络编辑涉及的工作有：（1）采集素材，进行分类和加工；（2）对稿件内容进行编辑加工、审核及监控，撰写稿件；（3）运用信息发布系统或相关软件进行网页制作；（4）组织网上调查及论坛管理；（5）进行网站专题、栏目、频道的策划及实施。

下面我们来介绍一下网络编辑的工作特点。

3.1.1 全天候服务，不分昼夜

对纸质媒体（如报社、杂志社）而言，出版物都有其出版和发行的周期，而互联网实时性和快速性的特点，使网络编辑在工作中有别于其他媒体编辑的一个特点就是全时性。网络编辑每天需要读报纸、看电视，了解新鲜的信息和热点话题；同时，网络编辑的眼睛也要随时盯着来自不同国家、不同行业的各类网站，以期在上面发现新的兴趣点和新信息。这些网站不断地进行更新，时时都有新的内容。对于对"第一时间"和"第一现场"有要求的网络新闻频道，则更要求网络编辑们擦亮眼睛，随时捕捉新变化、新动向，随时处于"待战"状态。1998 年，新浪网就开始 24 小时不断地更新新闻，其他很多网站也大都在 1999 年或 2000 年的时候，开始 24 小时更新内容。网络新闻全时性的概念是BBC 最先倡导的。1997 年年底，在全球网络化新闻竞争的背景下，BBC 建立了 24 小时新闻频道 BBC News24，除了改善新闻节目质量和加强连续报道及深度报道之外，还特别把

时效性革命作为其竞争的关键手段，并对时效性下了"在需要时收看新闻"的定义。这意味着网络编辑有必要时刻关注当下的新闻事件，无论新闻在什么时间发生，只要新闻事件本身为网民所要了解，网络编辑就应提供相应量的信息，特别是突发事件，更是对网络编辑应变能力和工作态度的考验。面对重大突发事件，网络编辑只有保证对事件的及时关注、及时报道，才能使网站在获取网民的关注上占尽先机，从而赢得与同类媒体相比的更多优势。

3.1.2　平等地与网民作互动交流

网民是互联网的用户，也是网络媒体的支持者。网民具有人数众多、隐匿性、分散性、多样性的特点，网络编辑和其他媒体编辑人员一样，需要了解网民的口味和兴趣，提供受网民欢迎的内容。网民和网络媒体从业人员保持了最良好的互动。网络提供给网民多种可能和平台去参与媒体信息的发布和讨论，也提供给网络编辑多种渠道获得网民的反馈。比如，BBS 就集中体现了这种互动性。在这个互动系统中，网络编辑的工作就是营造网站与网民的一种信任关系。这里有一种预设：对网民来说，他们对网站应该有这样的承诺：网民参与网站的议题讨论，平等自由地表达自己的观点和意见，自觉控制自己的言行，不出现危害国家和政府的言论，不泄露国家机密，不发布虚假的、骚扰性的、中伤他人的、辱骂性的、恐吓性的、庸俗淫秽的或其他任何非法的信息，不侵犯别人的著作权、名誉权等权利，不利用网站的服务系统作侵害网站名誉和利益的事情。对网络编辑来说，他们对网民应该有这样的责任：给网民充分的说话的自由，使网民的正当言论能够出现在 BBS 上，并以平等的姿态参与网民热衷的话题的讨论，充分尊重网民的意见和言论自由；不搞话语霸权，同时保证网络用户的安全，用户不愿公开的资料要由网站进行严密管理以防泄露或作商业用途。达成这种信任关系，才能调动网民的参与热情。

互联网的民主精神使网民在公众媒体上的表达自由达到最大限度的满足。网络编辑的工作不仅仅在于信息的传达，还在于发动网民。传媒人陈彤曾说过："作为网络媒体，最与众不同、需要坚持的还是快速与海量，以及平等地而不是居高临下地和网民互动交流等。"他又说："真正的高手在网民当中。我们的使命是把事实本身准确、客观并尽可能翔实地反映给受众，不要加进去过多自己的东西，认为'媒体视点高于一般受众'其实是不对的，很多受众的观点是高于媒体的。比如，曾有一次我们谈论一个领域很窄的问题，刚把文章放上去，很快就有人在留言板上指出我们犯了一个不该犯的错误，所以不能居高临下地看网民。""平等、自由是互联网的主旋律。门户网站不是登山训众的摩西，不是救世主，不能居高临下，以'启蒙者'自居。门户网站不过是社会基本信息的传递者和沟通者。商业网站的从业人员，要以平民的心态和身姿为同样是平民的网民服务。"①

对网络来说，网民有着很大的选择权和自主权，所以网络编辑的工作更需要一个网民的视角。在传播内容上，应选择网民所关注的、与他们切身利益相关的、导向正确且健康积极的内容，并以平等的姿态与网民积极互动。

---

① 陈彤. 在中国网络传播年会上的发言 ［EB/OL］. （2004 - 09 - 25）. http：//www. furl. net/item. jsp? id = 902589.

【观念应用 3-1】

与网民互动，新浪网怎么做

新浪网的编辑们十分重视通过与网民的互动，提升网络品牌形象，创造注意力经济。与网民互动，新浪网主要通过以下方式来实现：

□ 嘉宾聊天

1999 年 3 月 25 日，吴小莉做客新浪网，与网友在线聊天。这是新浪网（中国内地站）历史上第一个嘉宾聊天活动。为了这次活动，新浪网特别为吴小莉建立了一个个人主页，除了她的年龄外，其他资料可谓应有尽有。25 日 17 点登记发言的网友已达 4 000 人，到了原定的 20 点，已经有近 3 万人登记，新浪网因此而 "爆棚"。此前这样的网络访问拥堵现象只有在重要新闻或突发事件爆发时才出现。在紧急限制流量后，吴小莉终于在 20 点 48 分得以和网友聊上天。

嘉宾聊天承续了传统媒体即时阅读新闻的方式，在时效性上满足了一些网民的需求。

□ 新闻留言

新浪网每一条新闻正文页下方的 "评论"，为网友提供了自由发言的机会。

新浪网的留言板功能包括：（1）网民意见、态度的反应；（2）新闻内容的补充；（3）新闻本身受关注程度的体现。

在 2004 年雅典奥运会的报道中，新浪奥运频道的网友留言非常踊跃。其中，8 月 28 日，当中国选手刘翔在男子 110 米栏决赛中获得金牌之后，从 28 日凌晨 2 点之后的 10 个小时里，网友留言数量一路飙升，达到了惊人的 3.2 万多条，几乎平均一秒就有一条网友评论，创下了全球互联网网民留言的最高纪录。

□ 网上新闻调查

网上新闻调查除了能在一定程度上反映网民意见外，也是利用网民生成原创内容的一个方式，是网络媒体互动特性最好的体现方式之一。调查的选题，一般是公众比较关心的话题，新浪网在调查问题的设计方面已形成一定风格，所有的热点专题都要设计调查。

2004 年 8 月 10 日，《北京市实施〈道路交通安全法〉办法（征求意见稿）》公开征集意见后，网民对 "机动车负全责" 有相当大的不同意见。新浪网为此设立的网上调查不到 1 小时，就吸引了 5 000 多人投票，其中 91% 的人认为 "机动车负全责" 不合理。该调查结果受到政府部门和公众的关注，并被媒体转载。

□ 主题论坛

正如新浪网在它的主题论坛开篇中写的：在这里，战场已经拉开，派系各自对立，观点在碰撞，思想碎片在闪烁，血光乍现，偃旗息鼓之后，只留下无尽的苍日青岚……

新浪网主题论坛分类细致，充分体现了分众化的理念。总之，所有网友均可以找到各自感兴趣的话题。这是对新浪新闻的重要补充，方便了网民之间的交流，并能获得深度信息。

资料来源　陈彤，曾祥雪. 新浪之道［M］. 福州：福建人民出版社，2005：87-95.

问题：其他网站还通过什么方式有效地和网民进行互动？

分析提示：考察学生的观察和分析能力。可以从不同类型的网站如商业网站、新闻网站、专业网站入手，考察网站和网民互动的不同方式。接下来，分析各种互动方式的优劣、互动的程度和范围。

3.1.3　网络编辑的工作对象是多元的

如果说平面媒体，诸如报社、杂志社、出版社里的编辑每天面对的只是文字、图片，电视台、电台的编辑面对的是音频、视频的制作、剪辑、播出，那么，网络编辑面对的工作对象是前两者的综合。网络多媒体和超链接的特点满足了网民多元化的需要，也使网络编辑的工作对象变得多元化。所以，网络编辑的工作不仅仅是从传统媒体那里整合信息，对文字进行加工润色，对图片进行筛选、剪裁，组织专题，还要懂得网站的建设、网页的制作、音频和视频的编辑，了解多媒体技术，会对一些软件诸如 Flash、Fireworks、Photoshop 进行简单的操作。网络编辑可以使用更多的元素，使信息的呈现变得很立体。

3.2　网络编辑的角色定位

在天涯论坛里曾经有人贴出这样一篇文章：《网站编辑：你们的名字叫作网络搬运工？》。作者写到，在做了多年的网络编辑之后，发现自己的职业竟是不需要技术、不需要文采的网络搬运工。

"你所需要的能力是：会按住键盘的 Ctrl+C 与 Ctrl+V 键，将文章标题缩短或扩长到所规定的字符数区间，用 Photoshop 将图片剪切到规定像素。当然，作为一个出色的网站编辑，你最擅长的必须是能将一切你所熟悉与不熟悉的火辣字眼排列组合成最诱人的标题来引诱读者的点击，内容不重要了，要的就是那个点击，年终时更为重要。"①

文章得到了一些网络编辑的共鸣，它说出了很多网络编辑的困惑。这个帖子后长长的跟帖证明了这一点。网络编辑只是个剪切、复制别的媒体内容的"无冕贼王"吗？网络编辑真的要靠"道德沦丧"来提升网站的点击率吗？网络编辑真正的角色应该是什么呢？

3.2.1　网络技术的操作者

看看各个网站的网络编辑招聘启事，会发现一个相同之处，就是对网络技术的要求。新浪、搜狐、网易这三大门户网站招聘网络编辑都要求具有计算机或网络技术的运用能力：掌握网络设计软件、熟悉 HTML 代码、能独立设计网页等等。现在很多网站都要求网络编辑掌握四大软件 Dreamweaver、Flash、Fireworks、Photoshop 的操作技术。所以，网络编辑在一定程度上是网络技术的操作者。

网络技术使互联网具有许多传统媒体所没有的优势，使互联网信息的表现内容和手法极大地丰富和生动。新技术给网络编辑减轻了不少工作压力和负担。同时，新技术也使网络编辑的工作变得更加科学。例如，网络编辑要做网站的广告推广时，首先要了解网站的用户人群。如何更有效地了解到谁访问了你的网站呢？可以安装一个 alexa 工具条，然后向 Google 发出 Google Analytics 申请，或者找几个类似 http：//www.1tong.com.cn 的流量统计网站，这样你就可以知道你的网站访问来源于哪里，谁在登录你的网站，他们停留了多久，他们对哪些内容感兴趣。这样网络编辑做推广，就有的放矢了。所以网络编辑有必

---

① 佚名.网站编辑：你们的名字叫作网络搬运工？［EB/OL］.（2006-01-08）. http：//vcom. hnby. com. cn/olddh/dispbbs. asp？ boardid＝70&id＝73357）.

要关注新技术，使自己的工作显现出新的特点来。

如果我们对网络编辑角色职能的认识仅仅停留在"网络技术平台的运用者、操作者"这一层面，那么我们的认识就会只限于这一行业操作层面的表面现象上。在网络媒体的运作现状中，在对网络编辑角色职能的认识方面，的确存在着上述的这种局限，而这必然让人陷入对技术和网络的理解误区。

我们也应该看到，以技术为支撑一步一步发展起来的网络现在已经成为大众传媒的一部分，同时也成为一个重要的人际交流平台。网络编辑也成为信息流通的控制者和舆论的引导者。也就是说，网络编辑和其他媒体从业人员一样，要履行把关人的职责。这当然也不排斥网络编辑在把关的时候使用和传统媒体编辑不同的把关手段。

3.2.2 信息的把关人

传播学中的把关人理论同样适用于网络。网络的特性使网民的主体感增强，E-mail、BBS、Wiki、Blog，尤其是近几年迅猛发展的微博、微信等新的网络应用，使得网民信息的发布和传播自由限度提高了，许多个人化的传播主体浮出了水面。这会给大家这样的印象：网络编辑对网民所发信息的把关能力在弱化。但是，是不是在承认网民主体性的情况下就不需要网络编辑来把关了呢？我们无法想象没有网络编辑把关的网络会是什么样子，网络编辑也应该是网络内容的净化者，没有网络编辑监管的网络就像没有过滤泥沙的混浊河水。

再拿 BBS 来举例，版主就是论坛的把关人。作为负责 BBS 聊天系统的编辑，首先就应该建立一整套的验证系统（Certification System），以确定网络参与人员的身份，并使用户与网络之间达成一种"信任关系"。

在 BBS 讨论版中，网络编辑应该尽量营造一种良好的讨论氛围，达成健康的网络伦理共识。比如，可以给网友登录权或者访问权，也可以封杀他；可以选出每个版的版主（具有目录和文件管理权，即拥有对文件的阅读、修改、删除等权力），让他来负责一个版的帖子内容等，也可以组织发表一些议程设置的帖子以引起讨论。我们可以看到每个网站上都有网络服务使用协议。这些协议在一定程度上可看做网络编辑的把关准则。

上面所说的网络编辑把关的各方面主要是为了维护网络的纯净、健康和有序。在网络新闻和信息的内容质量方面，网络编辑起着重要的把关作用。不同的网站都会给网络编辑制定一些把关指南，即网络内容的发布规范，供网络编辑们参照执行。

【观念应用 3-2】

某知名网站的编辑规范

1）内容编辑方针

（1）坚持正面宣传，正确把握舆论导向，与党和政府的宣传口径保持一致。

（2）以网民需要为出发点，不遗漏用户关心的重要新闻，不断充实网页内容，提供更周到的服务。

（3）提倡"抢新闻"和适时发布，缩短与事件发生和信息源的时差。

（4）杜绝政治性差错，避免知识性、文字性差错。

（5）学习网络媒体经验，集众家之长。

（6）鼓励和提倡信息内容的再加工和处理，避免简单的重复和拷贝，杜绝 ICP

（Internet Copy&Paste）不良倾向。

　　2）编辑要求

　　（1）选稿。

　　①摸准媒体新闻更新规律，及时捕捉新闻，选用新闻价值高，可读性强，具有知识性、实用性、趣味性的稿件。

　　②对热点新闻注意从不同角度选稿，多方面、连续报道，深度分析，形成气候，但内容相同的只选一篇。

　　③信息量除达到不漏重要新闻外，还要捕捉更多能吸引人的新闻。

　　④不得选用中伤我国、不利于祖国统一、违反民族、宗教、外交及其他政策，以及宣扬封建迷信、色情、暴力和明显失实、泄密的稿件，选稿时要通读全文，绝对保证无上述内容。

　　⑤ICP 网站专稿慎用，其转抄稿找到原出处再用。

　　（2）标题。

　　①力求简短、醒目、新颖、吸引人。

　　②最好为一行题，不超过 14 个字。

　　③特定媒体原题可省略地名或用代称的，应将地名标出。

　　④标题首字符不得为空格，题中引号要用全角符号，重要标题可为黑体。

　　⑤标题前图标一般用小黑点，专题的标题前图标由编辑自定。

　　（3）电头。

　　通讯社电头保留，报纸电头如保留，"本报"需改为报名。

　　（4）标注信息源。

　　①防止错注为缺省源。

　　②信息为转载的，最好找到原出处；否则，仍以最后出处为信息源。

　　（5）正文。

　　①分段，文章的段首空两格，与传统格式保持一致，因网上看文章较累眼睛，段与段之间空一行可以使文章更清晰易看。

　　②沿用"今天"、"昨天"发生错误的，应改成具体日期。

　　③稿件中的汉字、标点符号变成"?"、"口"或空格的，应据原稿改正。

　　④港澳台和国外报纸译名与大陆译法不同，应改成规范译名，译名中的"·"不得写成"."。

　　⑤文中或署名不应出现"本报"字样，应改为报名或删去；文中出现的繁体字一律改成简体字，标点用横排符号，文尾"完"字删去。

　　⑥提倡缩编、精编，由报纸内容转成网络文稿，常会形成完全或基本雷同的两段文字，应删去雷同部分。

　　⑦杜绝错字、别字和自造字，注意平时积累，避免符号代替的情况。

　　（6）图片。

　　①除充分利用现成的图文稿件外，可将分别报道的图片新闻与文字新闻加以组合，以利于网民阅读。

　　②用压缩技术提高显示速度。

③保证图片不变形。

④图形文件扩展名必须为"JPG"或"GIF"。

⑤图形文件大小不能超过5K。

(7) 审稿制度。

①每个编辑发稿件前，自己要认真审查一遍。

②两个编辑负责一个频道的，要彼此将对方的稿件复审一遍。三人组成的，则分工复审。部门监制要对内容负责，监督主编、编辑的信息发布。

③编辑没有把握的稿件，经监制、主编审后再发。

④监制、主编抽查已发稿件。

⑤对于把握不好的信息，要向网审请示，杜绝自以为是、想当然的做法。

资料来源　张栋伟．知名网站的新闻发布规范、内容编辑规范［EB/OL］．（2002-09-28）. http://211.100.32.215/donews/article/3/33876.html.

问题：你对网络编辑从事的工作是怎样认识的？

分析提示：在分析网络编辑的把关手段时，结合网络信息传播的特点、网民的心理、网络编辑人员素质、网络伦理规范等方面思考。

3.3　网络编辑的素养

一个优秀的网络编辑应该具有什么样的素养呢？我们可以从网络编辑的政治素养、工作技能、个性特征三个方面来讨论。

3.3.1　优秀的网络编辑应该具备的政治素养

新闻工作作为思想政治工作的一个重要手段，担负着联系群众、宣传教育群众、动员组织群众的重要任务。网络编辑作为新闻工作者队伍中的一员、作为党的宣传工作者，同样担负着传播中国先进文化的重任。网络媒体有强大的交互功能，读者可自由组成社区进行交流、发表评论。在这种氛围中，网络编辑如果没有较高的政治素养、不能做个合格的把关人，后果不堪设想。"舆论导向正确，是党和人民之福；舆论导向错误，是党和人民之祸"。作为党的宣传工作者，坚持正确的舆论导向是网络编辑必须遵守的宣传准则，也是网络媒体生存、发展的前提。网络编辑要担负起舆论宣传的重任，就要不断增强政治敏感性，时刻保持清醒头脑，正确引导社会热点问题；要对新闻宣传的方针、政策、法规融会贯通，用马克思主义的新闻观观察、分析各类重大新闻，按新闻规律办事，客观公正，实事求是，保证网络媒体导向正确、内容健康、格调高雅。

3.3.2　优秀的网络编辑应该具备的工作技能

2005年年底，千龙研究院与中科院心理研究所配合，开展了一项开创性的工作，采用国际最先进的职业信息网络系统，通过对千龙新闻网（20名）、新华网（20名）、新浪网（21名）、中青网（20名）、北青网（9名）和听盟网（10名）6家网站100名编辑的问卷调查，对网络编辑的职业做了全面描述，使我们第一次对网络编辑应具备的重要的工作技能和个性特征有了了解。通过对100名网络编辑的总体分析，得到了网络编辑工作技能方面高于 3 分（重要）的项目，见表 3-1。

表 3-1　　　　　　　　　　网络编辑工作技能中高于 3 分的项目

工作技能	技能描述	得分
主动学习	了解新信息对现在、将来解决问题及做出决定的影响	4.23
阅读理解	明白与工作有关的文件中的句子和段落	4.01
时间管理	管理个人和他人的时间	3.68
学习策略	学习或教导新事物时，挑选及采用适合当时要求的培训、指导的方法及程序	3.60
批判性思维	利用逻辑和推理去确定问题的各种解决方法、结论或处理方式的优点和不足	3.51
协调	根据他人的行动而调整行动	3.49
主动聆听	专注于别人的讲话、花时间去明白对方所提出的要点、适当地发问和不在不适当时候中断别人的讲话	3.47
社交的洞察力	察觉到其他人的反应并理解他们为什么有这样的反应	3.46
判断和决策	考虑计划付诸行动的相对成本和收益，从而选择最合适的一个	3.44
书写	以书写形式有效地沟通，切合读者的需要	3.33
谈话	通过与他人谈话而有效地传达信息	3.32
操作分析	分析需要和产品要求并形成新的设计	3.12

资料来源　周科进. 从骨子里了解网络编辑特质 [EB/OL]. （2006-06-21）. http:// medianet. qianlong. com.

可见，在网络编辑的工作技能方面，最被大家认可的是主动学习意识和学习能力。一般学习能力是人们在学习、工作及日常生活中必须具备并广泛使用的能力。职业或专业的水平越高，对人的一般学习能力的要求亦越高。网络编辑是新技术的使用者，网络内容的极大丰富和精彩纷呈需要网络技术的支撑，而且日益先进的网络技术也可以把网络编辑们从繁重的脑力和体力劳动中解放出来。只有不断地学习，掌握新的技术、新的潮流走向，把握网民新的口味，创造新的网络内容和形式，才能成为高速行驶的网络航船的掌舵者。

具有较强的学习能力也成为网络编辑竞聘的一个重要条件。沪江网招聘网络编辑有这样一个原则："你以前是学什么的不重要，关键是你将来能学会些什么。如果你习惯一成不变，很难适应不断的调整和变化（工作目标、环境、职务等）；或者你懒得学习新知识，不屑于关注行业发展的趋向，那么沪江还是不适合你。"网易招聘网络编辑把具有很强的学习能力放在了能力要求的第一位。

陈彤在对新浪网这个学习型组织作评述时说："一个好的网络编辑常常需要独自一人承担从构思策划、采访到网络发布信息等多个环节的制作和页面展现。因此，编辑需要不断学习，在工作中提高专业技能和综合素质。一是学习基本专业知识，如财经频道的编辑只有了解资本市场的基本规律，才能准确地报道股票市场新闻。二是需要学习新闻传播方面的知识，了解新闻规律、了解受众不仅需要书本上的知识，更要从实践中总结规律。三是要掌握互联网技术方面的基本技能，包括网络语言、数码图片的处理等技巧。"[①]

新浪网也给网络编辑们很多外出学习的机会。2004 年 1 月，新浪网选派了 7 位员工去中国人民大学攻读在职硕士。除了选派编辑们进修这种方式外，编辑内部的知识经验交流也很重要。从新浪网的实践经验来看，每周的总编辑例会、总编不定期的情况通报，都是促进组织内部交流和信息共享的重要形式，尤其是对一些"只可意会，不可言传"的操作方法而言，更是值得总结借鉴。

3.3.3 优秀的网络编辑应该具备的个性特征

在网络编辑应具备的诸多个性特征中，高于 3.5 分（重要）的项目见表 3-2。

表 3-2　　　　　　　　　　个性特征中高于 3.5 分的项目

个性特征	特征描述	得分
承受压力	工作要求能接受批评、镇定和有效地处理压力较大的情形	4.01
注意细节	工作要求留意细节和完成工作的无微不至	3.90
成就欲	工作要求建立和维持富有挑战性的个人成就目标，以及为达到目标而努力	3.86
毅力	工作要求遇到障碍时坚毅不屈	3.86
主动性	工作要求一种承担责任和挑战的主动意愿	3.85
创新	工作要求创造力，以不同的思考方式解答有关工作的问题和建立新概念	3.84
合作性	工作要求对同事和蔼并表现出良好且合作的态度	3.83
灵活性	工作要求对正面或负面的改变和工作环境内的变化持开放态度	3.79
分析性思维	工作要求分析数据和利用逻辑思维去处理有关工作中的事件和问题	3.76
独立性	工作要求形成个人的做事方法，在很少或无监督的条件下指导自己，以及靠自己去完成工作	3.75
正直、诚信	工作要求诚实和合乎道德	3.72
可靠性	工作要求可被信赖、有责任感和可靠，并能够履行义务	3.69

资料来源　周科进. 从骨子里了解网络编辑特质［EB/OL］. (2006 - 06 - 21). http://medianet. qianlong. com.

可见，在网络编辑的个性特征方面，大家都认为其承受压力的能力非常重要。首先是因为工作非常忙碌，劳动强度大。红袖的一位网络编辑曾在网上发表过一篇名为《我当网络"把关人"》的文章，道出了网络编辑的酸甜苦辣。其中讲到，自己在网络编辑部每天审稿 12 小时以上，审 200 多篇短篇，工作量不可谓不大。最多的时候连续 14 个小时不停地审稿，一天五六百份。有时稿子压的多，白天审了一天，晚上吃饭时又来了，再审一

---

① 陈彤，曾祥雪. 新浪之道［M］. 福州：福建人民出版社，2005：131.

晚上。对这位网络编辑来说，每天最痛苦的不是稿子很多的压力，而是来自于方方面面的指责和刁难，是精神上的压力。作者的稿件得到了精品推荐的待遇，他并不会感谢网络编辑的推荐，但稿件一旦被退回，或被网络编辑给了一个较低的级别，便会揪住网络编辑不放。在面对网络作者的指责和质疑时，网络编辑还必须予以耐心细致的解答。这个过程中某些作者还可能出现过激言行甚至谩骂行为，网络编辑对此要有足够的忍耐力，避免与其发生正面冲突。如果不能承受繁重的工作压力，做一名合格的网络编辑是很难的。

　　以上以量化研究的方式，总结出了一个优秀的网络编辑应该具备的政治素养、工作技能和个性特征。接下来我们讨论一下在网络伦理中，网络编辑作为其中的一个重要环节能做什么。

3.4　网络编辑的伦理

　　卢梭说过："有两样东西，我越想便越觉得伟大、觉得敬畏。一个是头顶的星空，一个是心中的道德法则。"

　　2006 年 4 月 16 日上午，在北京市少年劳动教养所内举办的"网络不健康内容毒害与后果"专题报告会上，5 名正在花季的少男少女，用自己的亲身经历控诉了网络不健康内容对他们的影响。

　　2009 年 12 月 14 日，中央电视台播出了"关注网络扫黄"系列报道——色情信息"入侵"百度少儿搜索。报道称，搜索引擎百度 2006 年"六一"节前夕面向少年儿童推出的"少儿搜索"测试版能轻易搜索到大量色情信息。搜索结果中有大量的成人聊天室，这些网站充斥着少儿不宜的画面，不堪入目。

　　据统计，目前互联网上的色情网站超过 3.7 亿个，每天约有 2 万张色情照片进入互联网。青少年网民正在遭受色情网站不良信息的侵蚀。公安部原新闻发言人武和平曾透露，被抓获的青少年罪犯当中，有近 80% 的人被网络不良信息诱惑，这些人因为沉湎于网络，或者受到网络黄色信息的侵蚀而作案甚至作大案，诈骗、强奸、抢劫、抢夺的犯罪比例非常高。这些情况表明网络"黄毒"的危害已经相当大。

　　除了在商业利益的驱使下，网络色情信息泛滥外，诸多网站为了提升点击率也不惜编制虚假信息，使网络成为流言的聚集地。2003 年 3 月 29 日，我国内地网络媒体上发生的"比尔·盖茨被暗杀"假新闻事件，给网络编辑们留下了深刻的教训。《CNN 称微软董事长比尔·盖茨在洛杉矶被暗杀》的消息最先发布在一些主流新闻媒体网站上，新浪、搜狐等传播影响力巨大的门户网站以及一些媒体网站甚至一些电视媒体通过"走马灯字幕"在第一时间转发。同时，与网络媒体内容提供紧密相连的手机短信也在第一时间发出该消息，成千上万的新闻短信订户很快获取了这一假新闻。这一网络假新闻事件的发生，震动了中国网络媒体界，有严厉批评者称"这是中国网络媒体有史以来最重大的丑闻"。所有这些问题都要求网络管理的加强，但现今，网络管理的法律、法规尚不健全，网络监管技术上还有壁垒，比较实际有效的方法就是我们的"把关人"进行内容上的除污和净化。网络媒体从业人员首先需要自律。

　　连续几届中国网络媒体论坛都在关注网络媒体的社会责任和网上舆论导向问题。在 2003 年中国网络媒体论坛上，国务院新闻办公室副主任蔡名照说："各个网站要根据国家法律、法规和社会主义道德规范的要求，完善网站内部管理制度，加强自我约束和管理，特别要规范信息发布工作，自觉抵制不良信息和不道德行为。"在 2005 年中国网络媒体论坛上，蔡名照又强调推进行业自律，倡导网络文明的重要性。"互联网作为一个新型媒体，加强自我管理和自我约束，是实现有序发展的内在要求。推进互联网行业自律，就是要做到自觉维护主流思想、自觉传播先进文化、自觉抵制低俗之风、自觉维护公平竞争的环境，共筑网络诚信体系。中国互联网协会要加强国际合作，借鉴世界各国的有益经验，进一步加强行业自律和公众监督，端正网风，弘扬正气，使互联网成为传播先进文化的重要阵地。"网络新闻自律行动主要依靠各网站本身，依靠每一位网络编辑加强伦理道德修养。

3.4.1 借鉴新闻行业道德原则

作为转型时期新型传媒的从业者，网络编辑可以借鉴传统媒体以及其他国家新闻行业的准则。

《中国新闻工作者职业道德准则》在 1991 年 1 月正式通过，并于 1994 年 6 月、1997 年 1 月和 2009 年 11 月三次修订。其要点是：（1）全心全意为人民服务；（2）坚持正确的舆论导向；（3）遵守宪法、法律和纪律；（4）维护新闻的真实性；（5）保持清正廉洁的作风；（6）发扬团结协作精神。

美国报纸主编人协会曾经制定了《报业信条》，要求报人遵守责任、新闻自由、独立、诚信、公平、正直、庄重等准则。虽然这是报业的条例，但对网络媒体从业人员同样适用。

美国职业新闻工作者协会于 1996 年 9 月修订的《美国新闻伦理规范》中的内容也是网络编辑们可以借鉴的。

（1）记者的责任是以追索事实并提供对事件和问题的公正、广泛报道来推动民主和正义的进程。所有媒体从业人员中有良知的新闻工作者都应努力为公众提供周到、真实的服务。作为一名新闻工作者，诚实是其可信度的基石。

（2）记者在搜集、报道和转述事实时应做到诚实、公正和无畏。

（3）确认标题、肩题和宣传材料、照片、录像、录音带、图表以及引文没有歪曲事实。记者不应突出和强调全文中的某个部分。

（4）品位要高尚，不迎合无止境的好奇心。记者只对公众的知情权负责，此外应避免任何利益冲突。

新闻道德应该理解为新闻从业人员的责任感和使命感。网络编辑一定要有严肃的社会责任感，要有一个冷静、平和的心态，不能由着自己的性子，要全面地、联系地看问题；在商业的压力之下，能保证信息的真实度；充分考虑网络主流人群的需要，坚持正面宣传，倡导科学精神，处理好雅、俗信息之间的平衡关系；以健康、丰富的内容吸引网民的注意力，提升网站的文化品位，通过内容建设，树立网站的权威性和公信力。

3.4.2 网络编辑的自律条款

《中国互联网行业自律公约》中的自律条款部分有 13 条，对网络从业者提出了总体与具体个别的道德要求。

其整体要求如下：

（1）遵守国家有关法规、政策以及我国签署的国际规则。

（2）接受社会各界的批评与监督，抵制与纠正行业不正之风。

（3）内部竞争合法、公平、有序。

其具体要求如下：

（1）不制作、发布和传播危害国家安全，危害社会稳定，违反我国法律、法规以及社会公德的有害信息，依法对用户在网站上发布的信息进行监督，及时清除有害信息。

（2）不链接含有有害信息的网站，确保网络内容的合法健康。

（3）制作、发布或传播网络信息，要遵守有关保护知识产权的法律、法规。

（4）引导广大用户文明使用网络，增强网络道德意识，自觉抵制有害信息的传播。

（5）对接入的境内外网站进行检查监督，拒绝接入发布有害信息的网站，消除有害信息对我国网络用户的不良影响。

（6）营造健康文明的网络环境，引导青少年健康上网。

（7）尊重他人知识产权，反对制作含有有害信息和侵犯他人知识产权的产品。

3.5　职业工作站

《中国互联网络发展状况统计报告》显示，截至2014年6月，我国网站数量为273万个，现有网络编辑600多万人。不少网站还在像雨后春笋般新生，需要补充大量的网络编辑。一般说来，网站招聘网络编辑的普遍要求有：

（1）政治坚定、品德良好、组织纪律观念强。

（2）有优秀的学习能力。

（3）热爱网络事业。

（4）具有高度的责任感和工作热情。

（5）有较强的开拓与进取意识。

（6）有很强的思考与分析策划能力。

（7）有良好的团队合作能力和沟通能力。

（8）具备相关学科专业编辑业务的水平和能力，新闻类、中文类、传媒类等优先。

（9）具备必要的计算机软件如 Office、Photoshop、HTML、Dreamweaver 等的操作技能。

（10）具备良好的应变适应能力。

（11）年龄不超过 35 周岁。

（12）有 2 年以上新闻编辑工作经验或有 1 年以上网络编辑工作经验者优先。

（13）对于优秀人才，年龄、学历等条件可适当放宽。

3.6　分析评价

本章主要向大家介绍了网络编辑的职业特点、角色定位、应该具有的工作技能和应该遵守的伦理规范。在伦理规范部分，更注重从理论的角度来探讨网络编辑作为一个职业所应具有的信条、准则。在具体的实践中，网络编辑的道德问题还是令人担忧的。2006 年 10 月 18 日，一个署名西风瘦竹的网友发文《网络编辑堕落简史》，以一个网络编辑的自述方式，讽刺了一些网络编辑为了噱头，哗众取宠，不惜歪曲事实，斯文扫地，荒唐无聊。文中写道：

博客走红后，非常网迅速杀入，开通非常博客频道。鉴于鄙人的卓越表现，公司高层钦点鄙人加盟。鄙人发挥"篡改"标题之特长，慧眼识文，高明发售。例如，原题《中国有几所知名大学?》，鄙人改为《中国没有一所知名大学》；原题《鲁迅一生为流言所困扰》，改为《鲁迅被流言活活气死》；原题《当我发现老公有外遇时》，改为《发现老公有外遇时怎么办?》；原题《老婆是船情人是帆》，改为《老婆和情人在孽海中殊死较量》。美中不足者，博客用户乏善可陈也，标题"新奇乐"，内容"大一统"。如欲挺立博客潮头，需像妓女拉客，厚颜无耻拉人开博。重中之重，一拉名人，二拉野人，三拉狂人，名人效应、恶搞效应加疯子效应，天下大乱，天下无敌。

该文作者也是网络编辑曲解作者的本意、肢解作者文章的一位受害者，气愤之余讽刺一些网络编辑为了网站人气牺牲职业道德。这种现象并不少见。网络编辑的社会责任感、荣誉感和职业精神有待不断提升，关于职业道德的讨论还将是个长久的话题。

■ 本章小结

网络编辑是一些什么样的人？他们以互联网为工作平台，其工作内容和传统的编辑有哪些不同？这种新型的职业对他们的能力提出了什么样的要求和挑战？他们应该具有什么样的工作技能和个性特征？他们的职业道德准则是什么？他们的责任感和荣誉感要求他们去践行什么样的道德行为准则？这些问题都是本章和大家讨论的话题。你将在本章中对网络编辑的工作环境和职业特点有个大致的了解，并可以体会他们从事这个职业的一些酸甜苦辣。

■ 主要概念和观念

□ 主要概念
网络编辑

□ 主要观念
网络编辑应是信息的把关人　网络编辑应自律

■ 基本训练

□ 知识题
▲ 简答题
（1）请简述网络编辑的工作特点。
（2）网络编辑主要从事的工作有哪些?

（3）劳动和社会保障部对网络编辑的定义是什么？

▲ 填空题

（1）编辑是新闻媒体内容运转过程的三个环节＿＿＿＿＿、＿＿＿＿＿、中一个承上启下的环节。

（2）美国报纸主编人协会曾经制定了《报业信条》，要求报人遵守责任、＿＿＿＿＿、＿＿＿＿＿、诚信、公平、正直、庄重等准则。

▲ 选择题

△ 单项选择

网络新闻全时性的概念首先是由（　　）倡导的。

A. ABC　　　　　　　B. BBC　　　　　　　C. NBC　　　　　　　D. CBS

△ 多项选择

现在很多网站都要求网络编辑掌握的四大软件操作技能有（　　）。

A. Dreamweaver　　　　　　　　　B. Flash

C. Fireworks　　　　　　　　　　D. Photoshop E. Foxbase

▲ 阅读理解

阅读本章【观念应用 3-2】，谈谈你对网络编辑工作的认识。

□ 技能题

▲ 单项操作训练

比较同一新闻事件在网络报道时不同的网络标题，分析好的新闻标题的特点。

▲ 综合操作训练

浏览新浪网、千龙新闻网、新华网等网站的新闻，分析诸家新闻网站编辑在选稿方面是怎么把关的？

■ 观念应用

□ 案例题

网络假新闻

2002 年，上海交通大学一位在读的学生蒋天，在其个人主页上模仿新浪新闻页面风格及新闻的写法，杜撰了一则贝克汉姆死于车祸的新闻，在网上引起轩然大波。这则假消息称："7 月 12 日上午，27 岁的曼联和英格兰国家足球队的中场核心贝克汉姆遭遇了严重车祸。当时贝克汉姆正驾驶着他的奔驰 500 行驶在从训练场到住宅的 A-4 高速公路上，突然一辆卡车出现在他的面前，结果贝克汉姆的汽车撞向了这辆卡车的后部，奔驰 500 的车头被撞得稀烂，而贝克汉姆本人在车祸中当场丧生。"

尽管有不少网友质疑报道的真实性，也有不少人到英国相关媒体及网站上查证，但更多的人扮演了以讹传讹的角色。有网友在造假者网页上留言称，有广州女学生因此自杀。醒悟过来的贝迷们，纷纷向造假者施以报复。造假者在假新闻发布后的第二天，就撤下了这则"新闻"，并将网页更改成"道歉信"。"道歉信"中说，制造这则假新闻只是想骗骗同学而已，但事件的发生，远远超出了他可以控制的范围。

问题：面对网络假新闻的泛滥，你认为网络编辑应该如何把关？

□ **实训题**

新闻频道是新浪网重点建设和推广的品牌。以新浪一周之内的新闻为样本，试分析新浪新闻的内容特点和编辑特色。

□ **讨论题**

如何有效防止网络侵权，还网络世界一片净土？

第 2 编

应 用 篇

第4章

网站定位

■ 学习目标
4.1　常见网站类型
4.2　网站定位依据
4.3　职业工作站
4.4　分析评价
■ 本章小结
■ 主要概念和观念
■ 基本训练
■ 观念应用

■ 学习目标

知识目标：

　　了解网站的概念及与网络的关系和网站的分类标准，了解网站定位的意义，掌握网站定位的各种元素。

技能目标：

　　依据网站的分类标准，掌握不同网站定位的依据和基本定位原则。

能力目标：

　　具有灵活应用网站定位的方法，并能根据网站主体的不同，分析具体情况，找准网站的定位问题，使网站的定位切合网站的发展。

引例 看腾讯 "七十二变"

如果 3 年前问起腾讯是什么？你可能毫不犹豫地回答是聊天工具 "QQ" ——IM（即时通信）的代名词；如果 1 年前问起腾讯是什么？你的回答可能会加上网络游戏、门户网站；如果 3 个月前问起腾讯是什么？你可能就会一脸茫然。

腾讯号称坐拥 5.5 亿注册用户名，活跃用户名 2.2 亿，最高在线人数 2 000 万。TOM 在线 CEO 王雷雷不无羡慕地说：插根扁担也能开花。

开出什么样的花？马化腾用它仿造一个金砖单词：ICEC，I 代表 Information（信息），C 代表 Communication（通讯），E 代表 Entertainment（娱乐），C 代表 Commerce（商务）。"多元化的目的是提供在线生活，在线生活的背后则是社区，上述所有服务都将通过社区串起来。"

马化腾的胃口足够大："无线（增值）有 100 多亿元的盘子，我们必须进去；网游有 70 多亿元的盘子，腾讯不能放弃；广告有 30 多亿元的盘子，腾讯不能放弃；腾讯不能放弃的还有搜索、电子商务。"

那么，腾讯到底在做什么？"把传统生活搬上网络，打造在线生活。未来提供个性化表达自我的体验，使社区生活更容易。"腾讯公司执行副总裁吴宵光这样认为。

"通过 QQ 秀、QQ 宠物、QQ 空间等横向服务不断扩展用户在 IM 平台上的个人属性和关系链，使应用更丰富；同时，纵深挖掘更多新需求，提供更多个性化服务。这样横向扩展平台，纵向丰富应用。"吴宵光把它总结为腾讯的 "一纵一横" 策略。

对腾讯来说，即把 IM 的平台性和社区的体验性相结合，进行资源扩展。而社区之所以成为核心，正是因为在各种新技术的辅助下，更好地满足了人们在互联网时代的需求，那就是超越简单产品和服务的体验性，以个性化、情感化、娱乐化、休闲化为代表，打造一种体现互动、个性的互联网新社区生活。"腾讯是在 IM 平台上叠加互联网增值、搜索、拍拍（拍卖）、网游等，是基于整个在线生活平台的竞争。"吴宵光说。

资料来源 凡国君. "一纵一横" 腾讯找寻新商业模式 [N]. 第一财经日报，2006-09-11. 引文标题和内容有所改动和删减.

经过 10 多年的发展，在人们的生活周围已经充斥了各种各样、五花八门的网站，人们在网站上经营着自己的网络生活。那么，这些网站到底有哪些种类，它们是如何呈现出一种服务状态的？本章将从网站的分类入手，带领大家去追寻网站背后的决策故事。

4.1 常见网站类型

如同航行在大海中要有航道、飞翔在蓝天中要有航线一样，在无边的网络里畅游要想不迷失方向，人们需要一个通道、一个指向标。网站的出现就为人们提供了一个通向网络世界的大门。许许多多不同的网站组成了纵横交错的平台，人们凭借这些平台寻找自己想要的东西。

网络编辑，也可以称为网站编辑，其研究的对象是依附于网络的网站。

4.1.1 什么是网站

网站就是在互联网上一块固定的面向全世界发布消息的地方。可以说网站就是一个应用框架，它将各种应用系统、数据资源和互联网资源集成到一个信息管理平台上，并以统一的用户界面提供给网站访问者。网站由域名（也就是网站地址）和网站空间构成。衡量一个网站的性能通常从网站空间大小、网站位置、网站链接速度、网站软件配置、网站提供服务等几方面考虑。

4.1.2　网站发展过程

网站是网络世界主要的载体和表现形式。它既是人们进入网络世界的主要入口，也是人们在网络世界生存的平台。尽管网络世界被称为虚拟世界，但随着与人们生产、生活相关的部门纷纷建立自己的网站，在网络世界里生存已成为现实。

据 CNNIC 的调查，截至 2009 年 7 月，我国的 WWW 站点数约为 16 260 000 个，包括了 CN、COM、NET、ORG 下的网站，其中 CN 域名网站数为 12 960 000 个，占网站总数的 79.7%；而 COM 域名的网站数为 2 811 383 个，占网站总数的 17.3%；NET、ORG 域名比例较少，分别占 2.5% 和 0.5%。

如此众多的网站可以根据不同的主体、功能进行分类，也正是因为其鲜明的功能特点和主体特点，人们才能在众多的网站中找到自己需要的网站。通常按性质对网站进行划分，在网络世界中，网站的经营主体可以是一个机构，也可以是个人，我们常见的网站大多以某一机构为经营主体，传播内容代表某一机构的立场和观点，树立、维护某一机构的形象。根据经营主体的不同，网站可以分为政府网站、商业网站、企业网站、个人网站等几类。

1）政府网站

政府办公信息化，形成"电子政府"是我国近几年来政务工作的一个重大转变。政府上网以后，可以在网上向公众开放政府部门的名称、职能、机构组成、办事章程和档案资料等，公众就可以通过网络获得各种相关信息，方便与政府部门打交道。同时，电子政务的展开，可以使公众在网上进行各种与政府有关的工作，如在线咨询、在线申报批文等。在政府内部，各个部门之间也可以通过网络相互联系、沟通，指导、汇报工作。

【小资料 4-1】

电子政府的主要功能

（1）电子商务：在以电子签章及公开密钥等技术构建的信息安全环境下，推动政府机关之间、政府与企业间以电子数据交换技术（EDI）进行通讯及交易处理。

（2）电子采购及招标：在电子商务环境下，推动政府部门以电子化方式与供应商连线进行采购、交易及支付处理。

（3）电子福利支付：运用电子资料交换、磁卡、智能卡等技术，处理政府的各种社会福利工作，直接将政府的各种社会福利支付给受益人。

（4）电子邮递：建立政府整体性的电子邮递系统，并提供电子目录服务，以提高政府之间及政府与社会各部门之间的沟通效率。

（5）电子资料库：建立各种资料库，并向公众提供方便的上网方式。

（6）电子化公文：公文制作及管理电脑化，并通过网络进行公文交换，随时随地获取政府资料。

（7）电子税务：在网络上或通过其他渠道提供电子化表格，使人们足不出户便可以在网络上报税。

（8）电子身份认证：以一张智能卡集合个人的医疗资料、个人身份证、工作状况、个人信用、个人经历、收入及缴税情况、公积金、养老保险、房产资料、指纹等身份识别信息，通过网络实现政府部门的各项便民服务。

资料来源 张海鹰，腾谦. 网络传播概论［M］. 上海：复旦大学出版社，2003：87.

2）商业网站

商业网站，顾名思义就是在网上从事商业活动的网站，通过网络利用网站的各种职能赚取利润。如我国著名的商业网站新浪网，它的收入很大一部分来自该网站的广告收入。据新浪网2014年第一季度财报，新浪网的广告收入为13 570万美元，占公司营收总额的79%。而同样是商务网站的网易，它的主要收入来源则是网络游戏增值服务。其2014年第一季度财报显示，网易在线游戏收入为34 700万美元，占其总营收的86%。

当然商业网站不仅仅是这类综合性门户网站，它还有其他的表现形式，如淘宝网、当当网等从事网上电子交易的网站等。我国的商业网站主要提供电子商务、新闻、网上社区、电子信箱等服务。除了以B2B、B2C等类型为主的电子商务服务外，还有网上酒店预订、网上股票交易、网上订票、网上拍卖议价等商务服务。电子邮件服务和主页空间服务也分为免费和收费两种。

【小资料4-2】

门户网站、垂直门户网站

门户网站，顾名思义，是指网络大门、停泊站或入口，网站经营者希望为用户提供一站式服务，用更多的信息和服务留住用户，从而使网站拥有较高的访问量，以吸引更多的广告和寻求更多的商贸机会，如我国著名的新浪、搜狐、网易、TOM等就属于门户网站。搜狐网站曾经提出的经营理念是："搜狐不仅是一个网站，更是一个媒体，并将超越媒体，成为人们生活中不可或缺的电子商务市场。"目前门户网站的业务包罗万象，已成为网络世界的"百货商场"。现在的门户网站通常提供在线新闻、网上教育、互动式娱乐、虚拟社区、网上交友、电子商务、搜索等服务。

垂直门户网站，也被称为专业门户网站，如同门户网站的一个频道，仅提供某一领域的专门信息，努力做到该领域内信息最全、最权威，力图成为该专业用户上网的第一站。如前程无忧（http：//www.51job.com）就是一个提供人才就业方面的信息和服务的垂直门户网站。

3）企业网站

与商业网站相区别，**企业网站**是指业务主要在网站外进行的企业所建立的网站，如海尔集团的网站。

如果将互联网类比为一个超级市场，当企业建立了自己的网站时，也就意味着企业在网络虚拟市场上有了自己的摊位，可以宣传自己、展示自己的产品。企业网站存在的主要目的就是宣传、推销自己，为客户提供更为及时、到位的服务。这种服务不仅仅是面向个人客户，也是链接企业各类供应商、经销商的重要途径。

【小资料4-3】

企业网站的三种类型

（1）信息发布型企业网站。它属于初级形态的企业网站，将网站作为一个信息载体，主要功能定位于企业信息发布，包括公司新闻、产品信息、采购信息，以及用户、销售商和供应商所关心的内容等，多用于品牌推广以及沟通，网站本身并不具备完善的网上订单跟踪处理功能，如康佳集团公司网站（http：//www.konka.com）。

（2）网上直销型企业网站。在发布企业基本信息的基础上，增加网上接受订单和支付的功能，网站就具备了网上销售的条件。企业基于网站直接面向用户提供产品或服务，改变了传统的分销渠道，减少了中间流通环节，从而降低了总成本，增强了竞争力，如 Dell 公司中文网站（http：//www.dell.com.cn）。

（3）综合性电子商务网站。不仅将企业信息发布到互联网上，通过网络销售公司的产品，更重要的是集成了包括供应链管理在内的整个企业流程一体化的信息处理系统，如海尔集团网站（http：//www.haier.com）。

4）个人网站

个人网站，即个人在互联网上建立的自己的网站，网站内容完全由个人自主设计和发布，可以是个人信息，也可以是自己感兴趣的文学、音乐等方面的内容，还可以专门报道新闻信息。如同其他网站一样，个人网站也是面向互联网每一个网民的。

相对于机构设置的网站而言，个人网站不受组织或利益团体的制约，拥有更大的自由和空间，是网络媒体的一股新鲜力量，为丰富网络世界的内容作出了独特的贡献。

【小资料 4-4】

著名的个人网站"德拉吉报告"

"德拉吉报告（Drudge Report）"，由未受过任何新闻训练的美国高中辍学生麦特·德拉吉建立于 1995 年。由于率先报道了 NBC 与微软共同建立 MSNBC 这样的事件，"德拉吉报告"开始引人注意，但真正将德拉吉推向公众的是他从 1997 年开始的对克林顿与白宫丑闻的报道。1998 年 1 月 17 日晚上 6 点，德拉吉通过他独自创办的邮件列表向人们发送了一份邮件，谈到了美国《新闻周刊》在付印前的最后一分钟否决了记者麦克·艾希科夫撰写的关于克林顿丑闻的长篇爆炸性新闻，引得各大媒体，不论是传统媒体还是网上媒体纷纷大报特报。尽管被克林顿轻蔑地称做"污泥（sludge）"，麦特·德拉吉还是促成了 20 世纪结束前全球的最大闹剧：斯塔尔报告、总统弹劾案、公众对丑闻的热衷、互联网新闻业的抬头……从那时起，这些个人网站一个一个地引导了整个主流媒体的报道方向，使神话逐渐浮现。"德拉吉报告"渐渐成了美国最重要的新闻源之一，在突发新闻报道上不断地击败 ABC、CNN 与《纽约时报》等主流媒体。德拉吉凭着对网络媒体的把握，使个人新闻网站成为网络媒体中不容忽视的一部分，部分地改变了美国政治、新闻与历史的运转轨迹。

4.2　网站定位依据

明确了网站的分类，只不过是网站建设中的第一步，接下来就要确定网站到底以什么样的核心服务来吸引网民的关注，这就涉及网站的定位问题。事实上，网站的定位是决定网站能否成功的重要因素，包含着网站经营主体对网站的期许以及这种期许与网民兴趣之间的融合，是任何网站在建设之初都要慎重考虑的重大问题。

4.2.1　网站定位的意义

1）网站定位的含义

定位是营销学的一个词汇，最早由阿尔·里斯（Al Ries）和杰克·特劳特（Jack Trout）在 1972 年提出。他们从传播学的角度出发，认为定位即在潜在顾客的心中为产品确定一个适当的位置。后来的营销学者们主张定位不仅是产品生产出来之后的传播行为，更重要的是必须对产品进行改变，即根据产品的特征及该特征带来的利益、特定的使用场合、特殊的使用群体、比竞争对手的产品用途更多等方面的内容进行设定。

如同企业、产品一样，**网站定位**就是确定网站的特征、特定的使用场合及特殊的使用群体和其特征带来的利益，即网站在网络上的特殊位置、它的核心概念、目标用户群、核心作用等。网站定位营销的实质是对用户、市场、产品、价格以及广告诉求的重新细分，预设网站在用户心中的形象地位。

【小资料 4-5】

知名网站定位

网易：用户主体定位于青年人，主打网络游戏与电子邮箱。差异化的用户群体定位使得网易在未来门户内容的竞争中，避免了与其他门户网站的优势雷同的情况。

新浪：定位于主流门户网站，最具主流、正统的品牌形象，主打新闻，"看新闻，到 sina，绝对没错"成为新浪的一大看点。

新华网：专业新闻门户网站。

淘宝网：定位于 C2C 的电子商务网站，用户主体为青年人。

前程无忧网：定位于网络招聘。

2）网站定位的重大意义

中国俗语说："凡事预则立，不预则废。"网站定位是网站建设"预"的重要一步，是从整体上对网站的建设、发展进行构思和设计。网站定位解决的是网站建设的思路问题而不是技术问题，尽管网站定位并未涉及网站的具体建设环节，但是网站的架构、内容、表现等都是围绕网站的定位展开的。因此，网站定位对网站的建设及未来的发展都有重大意义。

（1）为网站的发展确立明确目标

网站定位是对市场、用户、竞争者以及自身情况等综合思考的产物。它是在对整个环境、用户的心理习惯、竞争者的表现等有了深入了解的基础上，对自身资本进行梳理，找到适合网站发展的方向。科学、合理的定位是为网站的发展目标、特定目标用户、网站核心内容等网站发展的根本性问题提出可行性要求，使网站的各项工作有共同的目的指向，避免网站发展的盲目性。

同时，网站定位对网站的发展规划有着重要作用。无论是网站的长期规划还是短期计划，都是围绕实现网站定位制订的。

（2）确立网站的整体风格

网站的整体风格体现在网站的总体布局、形象设计、内容显示甚至是品牌推广、市场营销上。应根据网站定位所确立的发展思路，设计出既能反映网站核心思想又能满足特定用户群阅读需求的网站。从浅层次上，是关注网站界面的一致性、连续性，色彩、文字的统一、协调，布局的简洁、合理等；而从深层次上，网站整体风格的形成，往往会对网站核心文化理念的形成有重大影响。如新浪网，它的定位是最出名的中文论坛和新闻的首选网站，服务的人群是喜欢看新闻的人，网络技术爱好者，高层次、高品位的交流者。目前，新浪已成为中国甚至华人世界最具权威性质的网络媒体，网站文化的确立与当初的定位十分吻合。当前，网络媒体已成了与电视媒体、杂志媒体、报纸媒体、广播媒体并列的第五大媒体。

（3）提高网站的生存能力和竞争能力

网站定位正确，会在激烈的市场竞争中争取到一块发展的空间。为了谋求生存、发展，网站必须突出自己的特色和个性，针对用户提供个性化服务。比尔·盖茨说过："我们已经从这个媒体（互联网）中受益，不过，我不以为人人都了解这个媒体的丰富潜能。在所有这些潜能中，我认为最重要的就是提供个性化（个人化）内容的能力。"

网站定位确切地指明了其特定优势和劣势，通过对网站定位的把握，可以扬长避短地分析出在什么条件下与对手竞争，在什么条件下不能与对手竞争。因此很多人认为，网站定位其实就是网站的市场定位，谁的市场定位更准确，谁就能赢得市场。

4.2.2 网站的定位依据

影响网站定位的因素很多，本章介绍的是影响网站定位的两个主要因素：一个是网站的经营主体；另一个是网站的目标用户。不同的主体和价值需求决定了不同的网站诉求风格。一般来说，网站在诉求风格上有理性诉求、感性诉求和综合型诉求三种。理性诉求强调理论及逻辑性，以事实为基础，以介绍性文字为主；感性诉求强调直觉，以价值为基础，以形象塑造为主；综合型诉求则既包含理性诉求，同时也兼顾感性诉求。无论是哪种诉求风格，都离不开对网站经营主体的预期与对潜在网站访问者的深入分析。

1）网站的性质定位

网站的性质一般由网站的经营主体决定。网站的经营主体可以分为三大类，一类是普通主体，一类是专业主体，一类是专门主体。

普通主体是指以个人为网站经营主体，如众多的个人网站。普通主体完全是根据个人的喜好来选择、发布、管理网站内容的，因此具有很大的自主性。

专业主体是指专门以网络为手段传递信息，以此获得物质利益的网站经营者，如众多的新闻网站。无论是从传统媒体上分化出的新闻网站，还是新型的纯互联网公司（如电子商务网站），其网站定位都离不开信息的分类传播。互联网是个信息的海洋，专业主体选择不同的信息类别，从事专业性的信息传递，利用吸引用户的注意力或是信息传递所产生的利益来获利。

专门主体是指以网络为手段，实现自身目的的网站经营者，如政府机构网站、教育网站、企业网站等。这类网站往往在现实世界中有相应的实体，实体上网的目的有很多，其传播活动和网站内容受实体的限制，要体现实体的意志。

【观念应用 4-1】

不同的主体成立网站的目的存在巨大差异，体现在网站定位上就是对网站的发展方向具有根本性的影响。如个人网站往往是个人兴趣爱好的体现，而政府网站则是提供公务信息和公务服务的地方。即使在相同类型的主体内部仍然存在着明显的定位不同，这在专业主体中表现得尤为明显。分析比较人民网与新华网的主体对其网站定位的影响。

要求：写出这两个网站在内容上的不同之处，并对其进行分析。

操作步骤：

（1）登录人民网（http：//www.people.com.cn）和新华网（http：//www.xinhuanet.com）。

（2）浏览人民网和新华网的新闻模块设置、新闻内容安排。

（3）分析：同样是专业性的网络新闻媒体，人民网与新华网的定位方向显然不同。人民网是《人民日报》建设的以新闻为主的大型网上信息发布平台，借助《人民日报》的权威性，人民网在时政新闻的报道上具有其他网络媒体所缺乏的权威性、真实性。同时，人民网又发挥了互联网的特性，消除了人们对《人民日报》这种党报刻板的印象，增强了吸引力、可读性、亲和力，使得人民网的新闻报道具有权威性、及时性、多样性和评论性等特色。人民网的大型时政论坛"强国论坛"对树立人民网"权威媒体、大众网站"的形象有重要影响。而新华网的定位是提供全面、权威、真实的新闻信息，背靠新华社这棵成荫大树，新闻信息的权威性、真实性、官方性、全面性是新华网与其他新闻网络媒体相比最突出的优势，也是其安身立命的源泉，其他网站或媒体的新闻稿很多是由新华社提供的。新华网得天独厚的背景优势可以保证它及时地提供各行各业、国际国内的最新新闻信息，若丢掉新闻去开发其他的服务内容无疑缘木求鱼、舍本逐末。

2）网站的受众定位

在明确网站性质的基础上，通过网站受众的确定能够进一步明确网站的定位。人们对互联网的个性化服务需求决定了网站的服务对象必须是特定的人群，而不可能是全体网民，即使是受众范围较广的综合性门户网站也必须要有自己明确的受众定位。

网站的受众定位就是要根据网站受众的心理和上网的动机寻找网站用户不同的信息需求。通过浏览不同的信息，受众获得不同的心理体验。进行网站受众定位时，主要考虑以下两个方面的内容：

（1）网站受众的心理因素。它包括受众的情感、价值观、阅读习惯等。网站提供的信息和服务能不能带给网站受众满足感，是否与其心理地位、身份相吻合，是否迎合其日常的阅读习惯，都决定着网站能否留住受众。

（2）网站受众的上网目的。网站受众的上网目的不同，选择的网站也会不同。将网站的核心内容与网站受众的上网目的结合起来是吸引并"黏住"网民的有效方式。

【观念应用4-2】

网易虚拟社区的"黏性"

网易的定位与其虚拟社区的理念有很密切的关系。网易最初成为成功的门户网站就是凭借其虚拟社区建设、免费主页空间的提供和免费电子邮件服务，至今网易仍聚集着国内超过80%的精彩的个人主页。目前网易的主要收入来源于网络游戏增值服务，其实在某种程度上更增加了网易虚拟社区的黏性，把更多的网民黏在了网易虚拟社区里。

问题：上述网易的行为策略如何体现网站定位因素的作用？

分析提示：网民们光顾网易主要是为了娱乐消遣享受。网易在定位自己的风格时，有效地分析了门户网站的行业背景，以娱乐为主打风格，特别是找到了网游这个拳头产品后，很快就与其他的门户网站区分开来，形成了独特的风格。同时，网易注重将这种风格体现在网站的各种服务内容上。在打造新闻内容方面显然也考虑到这些因素，推出了一种与其他新闻网站或者新闻频道风格不同的个性化的新闻服务：在简洁、清晰的新闻背景下，展开娱乐化的、反讽的、批判性的等多种方式的新闻解读。这种解读增强了网民在阅读新闻时的内心感受，同时，网易还为网民这种内心感受的表达提供多种渠道，如网民可以自己更换网易新闻头条的内容，可以通过投票、调查、选择栏目等方式参与在线讨论等。这种新闻传递方式符合虚拟社区的轻松氛围，无论是吸引社区网民关注网易新闻这个新的业务增长点，还是吸引其他网民关注网易新闻，通过各种讨论渠道进入网易社区，都有着重要作用。

4.2.3　网站的定位方法

网站定位过程基本上就是选择细分市场、选择目标市场和进行市场定位的过程。知己知彼才能百战百胜，网站定位首先就要根据自己的目标确定竞争对手，分析清楚自己和竞争者的优劣势各是什么。在准确把握市场环境和自身实力之后，网站的定位主要有三种方法：跟进式定位、竞争式定位、创新式定位。

1）跟进式定位

跟进式定位是指当要进入一个已经成熟的市场环境时，后进入者可以以先进入者（也就是自己的竞争对手）作为参照对象，巧妙地将该网站的领导品牌同自己的网站联系起来，站在巨人的肩膀上，快速提升自己在网站用户心中的知名度和美誉度。这种跟进具有模仿的特点，不把自己看做行业领袖，而是向行业领袖看齐，模仿成功者的成功内容、名称等。同时为了生存，这种定位方式必须给出网站自己的生存空间：阵地足够狭小，小到足以守住，而其他大网站又无暇顾及。

2）竞争式定位

与跟进式定位不同，竞争式定位可以用于市场开发初期，在各种进入者纷纷涌入但尚未出现行业领袖的状况下，网站利用自身资源，迅速成为行业领袖。这种定位方式具有对抗的特点。在市场开发初期，各种资源处于混乱状态，实力相当的进入者的起跑线是相同的，此时最容易产生行业领袖。竞争式定位对网站来说，必须认清自己的实力和市场的开发周期，前者可以使网站清楚地确定自己最主要的竞争对手，后者可以使网站确立自己在整个行业中的位置。

3）创新式定位

如果一个网站具有其他网站无法模仿或超越的独特优点、文化、内容，这个网站就可以启用创新式定位方法。创新式定位是最能体现差异化的个性化定位，从消费趋势看，消费的大众化逐渐向"另类"与差异化过渡，创新式定位就是要把握住这种消费趋势，在网站用户的差异化消费倾向中找到自己独特的优势，从而为网站找到一条不同的发展道路。而由于创新式定位开启的是一个别人没有进入的市场，因此，采取这种定位的网站也很有可能成为这个市场的行业领袖。

【观念应用4-3】

分析下面这个案例，找出它定位方法上的独特之处。

立顿网站（http://www.lipton.com），是家制销茶叶公司的网站，想象中网站内容自然以大诵茶经为本了，但实际上茶叶制品在该站点并不占首栏首位，其先导栏目竟是美食经——"各国食谱大全"及按季节时令变化的"每日烹调一课",仅此一栏就会使许多美食家、家庭主妇和"王老五们"成为该站的铁杆回头客。

要求:谈谈立顿网站在进行创新式定位时的独特之处。

分析提示:这一"以食论茶"的创意,在题材定位上是很成功的,因为该企业茶制品就是众人皆知的那几款,网站如"以茶论茶",则无助于建立人气,培养回头客。

在营销时序上,该网站也独具匠心。站中先导入一位拥有高超传统厨艺的意大利老太太为"妈妈的小屋"的栏目主角,一位芳踪不定却精于品尝各类巧克力、甜点、饼干等各种零食的年轻女士作为"浪漫生活"栏目的另一代消费者代表,待她们在网上大侃各种各色浓汤、大菜,观众们饱览一通温淳甘脆、腥醲肥厚的主食和点心后,该站的正主儿——茶叶(立顿清茶、红茶、黑茶等)终于上场了。此时再谈茶品茗,味道当然不同!

所以,营销网站的建立是一门艺术,其语言可如诗,页面可比图。古人所谓"诗外有诗,方是好诗;词外有词,方是好词"。企业网站也忌讳无情、无景、无顾客、上网一味干吆喝的俗套。

资料来源 王仁刚. 网站定位(互联网时代的玉玺)[EB/OL].(2006-08-05).http://www.webjx.com/htmldata/2006-08-05/1154782008.html.

另外,在网站的定位过程中要注意两方面的事项:

(1)网站的定位要具有拓展性。当网站的规模扩大时,能给出合理的理由对原有定位概念进行扩展。因为你不可能一开始就去争取百万用户,但你的定位最好可以扩展到这个数目甚至更多。

(2)网站的再定位。达尔文曾说过:"那些能够生存下来的并不是最聪明和最有智慧的,而是那些最善于应变的。"市场总是瞬息万变的,当市场需求和竞争状况发生变化时,企业的原有定位也要相应随之变化。用户需求的变化,往往是进行再定位的最好时机之一。重新进行网站的定位,突破原有的限定区域,发掘新的用户和新的需求,能够有效地扩大网站潜在的市场空间,对抗新的行业进入者的竞争。

4.3 职业工作站

网站定位是在确立网站基本类型后,根据网站自身资源和市场资源进行的自我定位和受众定位,是市场定位的一个过程。这其实就是网站的定位营销。

在定位过程中,要首先确立网站所能满足的实际需求,这种需求不是网站的主观臆断,而是建立在详细的资料分析的基础上,包括网站自身在建立发展过程中的各种需要和网站服务对象的各种特定需求。

在确定了各方面的需求后,动员各方面的力量满足网站的基本需要,在此基础上,满足服务对象的需求。具体应是首先满足服务对象在某一方面的共性需求,然后在网络可行性和实现可行性的条件下,满足某些个性化非常明显的特殊需求,增强网站的个性色彩。

确定好服务对象和服务内容后,将这些内容按照一定的栏目设置分布开来,通过简洁的网站设计风格,从服务对象的角度出发,合理地安排、设计网站和网页版面,完成网站的初步建设。

【观念应用4-4】

阅读下面的资料,以淘宝网为例,了解一个新网站如何依托自身资源,成功进入市场。

淘宝网（http：//www.taobao.com）是我国著名的个人网上交易平台，截至 2005 年 12 月 30 日，淘宝网在线商品数量超过 1 300 万件，全年成交额超过 80.2 亿元人民币，遥遥领跑中国个人电子商务市场。中国社科院《2005 年中国电子商务市场调研报告》显示，淘宝网已占据国内 C2C 市场 72％的市场份额。如此成功的业绩离不开淘宝网独特的定位和阿里巴巴的强劲支持。

阿里巴巴（http：//www.alibaba.com）是全球企业间（B2B）电子商务的著名品牌，是全球国际贸易领域内领先、活跃的网上交易市场和商人社区，曾被《远东经济评论》的读者评为"最受欢迎的 B2B 网站"。2003 年 5 月，阿里巴巴投资 1 亿元人民币推出了个人网上交易平台淘宝网。淘宝网是阿里巴巴首次对非 B2B 业务进行的战略性投资，依托于企业网上交易市场服务 8 年的经验、能力及对中国个人网上交易市场的准确定位，淘宝网迅速成长起来。

要求：淘宝网是如何利用自身资源和外在资源准确定位，迅速打开市场的？

分析提示：作为一个市场新进入者，为了与易趣网等当时已存在的非 B2B 电子商务网站相区别，淘宝网定位于娱乐式的个人网上交易平台，将目标瞄准了追逐时尚、娱乐的年轻人。在淘宝网的首页上，主要是一些流行服饰、美容、数码等产品的图片，时尚味道浓厚。它的在线聊天工具淘宝旺旺里的表情符号也以一种夸张的手法增添了淘宝的娱乐化倾向。在淘宝网，可以了解最新鲜的品牌资讯，包括服饰美容、家居饰品、时尚数码、美食旅游甚或谈情交友，与娱乐有关、与时尚接轨的栏目可以说是应有尽有。这样的一种设计，满足了为娱乐而购物的客户获取时尚资讯、享受购物环境的需要。

淘宝网的投资方阿里巴巴的 CEO 马云曾说过："有品位、时尚的娱乐必须引导未来的趋势。如果我没有看过《天下无贼》，我们不会有这么大的改变；我看过《天下无贼》后，才明白娱乐代表未来。"基于阿里巴巴高层对娱乐的高度认识，淘宝网与娱乐的结合也就顺理成章了。从淘宝网开始成立，娱乐就成为淘宝网的一部分，除了淘宝网的页面设置和内容频道安排外，更重要的是使淘宝网也成为娱乐的一部分。淘宝网在创立不久便注重这块最重要的细分市场，以娱乐、时尚制胜，结合巧妙的娱乐营销，无论是与《天下无贼》、《头文字 D》等热卖影片的合作，还是与电视台共同主办"超级 buyer"的真人秀，都是通过媒体极高的曝光度，有效地达到了吸引追求时尚的网民、树立淘宝网时尚形象的目的。

独特的定位使淘宝网的人气急剧上升，很短的时间内就占据了中国电子商务的头把交椅，使易趣网退居后位，成功地完成了由市场新进入者到行业领头人的转变。

资料来源　梁青. 淘宝网：以娱乐营销突围 [J]. 网络传播，2006（7）.

4.4　分析评价

网站有不同的划分标准，如营利性网站、非营利性网站，电子商务网站、非电子商务网站等。这里把网站的经营主体作为划分标准，是因为经营主体的性质往往决定着网站的性质和特点，对经营主体的分类概括，可以基本涵盖目前我们所能看到的网站的基本类型，方便初学者很快认清网络的一般面貌。

本章主要从网站的主体和特定访问者两方面分析影响网站定位的因素。这是因为，对网站背景资源的关注，其实更多的是关注网站主体的背景资源，这包括网站主体的性质、资本、人力资源、市场地位等一系列因素在内。这些因素往往决定着一个网站能建成多大规模、有多高质量和多远的发展前途。而网站预设特定的访问者，则能使网站很快找到发展途径和实现网站目的的最优途径。

网站定位是个非常细致的工作，除了上面所说的两大因素外，还涉及网站建设的方方面面，如定位网站主题和名称、网站 CI 形象、确定栏目和版块、网站的整体风格和创意设计、网站的层次结构和链接结构、色彩的搭配等。这些细微环节更多地涉及网站定位在网页上的实际体现（本书的第 5 章会详细讲到）。

网站的定位方法也不仅仅是书中所列的三种，且这三种方法基本上是以商业网站为模板的。其他的还有政府网站、企业网站、科研网站等。根据主体性质和网站用途的不同，网站定位的方法也会相应地发生变化，特别是个人网站，完全是个人根据自己的喜好来建设的，除非是用来营利的，否则，它的定位就完全是个人意志的一种体现，不需要考虑市场因素或其他方面的因素。

【小资料 4-6】

网站定位：分类切割内容

网站定位主要回答三个方面的问题：本站性质、所属领域、读者是谁。这些问题的答案确定之后，接下来要做的第一件事情就是将这个笼统概括的"定位"拆细。

1）确定定位外延

用"关键字"法可以很好地确定定位外延。一个领域的关键字一般较为明确，扩大关键字范围的方法主要有：

（1）做目标读者调查

让读者任意写本领域的关键字，然后，统计出现频率。

（2）研究同类网站

同类网站的频道名、栏目名都是同行所认定的关键字的"关键"，同时可通过软件对同类网站的文章进行词频分析，找出出现频率最高的前 1 000 个（字）词。

（3）在本网站即将发布的典型文章中筛选

确定关键字"关键"程度高低的方法有三个：①通过商业模式"距离远近"来评判，离商业盈利越近，关键字的"关键"程度越高；反之，则越低。②通过在搜索引擎中搜索到的个数来确定。③进行目标读者群感兴趣程度测试。

2）内容分类

当网站定位"具象"为几百个关键字之后，这个"定位"就变成了摸得着、看得见的网站内容模型了。此时，就可以在还没有网站内容的时候，对网站内容先行进行分类了。

（1）确定本站的分类标准。确定本站分类标准时，可反复问这样一个问题："读者来本站看什么"。例如，对于新闻网站，读者来看新闻，所以，以新闻内容进行分类可以分为国内新闻、国际新闻、财经新闻、科技新闻、娱乐新闻等。

分类是内容属性的反映，内容往往有着多重属性，所以，也就存在着多种分类标准。对内容属性的认知最终决定着分类标准。

（2）了解读者需求，确定网站内容属性。了解读者需求，最好的方式是：①做大范围的读者调查；②研究同类网站；③分析本网站日志。这些手段都为了一个目的——找出最受读者欢迎的内容，增加受欢迎内容的分类。将受欢迎内容的分类提炼归纳出一条线，然后用这条线去串联更多的分类，最终将本站内容全部串起来。这条线就是本站主线，即分类标准。分类标准不是想出来的，是从读者所关注的内容中提炼而来的。

（3）明确网站的频道和栏目分类。在明确分类标准的基础上，对本网站内容进行第一层次分类——频道分类。分类名称即频道名称。频道分类集中体现该网站的分类标准，是本站内容总纲。分类工作一半以上的时间应该用在确定网站分类标准和频道分类上。第二层次分类——栏目分类，也就是网站上每个频道下设若干个栏目，同样，分类名称即栏目名称。

尽管分类只是对内容的主观划分，由内容切割而来，但分类一旦确定下来，就要根据它进行更新。在这个意义上，分类也规定着内容，决定着内容的积累方向。

资料来源 http：//www. a. ce100. com/list/2038541. htm，引文标题的题序根据本书的体例要求做了调整，有关内容做了删减.

■ 本章小结

网站定位对一个网站来说，如同楼房的地基，没有良好的根基，难以建成摩天大楼。网站定位更重要的是要立足于实用，在细致的行业调查和用户调查后，确立网站用户群，然后再进一步了解、分析这个用户群最想从网站得到什么，最需要什么，网站能给他们提供什么信息等等。这些都确定后，网站的类型也就基本呈现出来了。

本章从大家较熟悉的网站类型入手，从网站的经营主体方面对网站进行了一个大致的分类，基本包括了目前存在的各类网站。在此基础上，引入网站定位的概念，阐明网站定位的重要意义。在分析影响网站定位的因素时，与网站的分类相结合，从网站的性质和受众两个方面入手，结合不同类型的网站实例，深化对网站定位的认识。最后对网站定位的方法进行介绍。通过本章的学习，应该对网站基本状况有一定的了解，并对网站定位的内涵和方法有所掌握。

■ 主要概念和观念

□ 主要概念
　　网站　商业网站　门户网站　垂直门户网站　企业网站　网站定位

□ 主要观念
　　网站的分类　网站的经营主体　网站定位因素及方法

■ 基本训练

□ 知识题
　　▲ 简答题
　　（1）什么是网站？

（2）常见的网站可以分为哪几类？

（3）网站定位的意义体现在哪些方面？

▲ 选择题

△ 多项选择

（1）网站定位过程基本上就是（ ）的过程。

A. 选择细分市场   B. 选择细分受众

C. 选择目标市场   D. 进行市场定位

（2）企业网站根据提供服务的不同，可分为（ ）。

A. 综合性电子商务网站   B. 多媒体型网站

C. 综合门户网站   D. 网上直销型企业网站

E. 信息发布型企业网站

（3）网站的经营主体可以是（ ）。

A. 机关主体   B. 专业主体

C. 专门主体   D. 个人主体

E. 普通主体

▲ 阅读理解

（1）门户网站与垂直门户网站的区别。

（2）电子政府的主要功能。

（3）网站再定位的原因。

□ **技能题**

▲ 单项操作训练

（1）用计算机上网，找出 5 个常见的门户网站和其经营主体。

（2）用计算机上网，浏览一个商业门户网站，找出其提供的各种服务，并罗列出来。

▲ 综合操作训练

用计算机上网，浏览当当网网站，查阅有关当当网定位的资料，根据网站定位方法，分析当当网和淘宝网的定位方法有何不同。

▣ 观念应用

□ **案例题**

51ea.com 培训搜索引擎的策划

51ea.com 是一个做培训信息的网站。其最初的网站首页标题是：51ea.com 我们让点击更有意义。这个名字能够告诉你这是一个做培训信息的网站吗？显然不能。

站名：网站的名字可以体现网站的定位、可以体现网站的特点。它最先展示给浏览者，大部分浏览者都靠它在第一时间内判断这个网站是不是自己需要的。在第二次浏览 51ea.com 首页的时候，网民往往不能一下子了解这个网站是做什么的。

网站首页：一般而言，一个网站浏览量最多的页面就是首页，网站首页的排版设计将决定着该网站是否能够留住浏览者。继续浏览了 51ea.com 后，我才了解到，51ea.com 是一个功能非常强大、信息量非常多的平台，主要体现在以下三个方面：

（1）当地培训教育：一般人看到都会想，可能是培训组织吧。但是浏览其众多内页你才知道它是一个功能强大的培训信息平台，提供信息搜索服务。

（2）当地协助服务：当地协助服务是干什么的呢？你肯定不明白，浏览了内页众多内容以后你才知道它是兼职、求职、招聘信息的平台。

（3）各地织网专家：初次浏览者可能不明白这个平台是做什么的，它不是织渔网的业务，而是一个网页设计者的信息平台。

详细分析后，通过与 51ea.com 的负责人沟通，我对该网站有了更深入的了解，于是我们一起讨论了网站的定位问题。

网站的定位一定要准，才可能获得快速的发展。网站怎样定位才算准呢？

（1）市场潜力大，有需求，是发展趋势。

（2）竞争对手少或者没有竞争对手。

（3）可以结合自身现有资源。

（4）名字和排版有特点，容易让人在他需要相关信息的时候最先找到。

如果以上这四条都具备的话，那么只要这个网站一开始做，就可以成为行业老大！

由于 51ea.com 最大的特点就是其培训信息平台具有类似于搜索引擎那样的功能，于是经过我们多次讨论，最终将 51ea.com 定位为国内首家专业培训搜索引擎。

近几年，搜索引擎越来越热，已渗透到网络的每一个角落。就连中国电子商务的先驱8848 公司重出江湖也搞了一个购物搜索引擎作为引人注目的卖点，所以，行业搜索引擎已是发展的一种趋势。而 51ea.com 结合自身的资源，将自己定位为中国首家培训搜索引擎以后，也非常地吸引人，单是这个名字就可以让大部分第一次浏览该网站主页的人记住它，并且知道这个网站是干什么的。

定位在搜索引擎后，结合策划方案，51ea.com 也做了改版：

针对于搜索和导航各自都有自身的特点，各大公司都在花大精力搞搜索引擎，没有想到 hao123.com 那样简单的导航网站却能拥有众多的用户。虽然现在各大搜索引擎和大型网站都增加了导航网站，甚至有公司花重金专门打造导航网站，但是依旧是那样简单的没有创意的 copy，让人感到好笑。

将 51ea.com 变成一个行业搜索引擎，其排版肯定要具有搜索引擎的特性，为了让用户更加方便、可以更好地配合一些推广策略，51ea.com 在排版上采用了搜索加导航的模式。这样，清晰明了、使用方便的培训搜索引擎 51ea.com 就问世了。

之后短短半年，在没有进行大力推广的情况下，51ea.com 培训搜索引擎获得了很大的发展，日流量超过 10 万 PV，虽然不是很大，但是它已经是中国最大的培训搜索引擎了。

资料来源 佚名. 网站如何定位？［EB/OL］.（2006－07－13）. http：//elab. icxo. com/htmlnews/2006/07/13/878000. htm. 文章内容略有改动.

问题：在这个具体的案例中，运用了哪些网站定位的基本知识？

□ **实训题**

实训 1：为青岛市政府策划一个世园会网站，运用有关定位方法，分析策划该网站的定位细节。

实训2：分析本校校园网的类型、定位，指出其存在的缺点并提出改进的意见。

□ 讨论题

网站的定位由很多因素决定，除了本章提到的两个主要因素外，你认为在网站定位时还需考虑哪些因素？

第 **5** 章

网站的结构与编排

■ 学习目标
5.1 网站的结构
5.2 网站的创意设计
5.3 网页的编排设计
5.4 网络内容原创
5.5 职业工作站
5.6 分析评价
■ 本章小结
■ 主要概念和观念
■ 基本训练
■ 观念应用

■ 学习目标

知识目标:

  了解建立网站结构的原则,掌握网站的几种常见结构;了解网站创意设计的基本原则和创意设计中的相关要素;了解网页编排设计的基本原则。

技能目标:

  能够合乎规范并熟练地进行网站创意和网页编排的设计操作。

能力目标:

  能够根据网站定位的实际需要,运用网站结构、网站的创意设计和网页编排设计的知识与技能,创造性地分析与解决网站创意和网页编排设计中的实际问题。

引例　CCTV 央视国际网站的"变脸"

网站作为一种新的视觉媒体，在设计上既吸取了传统媒体的优点，同时也在不断创造着承担自身特质的设计风格。访问者进入网站后的第一眼视觉印象是非常重要的，甚至是至关重要的。一个可用性强、设计独特的网站能吸引访问者成为回头客。因此，网站的编排设计也是建设网站的重要一步。

品味 CCTV 央视国际网站首页十多年来的变化（如图 5-1 所示），可以体会到网站设计的独具匠心之处。

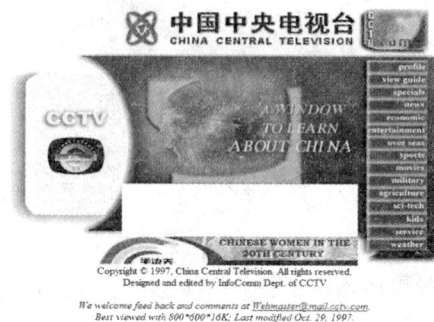
（a）1998 年 5 月截图

（b）2002 年 8 月截图

（c）2006 年 9 月截图

（d）2010 年 10 月截图

图 5-1　央视国际网站截图

在网站结构上，首页从一个简单的栏目展示平台逐渐向丰富的橱窗式样过渡。

在视觉效果上，各个年份的首页基本上都以深蓝色为它的主色调，通过不同饱和度的蓝色来划分版面内容。

在首页布局上，经历了门字形、川字形到现在竖版和横版相结合的样式。

从整体形象来说，央视国际网站通过对主色调的确定以及版面安排，使其知性、权威，并具有很强的实用价值。这种定位与其背后中国第一大电视台中央电视台的地位和身份越来越相吻合。

央视国际网站作为一个专业的网络媒体，基于媒体的特性，如何能在视觉上吸引网民、在内容编排上挽留网民是其考虑的重要问题。所以它的开发、运行与管理都必须基于对网民心理的调查研究。除此之外，一些基本的美学常识也可以帮助网站编辑更好地编排网页。

本章首先介绍有关网站运行的平台——网站的结构，然后分别就网站的创意设计与网页的创意设计及各种视觉元素的搭配展开详细的讨论，最后对网站编排设计中出现的一些新现象作一个简单介绍。

5.1　网站的结构

5.1.1　组织结构的原则

　　打开一个网站，人们总是要按照网页上预设的导航系统或者是超链接的路径来获取信息，导航系统或者是超链接将一个个单独、分散的网页链接在一起，构成一个信息库。如同图书馆一样，这个信息库也分若干的部门和楼层，不同的部门、楼层分管不同的信息资源。**网站的结构**就是指某一网站信息组合的基本框架，它显示该网站中各个网页之间的逻辑关系。网站的结构如同大楼的建筑结构一样，决定着一个网站信息组合的基本方式。如果结构设计合理，当人们熟悉一个网站的结构时，就能轻松地在该网站各网页间跳转链接，快速找到所需信息；如果设计不合理，网站就变成了迷宫，使人们迷失在大堆的信息中。因此，要建立一个简单、有序、合理的网站结构需要遵循一些基本的原则。

　　1）层次适当

　　网站的层次关系到人们访问网站的效率。它与网站内容的内在逻辑有直接关系。逻辑关系清晰的网站，通过一级级网页将逻辑关系展现出来，访问者很容易按照网页间的链接找到所需信息而不需要点击更多的网页。如果网站内容逻辑关系不清，可能导致网页层次过多或过少。网页层次过多，浏览者需要花费很多的时间点击更多的网页来查找信息；网页层次过少，则需要从一堆分类不清的信息中寻找所需要的内容。因此，应在考虑访问者点击习惯和规律的基础上，按照网站内容的逻辑关系合理安排网站结构。

　　2）拓展性广

　　网站的结构一经确定，为了保证其稳定性，在短时期内不应随意变动。然而信息的变化之快往往需要网站在结构上予以一定的配合，这就需要网站的结构具有一定的拓展性，能够容纳信息的多变性和扩展性。拓展性广的网站往往可以容纳更多的信息，体现网络信息的海量性特点，这一点在综合门户网站上体现得尤为突出。

5.1.2　几种常见的结构

　　经过几十年的发展，网站已经形成了几种常用的基本结构，以适应网民的阅读习惯。目前中国大多数网站基本上都采用这些定型的结构模式，或是在其基础上做细微的变化。

　　1）线状结构

　　线状结构是网站最简单的结构方式，一般分为单向线状和双向环状两种。在这种结构中，网页一层层链接起来，步步深入，逻辑清晰。单向线状只提供往下一层网页的链接，即从网页 1 可以链接到网页 2，从网页 2 可以链接到网页 3，以此类推。双向环状除了像单向线状那样链接外，还可以倒着从网页 3 回到网页 2，从网页 2 再回到网页 1。但无论是单向线状还是双向环状都不能在网页之间自由跳跃链接。线状结构如图 5-2 所示。

　　线状结构一般用于信息量较少的小型网站、索引站点，或者用来组织网站中的一部分内容，如在线手册、电子图书、联机文档等。对于信息内容较多的网站，采用这种结构方式就显得层次太深、结构过于单薄，因此，一般不用线状结构设计网站的总体结构。

图 5-2 线状结构

2）树状结构

树状结构，顾名思义，整个网站的架构就像一棵大树，有根、有干、有枝、有叶。整个站点把一个网页作为中心，然后从这个中心向外分散出多个分支，在这些分支上，可以继续生出新的枝干。每一级网页与上下级网页都是相互连通的，但在不同枝干的上下级网页间不能随意跳转链接。

树状结构是组织复杂信息的最好方式之一，也是目前网站所采用的主要形式之一。其结构清晰，访问者可以根据路径清楚地知道自己所在板块的位置。但在建立枝干的层次时，最多不应超过四个，层次太多会降低访问者的阅读效率，使访问者产生厌烦情绪。树状结构如图 5-3 所示。

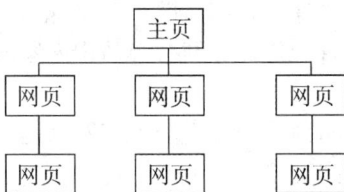

图 5-3 树状结构

3）网状结构

网状结构是指网页之间像一张网一样，可相互链接、随意跳转。在网络结构中有一个主页，所有的网页都可以和主页进行链接，同时，各个网页之间也是相互链接的。网页之间没有明显的结构，而是靠网页的内容进行逻辑联系。网状结构如图 5-4 所示。

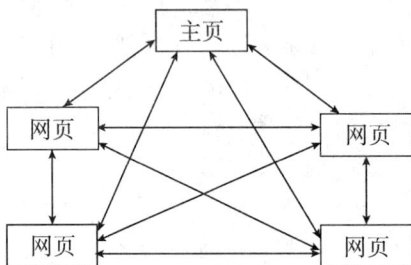

图 5-4 网状结构

采用这种结构的网站，如果网页信息内容不能科学分类，访问者容易在网页跳转过程中迷失方向，很难快速找到所需要的信息。因此，在使用这种结构时，要适度地进行网页间的链接。

实际上人们发现，一个访问轻松、寻找信息快捷的网站往往是多种网站结构的综合，它常常以树状结构为主框架，在此基础上按照网页信息的分类，对各级网页进行网状编排，对某些特殊内容进行线状链接。

【观念应用 5-1】

登录新浪网站，了解该网站结构。

要求：浏览新浪网站，写出分析新浪网站结构的操作步骤，并绘出新浪网站结构的示意图。

分析：要找出新浪网站的结构可以通过对网站各级网页的浏览来完成。新浪网的首页是新浪网站的核心，它可以通往该网站的任何一个频道。在首页的上方，陈列着 63 个频道，如新闻、财经、娱乐、电台、点歌等。点击进入其中一个频道，如新闻频道，其中又会包含若干个栏目：图片、国内、国际、政治、军事等。这些栏目如同不同的树杈，将每个领域的信息进一步扩展延伸，增加信息量。在这种树状结构的框架中，各类信息有序地排列在一起，访问者可以沿着指定的路径迅速找到所需要的信息。在各个频道内部，各栏目之间、各网页之间又呈网状结构，可以自由链接。访问者可以自由选取浏览目标，不必为寻找信息而层层浏览。其操作步骤是：

（1）在新浪网站（http：//www. sina. com）首页点击导航条中的任意一个频道，如新闻频道。

（2）进入新闻频道网页（http：//news. sina. com. cn），在新闻频道导航条中选择"国内"。

（3）进入国内新闻网页（http：//news. sina. com. cn/china/），点击某条具体的新闻标题，进入新闻内容页面，或是点击各个栏目标题，进入各栏目内页。

（4）在返回时，可以通过地址条一级级地返回，也可直接越级点击返回频道首页，或者通过导航条，直接进入其他频道。

用图表示这种结构，即图 5-5。

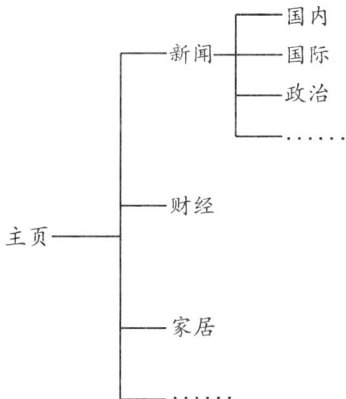

图 5-5　新浪网站结构图

5.1.3　网站的链接方式

无论采用哪种形式的网站结构，网页间的链接都是必不可少的。好的链接形式可以使访问者在访问过程中轻松、快捷地找到信息，同时又能扩展信息含量，充分体现网络信息的海量特征。链接做得不好，会使有用的信息被淹没，造成信息垃圾污染。目前常用的链接方式主要有导航条、超链接、超文本等。

1）导航条（栏）

导航条是网站导航的基本形式之一，作用是让用户在浏览网站过程中不致迷失，并且可以方便地回到网站首页以及其他相关内容的页面。绝大多数用户（50%～90%）都不是通过一个网站的首页逐级浏览各个栏目和网页内容的，如果用户从某个网页来到一个网站，若没有详细的导航引导，用户很容易在网站中迷失。导航条就是网站的指南针，可以让访问者迅速到达网站的特定板块。导航条一般位于网站首页的顶部或一侧，有的也会出现在网站的二级或三级页面上。首页上的导航条上一般链接着网站的各个主要频道，清晰地告诉访问者网站的各主要内容。

对内容庞大的网站来说，由于网站页面众多，频道细分之后的内容还可以再次分类，单一的主导航条不能满足引导指向的需要。因此随着页面的逐层深入，导航条的内容也会发生变化。如搜狐网的主导航条在进入二级页面后就发生了变化，其按照特定频道栏目的分类，重新设定了导航条，同时在页面的上方仍然保留了网站主导航条的主要内容，以方便访问者在不同的频道间跳转而无须再次回到首页。

搜狐网站的主导航条如图 5-6 所示。

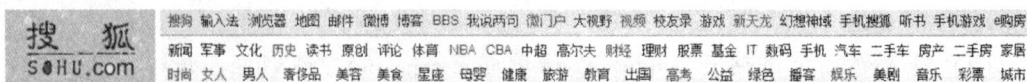

图 5-6　搜狐网站主导航条

进入读书频道二级页面后的导航条，如图 5-7 所示。

图 5-7　搜狐读书频道导航条

此外，各栏目之下还可以进一步设计其他辅助的导航手段，一种常见的形式是，通过在各个栏目的主菜单下面设置一个辅助菜单来说明用户目前所处网页在网站中的位置。其表现形式比较简单，一般形式为：首页>一级栏目>二级栏目>三级栏目>内容页面，随时告诉用户所在的栏目和位置。

2）超链接

除了导航条这种对全站做导向性的链接方式外，网站还经常采用超链接的方式，将相关信息的网页链接在一起。这种链接方式可以把相同或类似的信息集中在一起，有效地提高访问者寻找相关信息的能力。

超链接是指通过地址将不同位置的信息源链接起来，且通过它可以方便地实现访问。信息源可以是一个站点、一个邮件地址、一个网页、一个网页中不同位置的内容。[①]

3）超文本

超链接主要是建立文本以外的其他对象的链接，如图片等。而**超文本**是一种电子文档，其中的文字包含有可以链接到其他文档的链接，允许从当前阅读位置直接切换到超文本链接所指向的文字。大多数网页都属于超文本。

超链接与超文本的主要差别在于超链接不仅能链接到其他文本文件，还能链接到声音、图像和影视信号文件，图像本身也可以链接到其他的图像、声音、影视和文本文件。超链接包括超文本、多媒体以及它们之间的关联。

---

① 何苏六，等. 网络媒体的策划与编辑 [M]. 北京：北京广播学院出版社，2001：85.

5.2　网站的创意设计

网站的创意设计就是将一个网站的独特风格运用文字、声音、图像、颜色、线条等各种手段表现在网页上。网站要吸引访问者除了结构要清晰、简洁外，留给浏览者的第一眼印象也是至关重要的。风格独特、设计精致的网站会使访问者有继续访问下去的兴趣，个性化的 Logo 会给访问者留下持久的印象，而合理的内容模块设计则能使访问者在网站度过轻松的时光。

5.2.1　网站创意设计原则

网站创意设计要体现个性、张扬个性，但并不是说可以天马行空地进行设计。网站的创意设计要在网站整体定位的基础上，根据访问者的阅读习性，对网站的整体风格进行设计。这种设计要遵循以下原则：

1）统一性原则

鲜明的特色易给人留下深刻的印象，眼花缭乱的设计往往会模糊人们心中的网站形象。统一性原则是指网站内所有的页面在色彩、导航条、内容版面、网站 Logo 等版面元素上保持整体风格相对统一。

在进行创意设计时，每个网页根据信息内容、访问者的不同，版面风格也有所差异。这种差异是建立在网站整体风格基础上的，不仅不能削弱网站的整体风格，而且要成为网站整体风格的一个组成部分。这种整体风格的存在将时刻提醒人们自己所访问的是什么网站，从而使人们能很快从众多的网站、网页中辨别出该网站。

2）互动性原则

互动是网络媒介的一个重要特征，网站上的内容只有在与访问者的互动下才能达到预期效果。网民的参与感、网站的反馈需求都要通过互动环节的设计才能实现。

互动性最为直观的体现就是在网站上出现的访问者可以直接参与的栏目，当访问者有更多的话语权、发言权时，被倾听、被关注的感觉往往使人在该网站流连忘返。如很多新闻网站在新闻的下方都设有发表评论的互动环节，以供人们对该条新闻发表意见。又如，各个网站都盛行的博客就是这种互动性更为开放性的一种表现形式：任何人都可以在网站上发表自己的言论，任何人都可以对别人发表的言论进行评价。

互动性更高的要求则是网站内在的对访问者参与感的重视。在进行创意设计时，从更简洁、有效的角度为访问者提供更高效的访问条件，提高访问者的访问效率，如简洁友好的界面、清晰的网站结构、明了的文字等。

【观念应用 5-2】

到网上查找有关网站互动性的资料，了解互动性在网站上的应用。

要求：写出在网上成功查找资料的操作步骤，描述所找到的互动性应用的内容。

分析：要查找网站的互动性应用，可以利用"百度"或"Google"直接进行网页搜索，但会得到很多不符合要求的搜索结果。目前大多数的综合性网站都提供各种各样的互动式内容，如新浪网、网易、人民网等。登录这些网站，即可发现有关互动性的应用。

其操作步骤：

（1）在网易网站（http：//www.163.com）首页点击"社区"频道。

（2）进入论坛频道网页（http：//club.163.com/），点击"社会万象"或选择其他栏目。

（3）进入"社会万象"栏目网页（http：//bbs.news.163.com/list/society.html），点击"发帖"，发表帖子，或是选择一个帖子点击阅读后，跟帖发表意见。

（4）其他互动模式可通过对网页上内容的浏览来发现，如博客等。

3）适用性原则

网站的创意必须具有适用性，即能够被大多数访问者接受。网站作为大众化的媒介，即使是面对少数人群的网站也应考虑设计的普遍适用性。充分考虑网站访问者的心理接受程度是网站创意设计的前提。因为不同网站的访问者的背景不同，其个性化需求也不尽相同，所以设计网站时既要迎合预期访问者的个性化需求，也要考虑到这种"小众化"并不是完全针对某个人，它仍指的是某一类人。当网站的访问者是一个群体时，其创意设计就必须具有普适性。

5.2.2 网站创意设计要素

网站的创意设计主要是在整体上把网站的风格定位表现在网页上。一个网站给人的第一印象就表现在它的名称标识、内容模块和整体色调的安排等方面。比如，人们总是能记起"新浪网"独特的"Sina"标志；说到"Chinaren"，就会想到它为青年学生设置的各种内容板块；而提到"人民网"，就会对它的蓝色色系组合记忆犹新。好的创意设计足以构成一个网站的独特风景，成为网站的一个重要标志。

1）VI设计

VI（Visual Identity），即视觉识别，是企业形象识别系统（CIS）中最具传播力和感染力的层面。设计科学、实施有利的视觉识别，是传播企业经营理念、建立企业知名度、塑造企业形象的快速便捷之途。网站作为一个以视觉为主的媒介，其视觉识别系统的建立可以将网站的定位、内容在更广泛的层面上，进行更形象、直接的传播。VI设计包括很多内容，对网站来说，表现在版面上能给访问者以强烈视觉印象的主要是网站的Logo和标准色。

（1）Logo

人们在打开网页时，最先看到的往往是一个网站的Logo。Logo设计得好，可以让人一眼就记住这个网站。Logo的设计要综合考虑网站的名称、定位和内容等因素，要能代表网站的整体形象。从现有的网站Logo看，有的是以网站的英文名称为基础，在一定变形基础上形成的，如新浪网的Logo（如图5-8所示）；有的网站特别是中文网站，Logo就是中文名称和英文名称的组合，如网易的Logo（如图5-9所示）；还有的则是建立网站的形象代表，如MSN网站的蝴蝶标志（如图5-10所示）。

图5-8 新浪网的Logo　　　图5-9 网易的Logo　　　图5-10 MSN网站的Logo

从上面的 Logo 可以看出，网站的 Logo 更强调网站名称。对中国用户来说，在以英文地址为主的网络上，Logo 里的英文名称可以使访问者轻松找到该网站。

（2）标准色

每个网站都要有自己的标准色，即基本色彩。不同的色彩给人以不同的情绪感觉，运用不同的标准色，可以将网站的形象和内涵变得完整，并形象地传递给访问者，增强访问者的识别记忆和网站的感染力。

一般网站的标准色不超过三种。网站的设计原则就是要保证网站整体风格的统一，太多的色彩容易给人眼花缭乱的感觉，混淆网站的整体风格。标准色主要用于网站的标志、标题、主菜单和主色块。如有其他色彩，也只是用做点缀和衬托，不能喧宾夺主。

【观念应用 5-3】

不同网站的色调设计

网站的内容风格不同，需要用不同的色调来衬托。新浪网就根据频道的不同，选择了不同的基本色，如育儿频道以淡紫色和橘黄色为主（如图 5-11 所示）；而人民网作为专门的新闻网站，选择了深蓝色与红色的配色方式（如图 5-12 所示）。感兴趣的读者可登录相关网站了解其色调设计。

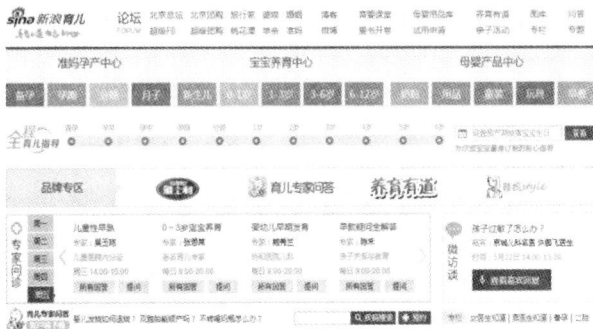

图 5-11　新浪育儿频道截图

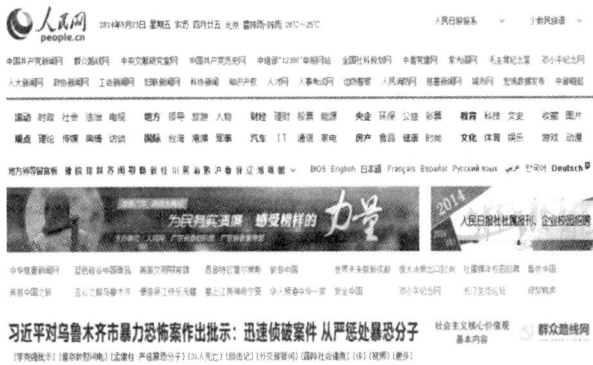

图 5-12　人民网主页截图

问题：上述网站色调的设计体现了网站创意设计的哪些原则？

分析提示：新浪网的主色调是明亮的黄色和淡淡的蓝色，体现了现代人明快的生活特色。而作为其下属的一个频道，育儿频道用淡紫色和橘黄色作为其主色调，既没有与主色调相背离，同时还营造出了育儿频道特有的温馨气氛。在这样一个能体现妈妈们对孩子温暖关爱的环境下获取、交流育儿经验，对父母来说是个愉快的过程。而人民网作为《人民日报》主办的新闻网站，以深蓝作为主色调，较好地体现出了其严肃、权威的风格，红色的人民网 Logo 与深蓝的背景形成对比，给人留下了深刻的印象。尽管新浪的育儿频道和人民网都在网页上大量地使用蓝色，但由于内容风格的不同，通过蓝色饱和度给人的视觉感觉不同，两者蓝色的运用都达到了准确传达内容主题的目的。

2）网站内容模块设计

在进行内容模块设计时，要考虑以下两方面的因素：

一是网站的定位。网站的定位决定网站的内容构成，在设计内容模块时，要将这些内容按照一定的逻辑关系组织在一起，使其条理清晰，方便寻找、阅读信息。内容模块设计的结构首先体现在网站首页的导航条上。如新浪的内容模块就是它包罗万象的各个频道；政府网站的内容分类则偏重于与政务相关的各个方面，如教育部网站（如图5-13所示）；对于企业网站，它的内容担负着宣传企业、推销企业的重要职责，所以内容模块也多是以介绍企业的相关信息和服务为主，有的企业在自己的网站上还开通了电子商务服务，如蒙牛的网站（如图5-14所示）。

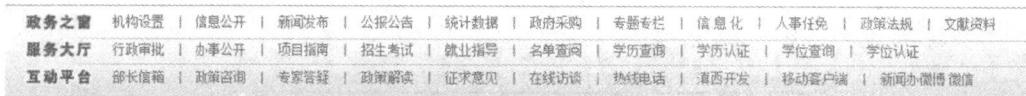

图5-13 教育部网站的内容模块设计

图5-14 蒙牛网站首页部分截图

二是网站读者的阅读习惯和兴趣。访问者会抱着不同的目的访问不同的网站。网站在做内容模块设计时，要充分考虑到读者访问的目的，根据访问者的兴趣和阅读习惯来设计内容。如 Chinaren 网站，与综合性商业门户网站不同，它在设计其内容模块时考虑更多的是年轻人的阅读喜好，内容设计更为灵活，以核心内容模块校友录为依托，围绕年轻人关注的各种话题，如娱乐、城市、就业、交往等开设频道，巩固 Chinaren 网站的特色。

【观念应用5-4】

某城市网站的内容模块设计

某中型城市需要建立一个以信息服务为主的网站，网站定位是为打造娱乐时尚生活提供全方位的信息服务。其目标网民是城市中 18～45 岁的市民。网站内容模块的设计方案为：主要有女性、美食、英语、旅游、便民、黄页、电台、博客、人才、笑话、游戏、导航、商家、天气等几个频道，其中分类信息、图说都市、音乐翻唱、都市娱乐、虫虫论坛等频道是网站的主打内容。

问题：上述内容模块的设计体现了网站创意设计的哪些原则？

分析提示：该网站的定位是打造娱乐时尚生活，因此网站的信息选择就偏重于从娱乐和时尚的角度解读各种信息，内容模块的分类应是以轻松的风格呈现出来的。其目标网民以 18～45 岁的市民为主，这个群体跨度大，但是作为大都市的市民，他们有对时尚、娱乐相似的追求，这种追求要能体现出鲜明的时代特色和地域特色。同时，要考虑到现代人特别是年轻人参与性的提高，互动已经成为增强网站黏度的一个有效方式。

5.3　网页的编排设计

5.3.1　网页编排设计原则

1）逻辑性原则

网页是网站的基本单位，也是海量信息的载体。网页之间通过不同的链接方式联系在一起组成信息组，网页信息间的逻辑关系就成为组织起这些网页的内在动因。一般来说，首页是一个网站的主页，是访问者必须阅读的页面。首页信息的重要性是最突出的，而首页的空间是有限的，因此网站的首页更像是个橱窗、是个入口。网站的首页往往存有重要信息和各个频道的链接，通过这些链接，访问者可以进入下一级页面，以此类推。在网页间关系逻辑性强的网站，越远离主页的网页，其与重要信息的逻辑关系就越弱，直至转入其他信息。

2）平衡性原则

网站版面提供给访问者的主要是静态的视觉享受。平衡性原则是指在设计网站时，特别是在网站的版面设计中，要充分考虑访问者对版面元素的视觉接受度。页面色块的分布、颜色的厚重、文字的大小、图片与文字的比重等都是影响页面平衡性的重要元素。搭配平衡的网站结构和网页可以给人一种稳定的感觉，阅读时不会有不平衡或者倾倒的感觉。

3）对比性原则

对比就是要在网页设计中，通过文字、图片、装饰等符号的对比编排，如有底纹与无底纹的对比、比例纵长的图片与横阔图片的对比、标题字体与字号的对比等，打破网页的平面感、沉闷感，创造出具有动感韵律的网页。

网页上的信息量较大，对比可以使一些内容首先成为访问者关注的对象。对比可以是色彩饱和度的变化、颜色的变化，可以是文字字号、字体的变化，还可以是留白与大块文字的变化，越是强烈的视觉对比，就越能给访问者留下深刻印象。

5.3.2　首页编排

首页由于其特殊地位，在一个网站的所有网页中最能体现其编排特色，为保持网站的统一风格，其他网页往往在继承首页编排特色的基础上稍作调整。

1）首页构成要素

首页的构成要素同其他网页基本相同，主要有文字、图片、表格、音视频、超链接、线条、色彩、空白等，通过对各要素内容的选择组成丰富多彩的网页版面。

（1）文字

中文网页上最主要的文字是汉字。汉字的字体、字号有很多种，印刷字体主要有宋体、黑体、楷体、仿宋等，这些字体被称为正方体。而根据笔画特点的不同，又出现了不同的变形，有长体、扁体之分。长体包括长宋体、牟体、长黑体、美黑体等；扁体包括隶书、扁宋体、扁黑体等。不同的字体体现出不同的美学风格，根据网站内容，选择与网站定位和网站风格相一致的字体，能使网页整体更为和谐美观。一般来说，网页上为了容纳更多的内容，常使用五号字，甚至是小五号字，正文的标题常见的是小二号字。首页与其他网页在内容上有所不同，常为导航页、目录页，对新闻网站来说，首页的主要内容是各个新闻的标题链接，所以与正文标题的字号不同，多使用五号字。有些企业网站，首页作为导航页没有过多的正文内容，相对空间较大，所以使用的字号与新闻网站的首页相比也就相对大一些。

（2）图片、表格

在网页上，图片和表格是一片文字中的亮点。在首页上常出现的图片和表格的种类很多，新闻网站的首页图片常为重要的新闻照片和示意图，而综合性网站和企业网站一般为宣传性较强的图片。前者注重的是时效性和阅读的方便性，后者则看重图片的质量和宣传效果。如今已进入"读图时代"，原先由于受网络带宽限制导致网页图片文件打开过慢的情况早已不复存在，大量图片新闻等编辑方式的运用，对受众产生了巨大的吸引力和视觉冲击效果。

（3）音视频

当打开某些网页时，人们常会首先被动人的音乐或者是看到的视频画面所吸引。随着网络技术的不断发展，音视频技术被越来越多地应用到网页上，使网络成为名副其实的多媒体。

目前在网页上添加音视频的方式有两种：一种是随页面自动播放，只要打开某个页面，嵌在页面音视频窗口的音视频的声音和图像就会被激活，随页面显示而播放；另一种是在页面上设置音视频链接，如果访问者想要欣赏音视频，可以点击链接，音视频就会在原有的窗口上或者重新打开一个页面播放。

（4）超链接

首页由于其导航、目录的作用，往往是超链接使用最多的地方。如新闻网站的首页多是新闻分类和重要新闻标题的超链接，电子交易平台的首页常是各类商品分类的超链接，门户网站的首页则是各个频道和精品栏目的超链接，政府网站的首页是按各种职能划分的各类超链接等。在设计各种超链接时，要清楚地显示出哪些链接已经被点击过，哪些还未被点击。很多网站采用不同的字体颜色来标识链接是否被点击过。如新浪网的超链接，点击过的文字就变为红色，非常明显，不宜弄混。

（5）线条、色彩

网页如同报纸的版面一样，根据视觉的需要，被划分成不同的区域来呈现内容。线条和颜色是网页划分区域、美化版面的重要手段，不同的线条勾勒出不同的内容块，颜色的变化告诉人们内容的转变，使得整个页面的内容分布清晰可见。线条分割页面，形成不同的阅读区域。线条的粗细与其分割的明显性成正比。通常，粗线条用来分割网页上不同的栏目，细线条用来标识超链接，位于超链接文字的下面。颜色的搭配和变化在划分版面方面也有明显的作用。不同的色彩搭配会产生不同的阅读效果，即使是使用白颜色线条，在布满文字的网页上也能起到缓解视觉疲劳、提供阅读间隔的效果。

2）搭建首页框架

首页框架样式众多，没有固定的标准或模式，一般集中为横向划分、竖向划分和横竖结合划分三大形式的粗框架。在此基础上，结合纸质媒体版面划分的样式，将整个版面划分为若干个栏或者块，组合构成网页的细框架。

单纯的横向、竖向划分式框架由于形式单一，不便于多种信息的组合，在首页的设计中不多见。首页更多采用的是横竖结合划分式框架。这种样式的框架内部既可进行分栏，又可进行分块，对网页进行更加细致的划分。根据栏和块划分位置的不同，常见的首页框架有：

（1）"T"形框架

"T"形框架，是指在页面的顶部是通栏的块，通常为网站的标志、名称、广告等，有点像报纸的报眼位置；在网页的一侧设有一条边栏，一般为网站的导航栏；网页的中间就是主体内容。从整体形象上看，好像是个"T"或者"Γ"，如新华网的首页（如图 5-15 所示）。这种框架结构简单明了，既可以用于首页，也可用于其他页面，但对过于复杂的网站的首页就显得有些呆板。

图 5-15　新华网首页截图

（2）"门"形框架

"门"形框架，是指页面的四周划分出窄栏，作为导航条、广告和网站标志的陈放点，网页中央则是内容主体。由于版面利用较充分，信息容纳量大，新闻网站和门户网站的首页多采用这种框架，如和讯网的首页（如图 5-16 所示）。

（3）"川"形框架

"川"形框架，是指页面被垂直划分为若干栏，一般为三栏或四栏，只在页面的上方有个窄窄的横条作为标志栏或广告栏等，整体看上去就像个"川"字。这是竖向划分式的框架，整个页面被竖着分为三个或四个通栏，如 CHINADAILY 的首页（如图 5-17 所示）。

图 5-16　和讯网首页截图

图 5-17　CHINADAILY 首页截图

（4）"块"形框架

"块"形框架在形态上正好与"川"形框架相反，是指网页被横向划分成若干个通栏的块状，网站标志、导航条、广告栏位于网页的上方或下方，中间为内容主体，如中国博客的首页（如图 5-18 所示）。

图 5-18　中国博客网首页截图

【观念应用 5-5】

为一个有若干下属企业的集团企业选择网站首页框架模式，使其能够反映企业的服务特色和服务内容。

要求：该首页是企业集团其他下属企业网站的入口，因此首页上必须有该集团所有下属公司的链接。

分析：本章介绍了 4 种常见的首页框架模式，但在实际操作中，有些网站并不适用这 4 种模式。如此例当中，由于该企业集团由若干个下属企业组成，它本身是具有许多特色产品或服务的，但这些产品或服务却是分散在其下属企业中的。上述的 4 种框架无论哪一种都需要大量的超链接来填充版面，内容的分类大多通过导航系统或版面的分割布局来体现。对此例题来说，将集团的下属企业作为一个个频道，用导航条的方式体现出来，主要产品或服务一股脑地全部罗列在首页中，不仅显得页面内容杂乱，而且不能很好地体现出产品与企业的相互关系，不能体现出作为集团企业的特色。这里，可以考虑创新使用更为适合该企业网站的首页模式，在首页上，只显示集团下属公司的链接，对首页作一定的艺术处理后，使首页能够显示出网站的主体色彩和风格。这种模式有些像本章引例中所列的央视国际 1998 年 5 月份的首页截图，只是要突出该企业集团自身的独特性。

其操作步骤是：

（1）了解企业集团的企业文化，找出能够体现企业文化的生动画面或场景、文字。

（2）了解企业集团的内部结构，找出企业集团的主打项目、产品或服务。

（3）选择合适的首页定位：是以体现企业集团整体情况为主，还是以宣扬企业文化为主，或是以介绍主打产品、特色服务为主，不同的定位可以用不同特点的首页来突出宣传效果。

（4）确立好定位后，选择合适的框架模式。以体现企业集团性质为主的，首页可以采用排列整齐的超链接突出企业集团的各个子公司；宣扬企业文化的，首页则可以用能体现企业集团气质的文字、画面来填充；而以介绍主打产品为主的，通常也就宣扬了企业文化，所以，两者常常结合在一起。

3）首页内容组织

网站的首页不同于其他网页，它是访问者到达网站的第一站，指导访问者深入浏览，首页上的内容通常就决定了访问者是否继续停留在该网站。不同定位的网站，首页安排的具体内容大不相同，但遵循的基本思路大致相同。

（1）突出网站特色。每个网站都有区别于其他网站的特色内容，将这部分内容放在首页的突出位置可以使网站的主题凸显出来，这是吸引访问者长期关注该网站的"武器"。如新浪网的新闻是该网站的主打内容，首页上半部分的主要内容就是各种重要新闻的标题链接，而下半部分则是新浪各个频道的推荐内容，使人们一眼就能看到该网站的重点内容。

（2）突出网络信息的新。除了新闻网站的首页信息必须及时更新之外，一般网站的首页都会放上一些相关的重要信息，这些信息也同样需要随时更新。网络信息是全天候的信息模式，这是吸引人们上网的一个特点。过时的信息很难引起人们阅读的兴趣。对于特别重要的新信息，除了放在首页上之外，还要通过其他手段使它从众多的信息中凸显出来，如给它换上与众不同的字体、颜色或在信息的标题链接后加上"新"字样等。

（3）内容编排忌凌乱。首页就像个展示平台，在首页放置的内容更容易获得访问者的浏览。但这并不是说网站所有的信息都要在首页做个链接，那样既占版面，又容易混淆网站的主题。为了避免首页内容过于拥挤，可以利用导航条。导航条上的频道分类要具有一定的逻辑性，首页的导航条上有网站信息的分类，对于网站特色的频道链接，还可用特殊的字体或颜色标识出来。除此之外，还可以选取各个频道的重要内容在首页上陈设，方便有各种兴趣的访问者访问。

（4）重视首页的网民互动渠道。网络的特征之一就是互动性，目前人们的参与意识不断增强，特别是电子商务网站、企业网站、政府网站等本身就提供各种互动性的服务，在首页明显地标识出来有助于访问者利用网站开展各种活动。

5.4　网络内容原创

网络内容原创，就其本质而言是新媒体产品核心竞争力的体现。注重对网站原创内容编辑的研究和实践，是新媒体突破"复制"、"粘贴"的编辑运作模式，从而摆脱关于内容上的肤浅、雷同和抄袭的指责的必经之路。

网络原创内容的呈现，既是新媒体在内容同质化和时效性的竞争中独树一帜的体现，更是新媒体编辑工作中业务素养的体现。

（1）网络原创内容界定

自互联网这一新媒体被广泛使用以来，人们一方面充分体验着互联网作为第四媒体在传播信息中的独特魅力，另一方面又不断谴责互联网在内容上的肤浅、雷同和抄袭。

原创从本身的内涵出发，是指首创而非抄袭、模仿的，内容和形式具有独特个性的成果。新媒体的原创内容则是指在网络、手机等新媒体（基于数字基础上的非线性传播的，能够实现交互具有互联传播特性的传播方式和交互传播的组织机构）的信息传播中，首创而非抄袭、模仿的传播内容。值得指出的是，新媒体的内容原创，可以是文字、图片、视频等任何传播符号。

（2）新媒体原创内容的类型

①原创新闻

这里关注的新媒体原创新闻，一是指具有登载新闻业务资格的新媒体（主要指互联网网站）所登载的新闻中，非转载于传统媒体的新闻信息内容。这些原创新闻一般的来源为：网站人员自采、约稿、网友投稿、网站编发、网友发帖等。二是指"公民新闻"，即"公民"（主要指非专业新闻传播者）通过大众传播媒介或个人通信工具，向社会发布的自己在特殊时空中得到或掌握的新近发生的特殊、重要的信息。

②原创评论

这里关注的新媒体原创评论，是指在新媒体中就新近发生的或者还没有发表但具有新闻意义的事实迅速进行评述、直接发表意见的文体。新媒体的原创评论一般来源有：网站评论、网站特邀专家评论、网民评论（包含新闻点评和社区论坛）等。

③原创文学

这里关注的新媒体原创文学，主要是指发表在网络媒体上（文学网站或个人主页），并通过网络媒介流传的"文学"作品。其一般具有表现手段的超文本性、故事情节的非线性、结构模式的开放性以及读写的互动性等特性。

（3）网络原创内容的特性

在对网络原创内容基本界定及分类的基础上，分析网络原创内容的特性，包括以下三个方面：

①原创主体的复杂性

新媒体对传播方式的重大变革之一就是打破了传者与受者的界限。因此，利用新媒体进行原创内容传播的主体，其范围延展至有能力利用新媒体的所有人。

原创新闻的传播主体既可以是网站的记者编辑，也可以是匿名的某个公民。"网民爆料"有了相对畅通的渠道，"人人都是记者"在新媒体时代得以部分的实现。原创评论的创作主体也大大地扩展，无论是评论员还是专家，或是市井小民，都可以通过网络论坛等平台表达民意。原创文学与摄影摄像的主体也不再局限于文学家和艺术家，草根的书写亦在网络平台上得到鼓励，平民的影像也在有社会影响的记录中争取到了传播空间。

②原创内容的多元性

新媒体原创内容的多元性是新媒体传播内容本身的多元性、新媒体原创主体的复杂性所带来的必然结果。新媒体的原创内容从归属上可以按照以上的"原创新闻、原创评论、原创文学、原创图片和视频"进行分类。同时，这些新媒体的原创内容又不断突破着传统"新闻、评论、文学"的内容和体裁，不断形塑着具有新媒体自身特点的多元原创内容。如运用自媒体进行书写的"公民新闻"。新闻书写的形态可以符合传统新闻书写的规范，也可以与所有的规范大相径庭；新媒体的评论题材和体裁都是对传统媒体评论的多元拓展；基于新媒体的文学创作更是以其开放的写作和体裁边界的模糊被广为探讨。

③传播效果的不确定

新媒体在提供广阔的传播平台与快捷的传输速度的同时，无法避免海量信息充斥而造成的传播效果的不确定。无论是在新媒体发布原创的新闻、评论、文学还是图片和视频，都同时面对"一炮打响"或"石沉大海"的命运。虽然在传播主体和传播技巧上的差异可以一定程度上影响传播效果，但在网络编辑把关并进行受众选择之后，传播效果依然具有较高的不确定性。

此外，新媒体的匿名性带来的与传统媒体相比更自由的舆论空间，使得议题的偏向从一定意义上更加不受把控。一则原创的新闻评论在经过大量的讨论之后，最后的传播效果可能与传播者的意图背道而驰，或者转到不相关的另一个细节的讨论中去。

5.5 职业工作站

本章主要从网站的视觉效果方面对网站的结构和网页编排的基本原则及一般设计进行了讲解。事实上，由于视觉美学的不断发展，所有的应用手法都在不断推陈出新。在本章所介绍的基础知识的基础上，再去分析现在的很多网站，我们可以发现，无论是网页框架还是色彩的运用，都在朝着个性化的方向发展。作为从业者，对时尚的把握、对美学的独特感觉都是影响一个网站能否提供给访问者完美视觉享受的重要因素。因此，很多网站的视觉设计都交给专业的美工人员操作。但是对一个网站整体的设计者来说，网站的美学特点必须要与网站的定位相结合，使网站的视觉设计融入网站的内容当中，因此还是有必要对网站视觉设计进行基本的了解。

【观念应用 5-6】

运用基本原理为《每日经济新闻》设计网站，要求能够体现该报的特点，促进该报的推广。

要求：《每日经济新闻》是第一份由新闻出版总署批准的跨地区媒体集团合作的新型财经类日报，是第一份以服务"企业人"为宗旨的财经类日报。《每日经济新闻》为对开大报，蓝色报头，包括要闻、热点、产经、国际、金融投资、每日商学院、新产品、闲情等16个版面。要求建立一个网络媒介，及时发布每天的新闻信息，成为报纸一个重要的信息发布窗口；同时，通过网络开展报纸订阅，以方便用户。

分析：

（1）保持视觉传达的连续性。鉴于这是全新的报纸，其视觉形象还没有被大众所普遍认识，因此，视觉传达的连续性（网上网下）非常重要。换句话说，网站应该保持与报纸的视觉形象相一致，这样更有利于受众的识别，取得很好的营销宣传效果。

（2）方便快捷的内容管理机制。日报的特点就是要求信息的快捷和迅速，网站管理也是如此。如何方便、快捷、灵活地管理每天的不同版块、不同新闻，是整个系统需要解决的最大问题。对此，可以进行：

①栏目编辑管理。专门管理每天需要上网的版块（栏目），可以灵活定义其名称和调整顺序。

②栏目内新闻管理。每个栏目每天都会出现不同的新闻，为此建立了3种新闻表现形式：标题型（只出现标题）、简介型（出现标题和简单介绍）和图片型（标题、简介和小图标），以丰富网站的表现形式；同时，每种形式都可以随时更换。

③日历式快捷检索。网站将记录最近5天的新闻报道，可以方便用户查阅；同时，建立日历式检索方式，用户可以选择任何时间的新闻进行阅读（只要当天有新闻上传），也方便其查阅（当然也可以通过关键字检索）。

（3）建立网络订阅窗口。网站将充分利用其信息传播优势，开展在线报刊订阅，用户足不出户即可提交报纸的订阅信息，《每日经济新闻》有专人进行处理。

资料来源　中国点击设计中心. 案例分析［EB/OL］. （2006-11-09）. http：//www. tianlan. net/.

5.6　分析评价

本章主要从网民和网站主体的角度出发，介绍了一些网站创意设计的基本原则和应用。从网民主体的角度出发，主要考虑到网站的视觉效果、网站获取信息的方便性等方面直接影响着网站能否给网民留下深刻的第一印象并黏住网民；从网站主体的角度出发，则考虑到网站的视觉效果和内容设计能否体现并实现网站定位中对网站的规划，以及与网站主体线下实体风格的一个相互映衬。当然，创意设计本身就是在不断地突破自身，本章难免会舍弃一些精致的创意而服从本章的主题。下面就对网站创意设计有关的不足和创新进行简单介绍。

网站的结构随着网站不断兴盛日益多元化，从单一的线状结构到复杂的网状结构，网站所容纳的内容也急剧增多。采用什么样的结构能够使网站海量内容更为清晰条理、网民浏览更为便捷是网站结构设计中要考虑的首要因素。本章介绍了最基本的几种网站结构形式，而在现实中，很多网站的结构都是这几种结构的综合或变形。不同性质、不同内容的网站采用的结构也不尽相同。如对政府网站来说，可能更多地采用树状结构，用来体现政府各个部门的职能和服务；而综合性的门户网站由于涉及的内容五花八门，采用网状与树状相结合的结构更能体现出门户网站的"门户"特点；而对于一般的企业网站，很多都采用简单的线状结构或者树状结构，方便人们从网站上获取各种与企业相关的信息和服务。所以，在选择网站结构时，不是越简单或者越复杂就越好，要根据网站的内容和建站目的来选择合适的网站结构。

　　本章中介绍的网页框架如同网站的结构，只是几种常见的类型。人们的视觉审美在不断发生变化，网页的框架、网站的 VI 设计也要不断改进。如同央视国际网站一样，每隔一段时间就变化一次，以缓解人们的审美疲劳。现实中，网页的框架也是丰富多彩的，特别是网站的首页框架，独特的设计能够使人产生新鲜感、好奇心。因此，很多企业或者个人网站的首页设计更具艺术特色，比起商业网站和政府网站，更能给人带来视觉上的享受。

　　网站的创意设计就是满足人的审美需求。在满足了基本功能的要求之后，网站为了突出自己的特色和优势，必须从审美上入手。而目前很多国内网站在这方面做得显然不够，表现在以下四个方面：

　　（1）"塞"。"塞"主要体现在它的内容设计上，将各种信息诸如文字、图片、动画等不加考虑地塞到页面上，有多少挤多少，不加以规范化、条理化，更谈不上艺术处理了。页面五花八门，不分主次，没有很好地归类，整体一个大杂烩，导致浏览时会遇到很多的不便，让人难以找到需要的东西。

　　（2）"花"。有的网站把花哨当做"美"，页面花哨但不实用。例如，采用很深的带有花哨图案的图片作为背景，严重干扰了浏览，获取信息很困难。此外，有些网站还采用了颜色各异、风格不同的图片、文字、动画，使页面五彩缤纷，没有整体感觉。尽管有些页面内容不多，但是浏览起来仍然特别困难。这种过度的包装甚至不如不加任何装饰的页面，不加装饰最起码不会损害对其基本功能的需求。

　　（3）千篇一律。很多网站从标题的放置、按钮的编排到动画的采用都模仿一些成功的网站。当然这种模仿对初学者来说是很有帮助的，但对一个成熟的网站创意设计人员来说，单纯的模仿只会使网站显得毫无特色。这主要是网页设计师本身的原因，他们没有充分地利用自己的知识，分析自己网站的优势，发挥自己网站的特点，而是采用走捷径的方式，即用大众化的方法去做。失去了自己特点的网页就像流水线上下来的产品，随便看哪一个都一样，这样就不能起到网页设计的目的。

　　（4）纯技术化。在这种网页上，充斥了许多纯粹为了炫耀技术的东西，如多个风格迥异的动画（缺乏美感甚至与主体无关），有的还大量地利用 JavaScript 和动态 HTML 的技术，但始终没有把握住整体这个中心，造成页面的混乱。此外，大量的动画设计会严重影响浏览速度，从功能上来说，也是不可取的。

　　综合以上的分析，可以找出目前很多网页设计上存在的不足，特别是审美上的不足。在照顾网页功能需要的前提下，要有针对性地采用一些美的形式来使网页做得更加有生气、更吸引人。①

▓ 本章小结

　　本章主要是从整体上对网站的框架结构、色调、内容等方面的设计进行介绍。网站主

---

①　东软教育在线 . 网页设计的审美要求［EB/OL］.（2006-06-16）. 东软教育在线网站 .

要是视觉媒体，要通过人性化的设计、内在逻辑性将各种信息组合在一起，并将其装入科学设计的网站框架内，通过友好的界面和各种交互性的功能与用户进行沟通交流，方便用户对网站的使用。

本章从视觉方面入手，首先介绍了网站的组织框架设计及主要的链接方式。在此基础上，对网站创意设计的细节要素进行了深入分析。之后，从整体进入个体，对单个网页的创意设计进行介绍，重点是网站首页的编排与设计，涉及首页的各种视觉要素和内容安排。

■ 主要概念和观念

□ 主要概念

网站的结构　超链接　超文本

□ 主要观念

网站的创意设计要素　网页的创意设计要素　首页框架

■ 基本训练

□ 知识题

▲ 简答题

（1）什么是网站的结构？

（2）什么是超文本、超链接？两者有什么不同？

（3）网页编排设计的原则是什么？

▲ 选择题

△ 多项选择

（1）常见的网站框架有（　　）。

A. 树状结构　　　　　　　　B. 线状结构

C. 网状结构　　　　　　　　D. 以上几种混合结构

（2）网站创意设计的原则有（　　）。

A. 适用性原则　　　　　　　B. 互动性原则

C. 拓展性原则　　　　　　　D. 统一性原则

▲ 阅读理解

（1）网站 VI 设计的内容。

（2）各种色调的感觉特征。

（3）各种字体的美学特征。

□ 技能题

▲ 单项操作训练

（1）为当地一家都市报设计网站组织框架，并画出它的组织结构图。

（2）登录新浪网页面，查找网站中与设计相关的互动内容，并罗列出来。

▲ 综合操作训练

（1）参见【例 5-3】的内容，在单项操作训练（1）的基础上，对这家都市报的网站进行视觉设计，包括它的主色调、页面内容的安排、整体风格等。

（2）参见【例 5-3】的方法，为一家知名运动鞋厂设计一个主页，以介绍产品为主；同时，将运动鞋厂的生产经营理念与网站的整体风格结合起来。

■ 观念应用

□ 案例题

VI 设计在 SUN Microsystem 公司网站（如图 5-19 所示）设计中的体现。

图 5-19　SUN Microsystem 公司网站

SUN Microsystem 公司（以下简称 SUN 公司，网址为 www.sun.com.cn）作为 IT 行业的全球知名企业，有着出色、完整而成熟的 CIS 规范。这套 CIS 规范历经十几年在传统媒体上的贯彻实施，已经将 SUN 公司的 IT 形象成功地树立在全球范围之内。近几年，SUN公司又在此基础上创造出成功体现 SUN CI 的网站规范，体现了 SUN 公司在 CIS 运用方面的新策略。

在网站形象设计上，SUN 公司的主标志在网站的显著位置加以体现。SUN 公司的标准色是蓝色，被称为 SunBlue，它有别于 IT 界常用的蓝色，网站建设采用了富有个性的蓝紫色。

在体现主页风格的主体图形上，蓝色成为主色调得以突出，主标志选用了白色，同时用了少许的黑色作搭配。值得注意的是，主标志的形状在原来的长方形基础上做了一点演变，并加以视觉上的立体化，体现了一种独特的图形创意。

在互联网上，横条加左竖条作为主体风格的网站并不少见，为什么 SUN 公司的同一样式没有给人以雷同的感觉呢？其原因就在于主标志图形没有因循长方形的束缚，而是根据网站布局，加以合理地演绎，使之成为视觉上的抢眼之处，加上蓝色的烘托，就不会让人觉得似曾相识。这正是传统 CI 在网站中应用的成功之处。从中我们得到的启发是，CI规范既不能僵化地照搬，要根据具体情况做相应的调整，也不能完全脱离。二者的关系是，以 CIS 为基准进行再创造，使之成为网站部分的规范。SUN 公司在全球很多国家都有分公司，因而有着不同语言的网站。不同的国家在文化方面存在差异，不同的媒体也有不同的阅读习惯和特点，因此在体现 CI 时要进行各种各样的调整。但作为信息的传播者，只要保持理念的统一、关键视觉部件的统一，就可以在各种传播媒介的整合运用中，获得最大程度的认知度。这些调整也使得在不同媒体上的 CI 有着不同的鲜明个性，从而达到了整体与局部的辩证统一。目前，SUN 公司在全球的很多站点都依循这个模版，体现了 SUN 公司广告战略的整体思考与通盘运作，也体现了营销传播的纵向整合与横向整合。

在网站结构上，SUN 公司的各地方网站与美国总部网站基本上采用同样的结构。这不仅能巩固品牌认知度，还能吸引当地的消费者选择自己所习惯的语言查找信息、仔细查看每一种产品并促成购买，也有利于 SUN 公司提供适合当地情况的售后服务和售后支持。此外，不同语言的网站在宣传其产品时，使用的是统一的、相同的图形标志。这样做不但依然体现了 SUN 公司的 CIS，而且符合经过实践证明是有效的营销传播理论。

网站作为视觉识别系统（VIS）应用的一部分，要以 VIS 为基准并对其进行再创造，使之成为 VIS 中网站部分的规范。但是现在许多网站设计公司不具备这种整体设计的能力，只是片面地来设计，以致影响了企业整体形象传播的统一性，进而降低了其品牌价值。因此，找专业的设计公司设计网站才能更好地树立起品牌形象。

资料来源　优逸品牌设计顾问. 专业的设计公司对于网站建设［EB/OL］.（2006-11-09）. 优逸品牌设计顾问网.

问题：

（1）公司品牌如何融入网站建设中，特别是在 VI 设计领域，企业和企业网站如何达成统一，同时又体现不同的特点？

（2）结合上述问题写出分析报告。

□ 实训题

实训 1：在第 4 章实训题 1 的基础上，按照本章所学的网站创意设计原则和内容，对该世园会网站进行创意设计。

实训 2：登录本校校园网，对其视觉设计的内容进行分析，指出网站设计的优缺点，并提出改进方案。

□ 讨论题

丰富多彩的网页设计为学习网络编辑提供了良好的素材，具体设计主页时，除了本章所介绍的 4 种框架外，还有哪些精彩的框架值得我们学习参考？为什么？举例说明。

第6章

网络的文字编辑

■ 学习目标
6.1 信息采集
6.2 内容原创
6.3 文字信息的加工处理
6.4 文字信息的编排
6.5 标题的制作
6.6 职业工作站
6.7 分析评价
■ 本章小结
■ 主要概念和观念
■ 基本训练
■ 观念应用

■ **学习目标**

知识目标:

　　了解网站信息采集的各种渠道和规范,了解网站信息采集、分类的内容,掌握网站信息采集的基本原则。

技能目标:

　　掌握信息采集的目的与手段,以及信息采集后的分类、整理和再加工的过程。

能力目标:

　　具有运用现有的手段和技术搜集有用信息的能力,并能根据信息的主要内容与意义的不同,灵活使用现有资源为网站选题服务。

引例　网络新闻的文字风格与特色

网络新闻的文字风格和标题的编辑方式，以及它背后的编辑方针，都能反映一个网站的特色。而新闻标题的制作风格就是浏览新闻的网民对其文字风格和编辑特色的最直观印象。

(a)网易新闻首页截图　　　　　　　　(b)新浪新闻首页截图

图6-1　新闻首页截图

如图6-1所示，通过2010年10月15日网易新闻首页和新浪新闻首页的截图，可以直观地感受到这两个网站不同的新闻编辑风格。以头条新闻来说，两者的标题内容相近但不相同，网易的头条新闻下有两行小标题组成的标题组，而新浪只有一行。

新闻头条下的次重要新闻，新浪的标题只有一行，网易则在主标题后面跟了不同字体和颜色的副标题。这种对新闻标题不同的处理方式构成了网站在形式上处理新闻的风格。标题形式的设置和对文字的处理，不但体现了其新闻的基本功能，在一定程度上，也是对新闻网站标志的识别。因此，网络新闻的文字处理，尤其是对标题的了解和制作是本章需要学习的重点内容。

6.1　信息采集

6.1.1　新闻与信息

新闻与信息密不可分却又相互区别。信息，广义上是指所有对象在相互联系、作用过程中呈现出来的各自的属性，与物质、能量构成客观世界；一般上是指与人类的认识过程和传播活动相关的知识积累；狭义上是指能够消除受信者随机不确定性的东西。

新闻是对新近发生的事实的报道，信息是对客观物质存在和运动状态的陈述和反映。二者都源于客观物质世界，而且其产生、传播、储存都离不开一定的物质载体；都具有可传递性、可分享性；都具有未知性；都是人们认识客观世界的工具；新闻是信息的一种。新闻与信息同样具有可传递性、共享性、可记载性和可塑性，然而新闻与信息却不是简单的相互包含的关系。从涵盖的内容来看，新闻都是信息，但所有的信息未必都能够成为新闻。从新闻的定义来看，只有变动的、被需要的信息才可能被认为是新闻。信息显然包含这部分，同时仍有一些信息并不具有被报道、公开的价值。

6.1.2　信息采集的作用

1）满足网民对大量信息的需求

网民通过网络这个途径获取信息的原因之一，就是网络可以不受版面和字数的限制，近乎无限地为网站的浏览者提供他们所需要的各种信息和资料。

个人对信息的个性化需求，也可以令网站根据个人喜好"量体裁衣"，根据个人的阅读习惯和工作需要及时更新相关信息，并加入有关背景资料和相关新闻的链接。

2）增加网站的竞争手段

新闻网站能够获得一席之地的方法之一就是拥有大量来源稳定、质量上乘的新闻稿件，可靠、丰富的新闻来源使网站能从同类竞争者中脱颖而出，信息资源是网站提高影响力的重要手段。网络新闻的竞争力最明显的体现就是网站与众不同的报道风格，这种不同在一些门户网站上表现得更为直观。

图 6-2 为新浪、网易和搜狐 2014 年 5 月 23 日三个网站的新闻主页。

图 6-2　新浪、网易、搜狐新闻首页截图

从上面三个网站的首条要闻可以看出，各个网站对重要新闻的选择都不一样。这种不同的选择背后各自有着不同的标准，表现在对新闻的编排上，就体现了新闻网站的不同风格。

【观念应用 6-1】

观察图 6-1 中的头条新闻。

要求：从形式上分析新浪和网易头条新闻的相同和不同之处。

操作步骤如下：

（1）观察两个网站新闻首页的布局方式。

（2）寻找新闻头条在首页的位置，比较字号、字体的不同。

（3）查看主标题下是否有字号稍小的小标题。如有，查看小标题的数量和排列方式。

3）减少信息传播过程中的无序与混乱

网络信息多如满天繁星且杂乱无章，众多网民对此也深有体会。广告、过期信息甚至一些虚假杜撰的信息也混杂其中。在网络中寻找和浏览信息时，不可避免地会遇到过时的、残缺的信息或者信息来源不可靠等问题。新闻网站在搜集、整理信息的同时，要对其进行筛选，分门别类地存放，以供使用。

6.1.3　信息采集的渠道

信息采集的渠道多种多样，从稿件来源看，可以分为来自传统媒体的稿件、网站间相互转载的稿件和网站约稿三种。

1）来自传统媒体的稿件

国家的新闻管理机构没有给商业新闻网站自主采访的权力。除了一些主流新闻网络媒体如人民网、新华网、千龙网、东方网等具有采访资格外，像新浪、搜狐等商业性新闻网站都没有采访的权力。因此，这些网站需要通过正规渠道从传统媒体那里取得新闻稿件。其包括：

（1）通讯社：主要是指新华社的供稿。

（2）报社、电台、电视台：这三类传统媒介的稿件是网站新闻的主要来源。

2）网站间相互转载的稿件

网络新闻编辑可利用搜索工具，复制、粘贴源自其他网站的稿件。同时，编辑需谨慎使用来自论坛的信息，要注意辨别信息内容的可靠程度，避免发布内容虚假的新闻。

3）网站约稿

网站约稿是指网站向较有名气的作家、名人或者社会公认的有影响力的人预约稿件，编辑对其内容进行审核并在网站中发布这些稿件。

6.1.4 筛选信息的方针

网络新闻的筛选并非无章可循，新闻管理机构、互联网管理机构对网络发布新闻的规范性做了政策上和法律上的约束。在筛选新闻时严格遵循这些规章制度，才不会和我国新闻宣传的大政方针相抵触，或违反我国的新闻政策和新闻管理法规。此外，人们日常的道德标准和接受程度也是网络编辑在筛选新闻时必须要考虑的因素。具体地讲，在筛选信息时要考虑以下方面：

（1）是否符合我国的大政方针。我国媒体的宣传方针与总的大政方针是基本一致的。

（2）是否符合当前法律法规的规定。《互联网信息服务管理办法》（中华人民共和国国务院令第 292 号）、《互联网电子公告服务管理规定》（中华人民共和国信息产业部第 3 号令）、《计算机信息网络国际联网安全保护管理办法》等法规中，对在网络上发布的新闻内容做了要求。

（3）是否符合人们日常的基本道德规范。符合人们日常的基本道德规范，就是在选择信息时，信息的内容一定要在一个普通人可以接受的道德标准之内。网络上传播范围很广的虐猫事件，以批判的方式作为一条新闻发布在网络上，是符合大众的道德准则的；而如果将虐猫事件及其过程当做噱头和新奇有趣的新闻事件来发布的话，不但有误导之嫌，还会引起新闻浏览者的反感和厌恶。

对虚假新闻的识别和预防是对新闻编辑从业的道德规范的另一项考验。每年评选的"年度十大假新闻"便是网络编辑对新闻真实度关注不够的一个结果。

6.2 内容原创

原创内容是指在基于数字基础、非线性传播的、能够实现交互的、具有互联传播特性的传播方式和交互传播的组织机构（如互联网、手机）中，首创的、内容和形式具有独特个性的成果。注重对原创内容编辑的研究和实践，是网络媒体突破"复制"、"粘贴"的编辑运作模式，摆脱关于内容上的肤浅、雷同和抄袭的指责的必经之路。

原创内容可以分为原创新闻、原创评论、原创文学等，根据本书的侧重点，我们主要探讨原创新闻与原创评论。

6.2.1　原创新闻

1）原创新闻的可能性

从网络新闻在中国的演进历史看，第一次让国人感受到互联网冲击的事件，是新浪网在报道"我驻南使馆遭美轰炸"时抢先于传统媒体发布消息，而这则消息恰恰是名副其实的独家原创报道。此后，为了规范网络新闻传播的秩序，我国出台了《互联网站从事登载新闻业务管理暂行规定》等一系列关于互联网作为第四媒体方面的法规文件。这在一定程度上加强了对网络新闻和信息内容的管理，结束了我国网络新闻传播一度无序的局面，减少了网络新闻传播的负面影响。与此同时，在管理体制的约束下，"全面"、"丰富"、"整合"成为众多网站推崇的概念，独家、原创不自觉地受到了束缚。

目前，我国的法规、政策规定商业性网站只有转载权。而实际上，相关法规和有关部门的批文中也没有明确传统媒体网站拥有新闻采访权，这些网站的记者都出身于传统媒体，合法采访身份仍然是传统媒体人员。在网络新闻传播中，网站是否拥有合法的采访权并不是关键因素。在互联网新闻活动中，采访、写作、编辑、制作是相互融合的。网站可以通过嘉宾聊天、投稿、网友跟帖等手段，打造出比记者本身采写更有分量的新闻。这些方式已经融合了采访、写作与发布的全过程。而当网站贯彻深度报道的思想理念、进行新闻解读式的编辑时，是一个大采访与写作的概念。这时，传统媒体的稿件对网站编辑而言，只不过是大量的新闻素材而已。编辑人员通过稿件组合、页面编排等手段，往往能产生远大于转载传统媒体单一稿件的影响力与效果。[①]

综观从事登载新闻业务的互联网站，无论是新浪、搜狐等商业性网站还是人民网、新华网等重点新闻网站，均推出了类似"本网专稿"、"独家报道"、"原创新闻"等明显含有"独家"、"原创"字眼的新闻栏目。在原创性新闻的编发过程中，无论是新浪网的"天天观察"，还是搜狐网的"搜狐视线"，都不是通过传统采访方式进行原创的，却同样能够达到原创的编辑效果。

2）原创新闻的必要性

首先，互联网尤其是登载新闻的网站，编辑人员根据各自的编辑思想和受众需求，进行选题策划、组稿、编辑和页面表现，主动为受众提供新闻信息。网站专业人员在进行新闻原创时，要对新闻信息进行选择，决定取舍，突出处理、删除某些信息，并通过这些信息形成某种印象等，充分体现媒体作为"把关人"和为受众设置议程的大众传媒特点。

其次，网站原创新闻的独家性、深度化、及时更新，切合受众查阅新闻的心理，比复制内容更能够吸引眼球，更能使网民产生阅读的行为。

最后，网站原创新闻是实现网站声音传递与受众接收的最佳纽带。受众只要接触一个媒体，就会形成对该媒体的主观印象和评价，"以后的网站，和媒体一样，需要自己的声音决定权威"。对网站而言，通过新闻原创，尤其是深度上的整合报道，能够旗帜鲜明地体现其作为新媒体对新闻事件和视角的选择、诠释和思考。基于这样的目的，搜狐网的"搜狐视线"栏目才有这样的诉求："致力于将海量的、平面的新闻变成结构化、有针对性的新闻，在追求客观报道的同时，表达我们的观点和声音，从而改变网络新闻的纯报摘

---

① 杜骏飞. 中国网络新闻事业管理 [M]. 北京：中国人民大学出版社，2004.

形象，增强网络媒体公信度"。①

3）公民新闻

随着互联网、手机、数码相机、数码摄像机等现代传播工具的出现和逐渐普及，越来越多的普通民众能随时将自己在突发事件现场的所见所闻迅速记录下来并立即传播出去，从而扮演了一个媒体记者的角色。正如资深新闻记者、创意总监及网络出版人 Jeff Jarvis 所言："在某些场合下当重大新闻发生时，越来越多身处其中的目击者可以用工具来捕捉和分享这些影像和新闻，尤其是互联网的出现，明显强化了受众介入、反馈、选择、接近和使用媒介的能力，为受众提供了在更大范围内参与传播和进行交流的可能性。"这种以普通民众为主要报道力量的新的新闻报道现象，正是公民新闻。

公民记者生活在社会的各个阶层，是"深入第一现场"的最有发言权的"记者"。"记者"扎根于现实生活的土壤，他们有条件接触到丰富的第一手新闻素材，并有机会成为某些突发性事件的现场亲历者或目击者。无论是从地域性还是从行业性来说，都将极大地扩展"记者"的内涵与外延。从此，传媒与受众的互动方式发生了重大变化，公民新闻为主流媒体增添不经加工的真实声音。

6.2.2　原创评论

网络媒体原创评论的主要表现形式有网站评论、网站特邀专家评论、网民评论（包含新闻点评和社区论坛）三种，其中网站评论主要指网站自主发布的相关评论，如网站编辑制作的新闻短评、述评，以及专题设置中的编者按语等。需要说明的是，在网络中，以上三种评论类型通常是相互交融和补充的，为受众全方位地认识新闻事件和社会现象提供平台，而无论是网站评论、特约评论还是网民评论，其质量的高低和影响力的大小，以及不同形态的评论能否很好地发挥各自的作用，都与网站的编辑和组织直接相关。因此，网络编辑不仅要具有撰写新闻评论的能力，更需要在网络评论的呈现中发挥专业的把关和组织能力。

1）网站评论

网站评论，即代表网站立场的新闻评论，通常是由网站或网站所依附的传统媒体的编辑或记者书写的（不包含公开发表于传统媒体上的评论文章）。因此，这种形式的评论无论是从题材选取上还是书写形式上都与传统媒体具有较大的相似性。当然，网站评论亦具有视野广阔、更新迅速、互动性强的特点。

网站原创评论的表现形式主要包括新闻短评、新闻述评和编者按语三个方面。新闻短评一般就新闻中某个事件或问题进行画龙点睛式的点评，提示网友在阅读新闻中的关注点。短评短小精练，形式灵活，有的仅是在新闻图片后面配发评语。新闻述评既报道事实，又对新闻事实做出必要的分析和评价，表明作者的立场和主张，以评驳述。编者按语是依附于新闻报道或文稿的精辟简短的编者评论，这种形式在网络编辑制作专题中十分常见。

2）特约评论

特约评论是指由网站特邀的专家或相关人员对某个事件发表的评论。这里的专家，主

---

① 资料来源　搜狐网"搜狐视线".

要是对某一领域或问题有专门研究或独特见解的人，并不限于专业研究人员。特约评论这种形式在新媒体评论中所占的比重越来越大。其从形成方式上可分为以下两种：

（1）独立式：由专家自由选择议题，在自由的环境中进行创作，最终将评论提交给网站。其优势是选题由专家自由确定，一般是有感而发，议题较为集中。现在很多网站都开设特约专家独立撰写评论的专栏。如凤凰网利用其传统媒体的人力资源，整合建立了特约评论员部，开设了"凤凰解读"专栏。

（2）互动式：通过相关专家与网民、网站主持人或其他专家互动完成评论的生成过程。在互动式评论中，问题是由网民或者网站主持人提出的，评论的生成过程是一个动态的激发与互动的过程，如人民网"强国论坛"中的嘉宾访谈，新浪网推出的"锐话题"等。网络媒体通过这种互动式的对话过程，让嘉宾、网民双方在一个开放、自由而又非见面的空间中交流，并且对话过程在网上向所有网民开放，有利于增强舆论影响力。

3）网民评论

网民评论是指网民利用新媒体技术发表自己的意见和观点。它是新媒体原创评论中数量最多、对新媒体技术依附性最强的一种原创评论形式，主要分为网民新闻点评、网络新闻论坛和博客评论三种主要表现形式。

（1）网民新闻点评。网民新闻点评主要指新闻网站在新闻正文之后开设的诸如"我要发言"、"我来说几句"等栏目。尽管这种评论栏目与网站组织撰稿的"评论"专栏有所不同，但在一定程度上代表了部分网民的观点，因此是了解民情民意、扩大新闻影响力的一种手段。各大网站都在刊载的新闻之后设置类似链接，有的评论链接直接与论坛相链接，但多数为单条新闻的独立网民评论。其目的都是鼓励网民对所登载的新闻进行评论。这种形式与论坛有所区别：一是话题较集中，一般是针对某一新闻报道进行的点评；二是内容简短，常用一两句话表述观点。网民点评的开设，既增强了网络新闻报道的反馈，一定程度上扩大了网络新闻报道的影响力，又给网络编辑提供了舆情监测的素材。

（2）网络新闻论坛。网络新闻论坛，通常指以新闻话题讨论为主的 BBS。它是随着网络新闻传播的发展，利用网络手段开展的一种交互式交流方式，是网民意见表达的主要渠道，是网民评论的主要栖息地，同时也是提升网站人气的重要工具。

（3）博客评论。博客写手身处新闻第一现场、直接发现与体验新闻的几率并不高，而且由于相关政策的限制，一些领域的新闻报道博客也不便涉及。因此更多博客参与的新闻报道，并非原创新闻，而是新闻评论的形式。博客评论，主要有两种形式：

一种是博主一时或针对一事的感想。在一些重大事件或者特别事件发生时，很多博客会做出反应，利用博客平台这种便捷手段发表自己的意见，表达自己的态度。这些评论反应迅速，针对性强，意见多元。另一种是将评论作为自己博客的特色，长期发表评论。这类博客的评论往往集中在一个特定的领域，如时政新闻评论、体育评论、财经评论、娱乐评论、IT 产业专业评论等。以评论见长的博客，往往以其视野开阔、见解独到而形成一定的影响力，能够团结一批具有相同或相反观点的网友在其周围，因此具有成为网络空间中"意见领袖"的可能，在局部或大范围内能影响到网络意见的走向。

6.3 文字信息的加工处理

网站为了提升自身的竞争力，对网络新闻的质量要求日渐提高，网络新闻的编辑也不再局限于简单的复制和粘贴工作，也需要对文字进行精心编辑。

1）对文字信息的评价标准

判断一条信息是否有用，首先要判断其是否具有新闻性，即有没有报道的价值。判断网络新闻是否有新闻价值的标准和传统媒体相似，包括以下几点：

（1）新鲜性和即时性。新闻发布的时间同新闻事实发生的时间相隔越短，新闻在即时性上的价值就越大。

（2）重大性和贴近性。重大新闻与人们的日常生活越相关，人们的关注程度就越高。

和重大新闻事件相关的因素有：事件发生的时间、地点、与事件有关的人物以及事件本身引起的影响程度。当然，这些因素通常情况下并不是分开出现的，更多的时候这些因素综合起来造成重大新闻事件的出现。

【观念应用6-2】

判断图6-3中的重大新闻事件。

要求：分析判断此事件是否为重大事件，原因是什么。

分析：2008年9月15日，雷曼兄弟公司申请破产保护，金融危机第一枚骨牌倒下，全球经济经历了20世纪30年代以来最为严重的衰退。一年之后的2009年，实体经济初现曙光，金融危机是否即将过去，是值得所有国家关注和解决的一大全球经济问题。将雷曼兄弟公司破产这一事件作为重大事件，不仅因为美国政府必须对现有经济体系做出足够的反思，加速金融监管改革，还因为全球其他国家的经济发展也面临着严峻的考验，该事件对全球经济有着深远影响。

图6-3 新浪关于2008年金融危机周年祭的报道

贴近性则是指和浏览新闻的网民日常生活（包括地点和人物）相关。2006年8月山西发生的乙脑流行这则新闻，引起了全国的关注，但山西网民的点击数量和关注程度要远远高于我国其他省份。

（3）娱乐性和趣味性。网民在浏览新闻的同时，放松了精神，并从中得到了极大的精神补偿和满足。因此对娱乐性新闻的需求也在很大程度上影响了网站对新闻的选择。

美国学者庞德在他的《新闻学概论》中，认为以下几点能够引起人们的兴趣：①有利害关系的；②金钱；③性；④斗争；⑤冲突；⑥个人崇拜；⑦关怀；⑧人情味；⑨影响大规模有组织团体的事件；⑩竞赛；发明和发现；犯罪。①

个别网站为了迎合人们在娱乐时某种媚俗嗜好的倾向，网络新闻在编排上突出刺激性因素，色情、裸体、凶杀等字眼是网络新闻吸引网民点击的一大法宝，此时的网络新闻已经从娱乐性下降为庸俗性了。

（4）实用性和现实性。一部分网民使用网络浏览新闻时，有的放矢地集中选取和自己切身利益相关的新闻内容。股市、金融以及投资等财经类新闻都是这类网民感兴趣的内容。

浏览这类新闻旨在对自己的日常生活投资有所帮助，能够根据网络上发布的财经新闻随时调整自己投资、理财的方向和方式。为了帮助网民了解最近的股票、期货走势、价格，部分网站还提供曲线走势图，为网民的投资和决策提供及时的信息和帮助，并以此作为网站提高点击率和吸引人气的手段。

2）文字信息的加工过程

（1）删除。从形式的角度来说，过分长的网页不符合人们的阅读习惯，新闻编辑需要对新闻进行删除或者从主题上切分，使一条新闻的内容集中在一个主题上或者分为不同的网页、链接。

对新闻进行删除的内容包括：冗长部分、新闻价值不大或者无价值的部分。

（2）改正和改写。网络编辑对稿件进行质量把关的另一项工作就是对文中的一些错误进行改正。具体包括：

①事实性错误。有些事实性错误是明显的硬伤。例如，珠穆朗玛峰的高度，在我国进行测绘后有所降低，但有些新闻还是沿用之前的高度 8 848 米，对此需要订正。

②错别字。一部分的错别字是在文字输入时造成的，一部分是作者失误造成的。编辑在转载新闻稿时，除了"剪切"和"粘贴"这两道工序外，改正文字中的错别字也是转载的同时要完成的工作。

③政治、法律性的错误。网络新闻不同于传统媒体，它一旦传播出来，其范围之广远远超过报纸、电台和电视台。

在涉及国家领导人的报道中，领导人的姓名、职务和排序不能出错；不能违背我国的大政方针、政策；不能泄漏国家军事、科技机密。区分国家和地区之间的差别，不能将港澳台等地区称为国家，并注意不能在列举国家时与国家一同出现。

在法律新闻报道中，要注意使用规范的法律用语，嫌疑人在被法院判决为有罪之前，媒体不能代替法院为嫌疑人定罪，在报道中要称其为"犯罪嫌疑人"，而不能称为"罪犯"。在涉及各种纠纷的报道中也是一样，编辑、记者应站在客观的角度对发生的事实进行报道。

（3）增添。为了使新闻事实的来龙去脉更加清楚，网络编辑需要在原稿的基础上对新闻稿件的内容进行适当地添加。添加的内容包括必要的新闻背景知识，一方面给出一个逻辑清晰的事实经过，方便网民了解事态发展的前因后果；另一方面补充完整的事件背景资料，给出全面客观的报道。

① 吴高福．新闻学基本原理［M］．武汉：武汉大学出版社，1993.

6.4　文字信息的编排

网站的信息传播是靠超链接的结构实现的，一个个超链接设置使得若干篇简短的报道在网页页面或是手机屏幕的空间发生了内在联系。与此同时，编辑通过设置报道超级链接或关键词链接的方式实现网络媒体传播内容的整合与配置。这是网络编辑实践过程中的重要的工作之一。

6.4.1　超级链接

1）什么是超级链接

当我们使用新媒体浏览信息时，常见到带有下划线或蓝紫色的字句，点击这个字句，即可出现相关信息链接，实现这种功能的方法就叫做超级链接。需要特别说明的是，这样的链接源和链接目的地可以是文字、其他文档、图片、声音、Flash、数字电影等。

"超文本"或者说"超链接"是网络发展到一定阶段的成果，技术的飞速发展为它的普及提供了强有力的支撑，而它的出现又是互联网得以普及的动力所在。超文本的使用使得人们对网上信息的处理和阅读方式都发生了改变，人们编辑网页不再严格按照平面展示或时间的单一延续来进行；同样，受众接收信息也不再依照传统媒体所呈现的封闭的、单一的方式进行。它有可能在任何一个存在超链接的关键词上点击，进而跳转到其他网页，新的网页依然会存在新的超链接。

众多的网页因超级链接而彼此联系，进而构成一个网站。它是一个网页向一个目标的指向，这个目标可以是一个新网页，或是原来网页的不同位置，或是一个图片、一个地址、一个文本、一个应用程序。当浏览者点击超链接处理的关键词后，链接目标将显示在浏览器上，并且根据目标的类型打开或运行。

2）超链接的组成

从技术层面来看，超链接包括两个部分：一是链接源，二是链接目的地。所谓链接源，是指从某部分内容到新的目标通过什么渠道来实现。实现链接的渠道可以是关键的词语或句子，或是一个图标、一个图片等。

（1）利用词语或句子来实现的超链接，如图6-4所示。

我国发现H1N1二代病例 接触者中有疑似者
最新：[上海、福建确诊1例][卫生部：深圳报告两例疑似病例]
互动：[就医事项][手册][疫情图][端午节宅人完全手册][　]

图6-4　利用词语或句子来实现的超链接

（2）利用图片实现的就叫图片链接。现在一般新闻网站为了节约一屏的空间，会把重要的图片新闻先以一个缩小的形式展示在首页，再通过超链接指向全文内容，或是把多组图片以一种幻灯片的形式在首页播放，如图6-5所示。

链接目的地也就是受众点击超链接后出现的新内容，一般是一个与链接源内容直接相关的新页面。

3）超链接分类

关于超链接的分类方法有很多。

图 6-5　利用图片实现超链接

（1）从链接存在位置上看，分为两类：新闻正文内的链接和正文以外的链接。正文内的链接一般以文字链接和图标链接为主；正文以外的链接又有网页链接、标题链接、站点链接、商业用途链接、程序链接等。图 6-6 为标题链接示例。

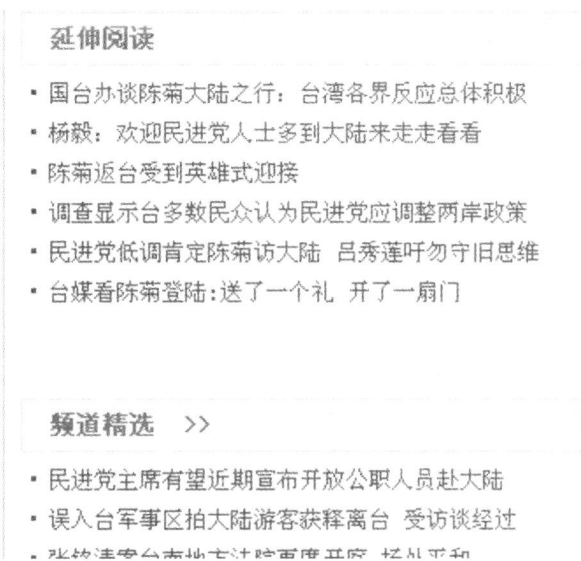

图 6-6　标题链接示例

（2）从链接路径上看，可分为内部链接、锚点链接和外部链接。内部链接一般用于文章较长的情况，过多地让受众去滚动屏幕获取大量信息会使其产生视觉疲劳，故可以将长文章分为不同层次，最重要的放在第一层次页面，而后依重要性逐次递减顺序用超链接实现信息获取，一来节省网页版面，二来能使受众缓解视觉上的疲劳。锚点链接是在一个网站内部不同界面之间的链接，当受众访问一个网站时，可以通过页面间的链接关系从一个页面转移到另一个页面，从而完成对整个网站的访问。页面间的链接如果是跨栏目的，又叫栏目间链接。外部链接也称为网站间链接，当受众需要从一个网站跳转访问其他与该网站内容相关的网站时，建立在这两个网站之间的链接就称为外部链接。

（3）从网页中链接的使用对象上看，可分为文本超链接、图像超链接、E-mail 链接、多媒体文件链接、空链接等。

（4）从超链接的点击效果上看，可分为动态超链接和静态超链接。动态超链接指的是可以通过改变 HTML 代码来实现动态变化的超链接。例如，我们可以实现将鼠标移动到某个文字链接上，文字就会像动画一样跳动起来或改变颜色的效果，也可以实现鼠标移到图片上，图片就产生反色或朦胧等的效果。而静态超链接，顾名思义，就是没有动态效果的超链接。在网页中，一般文字上的超链接都是亮蓝色，以起到醒目的作用，通常情况下文字下面有一条下划线。当移动鼠标指针到该超链接上时，鼠标指针就会变成一只手的形状，这时候用鼠标左键单击，就可以直接跳到与这个超链接相链接的网页或网站上去。如果用户已经浏览过某个超链接，这个超链接的文本颜色就会发生改变（如紫色）。但是图像的超链接访问后颜色是不会发生变化的。

4）超链接的编辑和使用

在网络媒体中，一个站点拥有的页面是难以计数的，如果没有一系列简洁、明晰的层次去划分大量的页面内容，受众在选择和寻找所需信息时就会迷茫。因此，网站页面及内容之间的层次关系就显得非常重要。

几乎所有的网络媒体其首页展示的都不是具体的新闻内容。首页主要由重要的图片、新闻标题组成。它的作用就是引导受众点击该网站或是其他网站的详细信息。因此，首页的链接层次不会太多，以使受众获取信息明确而又高效。所以，网络媒体在网站结构设计上需要考虑提供搜索功能，以便于受众通过关键字寻找需要的信息。另外，一个网页的信息如太多，要么增长网页，要么再建立下一层级链接项目。

在建立超链接时，应注意以下几个方面：

（1）链接要适度。超链接的存在提供给网络编辑更多的方便，然而这种方便的使用也有"度"的问题。一篇超链接优化了的稿件应该给受众一种自然而高效的感觉。

超链接的使用也要考虑网络媒体的受众定位问题。对于专业网站的一个普通词汇，若是放在一般性网站而不加必要的链接解释，则会增加不确定性，使传播效果打折。

对于一页以内就可以展示完的稿件，链接到一个只有三四行的新页面就显得没有必要；对于一些过长的稿件（一般长于 3 屏），链接也不必用得太多。

（2）链接位置要考虑。一般来说，关键词的超链接通常是在正文当中实现的，正文外的一些链接通常在文后"相关新闻"下面展示。

（3）链接要易辨识。这一点现在大多数网站都会考虑。网站设计者会把需要链接的词语或是词组以明艳的色彩加以突出，与其他文字叙述的暗色字体形成反差。受众点击过的链接则以另外一种暗色标识，使受众易于分辨。

（4）打开方式的甄选。超链接的打开方式一般有：一是在新窗口打开，二是以注释小窗口打开，三是当前页面跳转。三者各有利弊，在新窗口打开的超链接虽然可以保证当前信息的完整性，但是打开的窗口过多也难免会影响阅读。以注释小窗口打开的方式只有一小部分网站使用,这种方式会以窗口大小来提示受众链接的层次关系,然而它并不适用于所有情况。如果受众打开了多级链接,那么最后一个或是几个注释小窗口的大小如何确定?最后的小窗口是否放得下链接内容?当前页面跳转虽然不会出现太多页面影响受众选择,但是这种方法完全覆盖了原有页面内容,可能会出现这种情况:当受众点几下链接后,已经忘记他最初想要了解的信息。

6.4.2　关键词设置

"关键词"这一概念早期常见于学术论文的前面,是为了文献标引工作从报告、论文中选取出来用以表示全文主题内容信息的单词或术语。关键词自动抽取是指依靠计算机从文档中选择出反映主题内容的词,也称做关键词自动标引,在文献检索、自动文摘、文本聚类/分类等方面有着重要的应用。后来的网络搜索使用了这一概念,仍沿用这一含义。

网络新闻编辑为了向受众提供更多的与某一新闻相关的信息,通常在新闻主体内容中设置关键词语,并且以亮色显著标识或是加有下划线,以吸引受众注意力、提高点击率、优化传播效果。

关键词的设置有助于受众了解到更多的信息及新闻背景。在一般情况下,新闻中设置关键词的对象主要有:

重要的人物:这正如新闻的五要素中所强调的"Who",大多数新闻人物的背景、行为、成就都是受众所关心的,如"奥巴马"。

新闻事件时间:是指与该新闻事件几乎同时发生的新闻链接。

新闻事件地点:是指与新闻事件地点有关系的其他新闻事件的链接,如"天安门"。

新闻背景:提供与新闻事件相关的背景。

类似事件:与一个新闻事件类似、涉及的过往新闻事件。建立这样的超链接有助于受众了解到更多与之相关的信息,这在新闻专题当中经常使用,如"地震"。

相关知识:对那些专业性网站来说,有些词语可能已经是一种"常识",而放在一般性网站,有可能就是"未知",不对其进行链接,受众很有可能感到迷惑不解,如"H1N1"。

设置好的关键词能够提高新闻的点击率,吸引受众阅读,能够使受众获得更多的信息,满足其好奇心理、求知心理。然而过多的关键词设置不仅会使一篇稿件让人看上去眼花缭乱,而且关键词所指向的链接信息出现冗余的几率也会大大提高。

6.4.3　新闻报道单元构成

网络新闻报道单元是指围绕一个主题,通过不同形式、不同层级信息的互相补充、配合而形成的整体。从结构上来看,它是一种小的集合,近似于新闻专题。

与专题相比,网络新闻报道单元线索相对简单,一般都是以某篇稿件的事件作为主体,其他材料均从属于、服务于这一事件。新闻报道单元的内容相对于专题来说较少,其构成的素材也是对现有素材的一种利用。

文字类新闻报道单元包括以时间为线索整合、以多角度报道整合和以层次化信息整合三种方式。

6.5 标题的制作

6.5.1 网络新闻标题制作

网络新闻特有的排列方式决定了要最大限度地把新闻展示给网民，最简单、经济的办法是列出标题。**新闻标题**就是用以揭示、评价新闻内容的一段最简短的文字，用大于正文的字号刊于新闻之前。

1）网络新闻标题的作用

（1）传播新闻事实信息。网络新闻标题就是要用最简练的文字将新闻事实中最具有价值的那部分内容概括出来，以吸引网民在最短的时间内了解新闻想要传达的信息和内容。因此，编辑在制作新闻标题时，最好突出重点，使受众只需要看到新闻标题就能对新闻事件中最主要的内容有所了解。

【观念应用6-3】

分析标题《广州500青年公务员宣誓当官永不贪污》。

要求：找出这则标题中的事实信息。

分析：这则标题将新闻中的地点、任务以及中心事件一一点明，使浏览者一看标题，就对这则新闻想要告诉网民的主要内容有了初步了解。然而这并不等于要将全部的新闻事实一样不差地都在标题上显示出来，编辑应该筛选新闻事件中最具有新闻价值或者最能吸引网民的事实部分，将其作为标题。其操作步骤如下：

（1）找标题中的动词，动词所描述的一般是此标题的事件中心。

（2）动词后的部分，是对前者的补充说明。

（3）动词前的部分，很明显，是动作的发出者，一般为新闻五元素中的"人"。

（4）标题最前面的部分，是对事件发生地以及事件的描述。

（2）给出选择信息列表。要想在网络新闻中以最快速度获取最有效的信息，浏览标题就成为首选。只有那些具有创造性、新颖性的新闻标题，才能在同一页面的新闻标题中脱颖而出，抓住网民的视线。

（3）表明立场、态度。新闻标题通过概括事实，可以揭示新闻事实的意义，或者表明编辑部的态度和立场。网络新闻标题这一功能同样存在。

（4）丰富页面效果。在网络媒体中，网站主页面和各个频道的主页面大部分是由标题构成的，标题在丰富、美化页面方面发挥了重要作用：首先使页面条理清楚、层次分明；其次令页面表现形式丰富多彩，富于变化和美感。

（5）体现网站的编辑风格和读者定位。新闻标题是形成网站风格、体现编辑思想的重要手段。从浏览新闻的程序来看，新闻标题是网民打开新闻网页第一眼就看得到的信息，因此，各个网站主页上的新闻标题成为能否给受众留下深刻第一印象的重要条件。

2）网络新闻标题实现新闻评价的手段

从形式上说，标题通过以下几种手段可实现对新闻的评价：

（1）对标题页面的选择。网站页面通过不同的层次结构表明先后次序，最先被看到的页面更能引起浏览者的注意力和兴趣，而另外一些页面则需要继续点击才可以看到。

（2）对标题顺序的排列。根据人的视觉习惯，处于页面左上方的内容和信息首先会被看到，因而放置在这个位置上的新闻价值更大。在同一级页面中，编辑也会按照新闻价值的大小对标题依次排列，页面的上方放置价值大的新闻或者是最新的新闻，页面的下方则放置新闻价值小的或者时效性差一些的新闻。

（3）使用一些技术手段。重要新闻通过对图片、文字颜色、大小和线条的合理搭配，形成视觉强势，在众多的信息中凸显出来。

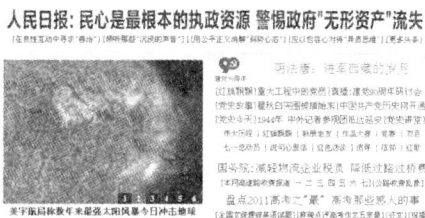

图6-7 《人民日报：民心是最根本的执政资源 警惕政府"无形资产"流失》截图

如图6-7所示的这条新闻，以大于普通标题4～6倍的字号位于所有标题的上方，强调其头条的重要性。而其下的组图：天然气管被挖，重庆17万人"断气"，则用了图片的视觉强势，夺取次头条的位置。

同样一则新闻，不同的新闻网站会做出不同的处理。

【观念应用6-4】

分析同一则新闻不同侧重面的报道处理。

分析：2010年10月15日中国共产党十七届五中全会开幕，新浪、搜狐、网易三家门户网站针对这则重要新闻从不同侧重面做了报道。新浪新闻的头条标题为"中共十七届五中全会今起召开"，搜狐新闻的头条标题为"中共十七届五中全会开幕 民生议题将有望成焦点"，网易新闻的头条标题为"十七届五中全会开幕将审'十二五'规划"。三个新闻网站对相同事件不同侧重面的报道背后，是网站编辑组在筛选新闻的切入角度时所持有的对新闻价值的不同看法。

【观念应用6-5】

分析新闻网站一日的新闻首页。

要求：分析网站新闻首页的标题。

分析：本章介绍了新闻标题的5种作用，但在编辑新闻标题时，并不一定所有标题都将这些作用一一体现出来，传播事实信息和给出选择列表的作用是一定具有的。这也是网络标题存在的最基本目的之一。

其操作步骤如下：

（1）结合【观念应用6-3】，对标题中的事实信息进行分析。

（2）寻找标题中的描述性词语。此类词语多半或鲜明或隐蔽地带有感情色彩，表明编辑对新闻的态度。

（3）分析标题所用的字号、字体以及颜色，是否有丰富页面的美学效果、是否带有图片。

（4）标题所在位置是否位于页面中心位置。

（5）比较同类新闻网站的新闻首页，领悟其背后的新闻价值选择标准。

6.5.2 网络新闻标题的特点

1）从形式上看，网络新闻标题以单行为主

出于对容量的考虑，网络新闻标题多以单行出现。单行标题可以在同一网页内容纳最多的标题条数，但标题中的字数会相应地受到限制。这要求标题从字数到内容都做到高度浓缩和概括，同时尽量做到传神与生动。一般来说，网络新闻标题字数的上限为25个字。通常用5~15个字组成一个标题，中间用空格或标点分开。

2）从功能上看，网络新闻标题可以进行超文本链接

由于网页容量有限，在新闻数量和新闻内容两者之间取舍的结果就是标题以链接的形式出现。新闻标题链接有两种形式：一种是标题和正文内容的超文本链接，即通过点击标题看到新闻正文；另一种是位于正文下方的相关新闻链接，为新闻正文提供补充，包括对新闻正文背景知识的补充和相关新闻链接、对新闻正文的评论和延伸等，通过点击链接来获取相关网页的内容。

9月份70大中城市房价同比涨9.1% 环比涨0.5%

2010年10月15日09:13　　国家统计局网站　　我要评论(59)　　　　字号：T | T

图6-8　腾讯主标题

图6-8是腾讯新闻关于房地产价格波动的报道标题，图6-9则是对报道正文的延伸和扩展，是围绕该报道主题的不同地区、不同侧重点的报道。

相关阅读：

· 江西：28家房地产开发商违规变更规划被查处　2010.10.14
· 调查显示我国超七成银行家关注房地产风险　2010.10.14
· 香港今起暂停房地产投资移民 为挤压楼市泡沫　2010.10.14
· 视频：胡润中国百富榜出炉 前五名无房地产富豪　2010.10.13
· 二次调控已对温州人投资房地产产生影响　2010.10.12
· 工商联房地产会长：房产税推出时间"论月数"　2010.10.12
· 上海市长称房地产过度投资严重扭曲居住功能　2010.10.10
· 上海市房管局等8部门解读房地产调控12条细则　2010.10.09

图6-9　相关阅读

3）从内容上看，网络新闻标题以实题为主

网络新闻标题，一方面直截了当地传达新闻内容，另一方面突出展示新闻事实最吸引网民的一面。因此，在制定标题时，要选取1~2个最具有新闻价值或者最基本的新闻信息。

6.5.3 网络新闻标题的构成

一般来说，网络新闻标题由以下几种元素构成：

1）主标题、副标题和小标题

在网络新闻标题中，主标题是最主要的部分。它的作用是描述新闻中最重要的事实或者说明新闻的思想和价值。主标题能够完整地表达一个意思或者概念，一般使用最大的字号来吸引网民的注意力或者强调本条新闻的重要性。

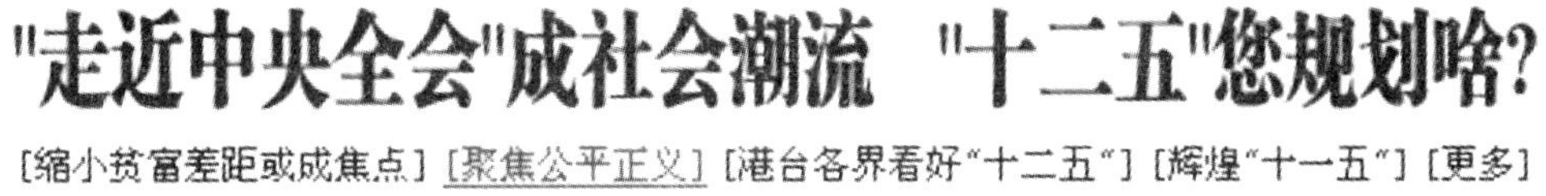

"走近中央全会"成社会潮流 "十二五"您规划啥?

[缩小贫富差距或成焦点] [聚焦公平正义] [港台各界看好"十二五"] [辉煌"十一五"] [更多]

图 6-10　标题字号对比

人民网 2010 年 10 月 15 日的主标题"'走近中央全会'成社会潮流'十二五'您规划啥?"就用了大号的黑体字，来强调新闻的重要性和当日首条新闻的地位（如图 6-10、图 6-11 所示）。与图 6-12 页面截图中的标题相比，主标题的显著性在强调首条新闻的作用上不言而喻。副标题一般位于主标题的下方或后面，作用是对主标题所描述的内容作进一步的解释。

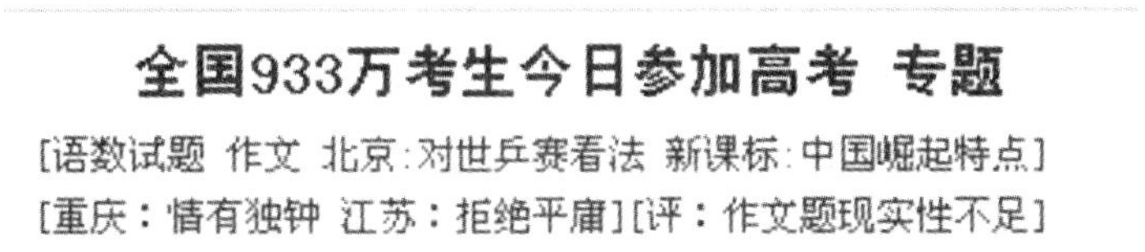

全国933万考生今日参加高考 专题

[语数试题 作文 北京:对世乒赛看法 新课标:中国崛起特点]
[重庆：情有独钟 江苏：拒绝平庸][评:作文题现实性不足]

图 6-11　页面标题字号对比

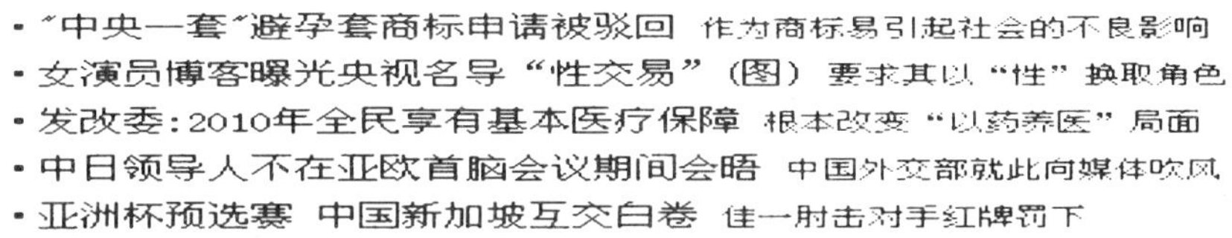

- "中央一套"避孕套商标申请被驳回 作为商标易引起社会的不良影响
- 女演员博客曝光央视名导"性交易"（图）要求其以"性"换取角色
- 发改委:2010年全民享有基本医疗保障 根本改变"以药养医"局面
- 中日领导人不在亚欧首脑会议期间会晤 中国外交部就此向媒体吹风
- 亚洲杯预选赛 中国新加坡互交白卷 佳一肘击对手红牌罚下

图 6-12　副标题

网易新闻在标题上编排的特点之一就是紧随在主标题后的副标题，对主标题的内容进行解释和说明。当然更多的时候，副标题补充说明主标题由于字数原因没有说明的部分，或者对主标题中新闻事件的重要意义、原因、影响进行强调。

小标题一般位于主标题下方，较多地出现在专题报道中。小标题可以帮助补充主标题的新闻事实，延伸内容，同时将复杂的新闻事实通过不同角度分要点、分层次地加以叙述，起到全面提示新闻要点的作用。

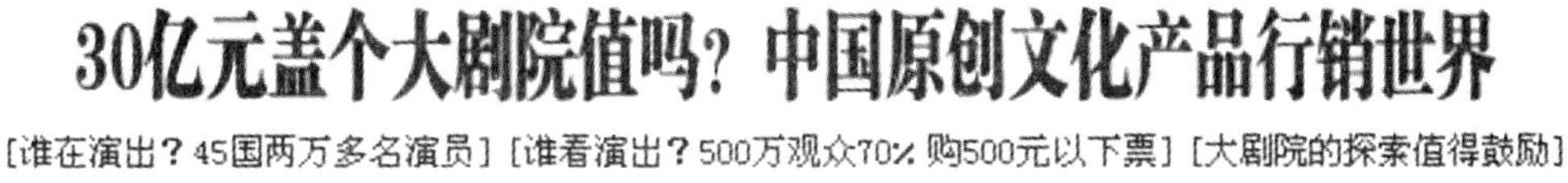

30亿元盖个大剧院值吗? 中国原创文化产品行销世界

[谁在演出? 45国两万多名演员] [谁看演出? 500万观众70% 购500元以下票] [大剧院的探索值得鼓励]

图 6-13　小标题

图 6-13 为人民网 2010 年 10 月 14 日的新闻头条，蓝色字体为新闻主标题，主标题下方的一行标题为小标题，为"30 亿元盖个大剧院值吗? 中国原创文化产品行销世界"这样一个新闻头条在内容上做了补充和完善。

2）导语

导语通常位于主标题之后或者之下，与主标题同时出现在网站新闻页面的重大新闻或者重要新闻之中，对主标题的内容进行解释、概括、补充说明，或者交代新闻的主要事实、发表观点、意见等。图6-14中的新闻就是对（新闻）主标题"墨西哥称首次发现甲型H1N1病毒变种"的解释和说明，交代了标题因为字数限制而省略的时间、人物、事件、事情的起因等新闻要素，同时使浏览新闻的网民对下面新闻正文要说明的内容有了一个大致的了解。

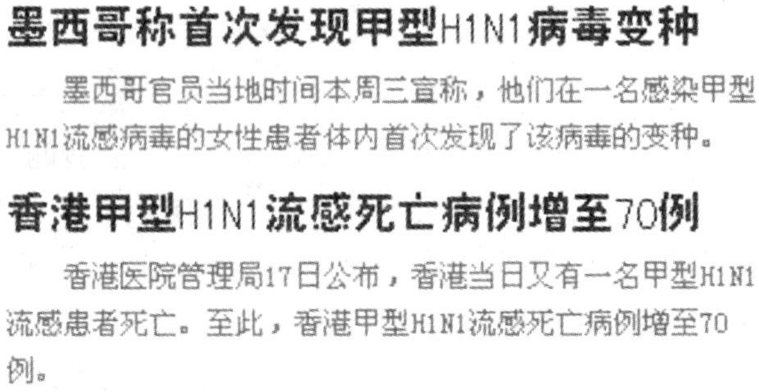

墨西哥称首次发现甲型H1N1病毒变种

墨西哥官员当地时间本周三宣称，他们在一名感染甲型H1N1流感病毒的女性患者体内首次发现了该病毒的变种。

香港甲型H1N1流感死亡病例增至70例

香港医院管理局17日公布，香港当日又有一名甲型H1N1流感患者死亡。至此，香港甲型H1N1流感死亡病例增至70例。

图6-14　标题与导语

3）标题配图

大幅的新闻照片配标题是网络上比较常见的形式，一般用于主标题或次标题。方法是在标题的下面或者上面放置大幅的图片吸引网民的注意力。大幅的新闻图片起着引导网民观看、选择新闻的作用，如图6-15所示。

图6-15　标题配图

6.5.4　网络新闻标题的制作原则

网络新闻的标题制作，可以在内容上千变万化，形式也可以层出不穷，但标题制作最基本的原则是没有太大变更的。网络新闻的标题制作原则，简单地说有以下几种：

1）新闻事实的准确

新闻事实的准确，是新闻报道的最基本要求，也是新闻的本质要求。新闻事实的准确体现在以下几方面：在制作标题时，对新闻事实的概括要准确无误；对新闻事实发生的时间、地点、人物、新闻事件等的描述要准确，不能因为标题的字数限制，就忽略甚至篡改重要的新闻事实；在修辞方面，对新闻事件的描述用词要恰到好处，对于没有确定的事实，不能用"确定"、"的确"等字眼。

上海200多名市民疑似瘦肉精中毒

图 6-16　准确描述新闻事实的标题

图 6-16 中的这则新闻使用"疑似"字样，不但准确地表达了对上海市民中毒原因的猜测和怀疑，同时准确地用词，避免把话说"死"，留有较大的回旋余地和对新闻事实进行修正的空间。

2）突出新闻点

新闻标题是否能够在第一时间吸引网民的注意力，其中一个重要的因素就是，该新闻最重要、最新鲜、最吸引人、最有冲击性和最有趣的内容是否能够被清楚明确地总结在标题上。

【观念应用 6-6】

分析图 6-17 中的新闻标题。

日媒称4日本议员乘包机空中视察钓鱼岛

[中方]中方重申钓鱼岛主权 ｜ 人民日报：钓鱼岛问题必须尊重史实
[日方]民间人士欲登钓鱼岛 ｜ 欲建防止钓鱼岛附近海域发生冲突机制

图 6-17　突出新闻点的标题

分析：在图 6-17 新浪网 2010 年 10 月 9 日的这则新闻中，主标题"日媒称 4 日本议员乘包机空中视察钓鱼岛"强调了日本议员视察钓鱼岛的情况。最值得注意的是"日媒称"、"视察"等字样，具备了足够的信息含量和吸引力。"日媒称 4 日本议员乘包机空中视察钓鱼岛"成为主标题，说明这一信息是这则新闻中最重要也是最具有冲击性的。结合当时的国际形势，日本当局正在采取各种方式，努力改善因 2010 年 9 月 7 日发生的撞船事件而恶化的中日关系，而此时日本一些政客却对紧张的中日关系和中国对钓鱼岛拥有绝对主权的事实置之不理，对钓鱼岛进行所谓的"空中视察"。"视察"除了意味着"确认"中日撞船事件后周边海域的情况外，还意在表明"钓鱼岛不存在领土问题"的立场。这则新闻的出现，不仅加剧了中日两国关系的恶化，激起了两国民众的强烈反应和争论，更是影响了东亚地区的和平进程，进而也会对世界局势的发展产生不好的影响。因此，新闻的冲突性、信息量都已包含在这则新闻的主标题中。

其后的四个小标题，分别从中方政府、日方政府、《人民日报》、日方民间的不同反应入手做了四个方面的详尽说明。首先，"中方重申钓鱼岛主权"，强调了钓鱼岛是中国的固有领土，表明了中国政府一贯和坚定的立场；其次，《人民日报》撰文"钓鱼岛问题必须尊重史实"，则从中日两方的史实、文献中找到明确的记录证明钓鱼岛的归属地为中国；再次，日本"民间人士欲登钓鱼岛"，称日方民众欲以环保为由登岛视察，这一信息必然会引起中国民众的不满与抗议；最后，"欲建防止钓鱼岛附近海域发生冲突机制"，指出日方政府就钓鱼岛问题寻求与中国政府的协调和合作。四则小标题比较全面地说明了中日在钓鱼岛海域发生撞船事件的后续发展和中日双方的不同反应，以及该事件产生的不良影响，对主标题起到了很好的补充和说明作用。

3）用语的简洁凝练

标题作为对正文主要内容的概括和引导，要求编辑在拟定时做到用语简洁凝练，力求用最简单的词语清楚地概括出最重要的或者网民最想了解的新闻事实。

标题要做到用语的简洁凝练，首先必须删繁就简，去掉不必要的修饰，使用约定俗成的简称和缩略语或者别称；其次是高度概括，用最少量的词语表达丰富的内涵。但必须以准确的新闻事实作为基础，不能以牺牲事实为代价。

4）使用生动而亲切的语言

新闻标题，除了真实、准确、用语简练外，亲切而生动的语言，也能在网民浏览网页的一瞬间拉近其与新闻之间的距离。

• 美国经济开始“打喷嚏”中国四大行业或将感冒

图 6-18　语言生动的标题

在图 6-18 中，“美国经济开始‘打喷嚏’中国四大行业或将感冒”这则新闻标题，就形象地将美国经济的震荡比做“打喷嚏”，而将中国四大行业受到的影响比做“感冒”，十分生动和形象，比起专业的经济学用语更易于被网民接受和理解。

标题要使用亲切、生动的语言，首先要注意的是标题用语的新意。从思考的角度开始更新，可以找到一些与众不同的切入点。

对于同一则新闻，不同的网站有不同的报道角度，如图 6-19、图 6-20、图 6-21 和图 6-22 所示。

美国驻叙利亚使馆遭袭击 中国驻叙使馆参赞受伤
[中国外交官听到猛烈交火][1名疑犯被捕]][图集][视频]

图 6-19　使馆遭袭报道 1

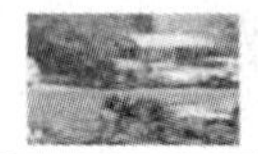
美驻叙使馆遭袭 视频 组图
叙打死3名武装分子抓获1名
现场血迹斑斑爆炸物被排除
我政务参赞受伤情况已稳定

图 6-20　使馆遭袭报道 2

美驻叙利亚使馆遭袭 中国使馆参赞受伤(图) 汽车炸弹险被引爆

图 6-21　使馆遭袭报道 3

武装分子被捕后死亡 我国外交人员伤情稳定

当地时间9月12日上午，美国驻叙利亚首都大马士革大使馆遭到武装分子的汽车炸弹袭击，至少一名叙利亚警卫在袭击中被打死。叙利亚官员称，4名袭击者3死1伤。
[滚动][图集][视频][flash:五年来恐怖袭击与反恐行动]

图 6-22　使馆遭袭报道 4

此外，编辑的用语也要新，吸收一些新语言可以使标题更具有亲和力，尤其是在一些体育报道中，提到运动员时用他们人所共知的绰号或昵称来代替本名，无形中会缩短这些人和网民的距离，显得亲切又自然，如称呼齐达内为“齐祖”、称呼奥尼尔为“大鲨鱼”等。形象的语言也能为新闻标题增添趣味。

安徽"语言法"10月1日起施行　正规场合将难闻"合肥老母鸡"

图 6-23　语言非常形象的标题

在图 6-23 的副标题中，"合肥老母鸡"是比较有代表性的合肥地方方言，来自"从肥东到肥西，买了一只合肥老母鸡"。这里将语意扩大用来指代安徽的地方方言，是很典型又很直观的比喻，特别是知晓或会说安徽方言的网民看了，会倍感亲切。

6.5.5　网络新闻标题的制作技巧

网络新闻的标题制作，不仅要具备对文字加工处理的能力与相关技巧，而且对标题的形式编排也要游刃有余。

1）标题内容的提炼、修饰

实题标题，第一时间向网民展示新闻中最有用和最有价值的信息。但过多的实题也会使网络新闻索然无味，因此在注重标题内容的同时，也要注意标题的修饰、润色。

（1）标题长度

网络新闻标题过长会让网民失去阅读的兴趣，过短则不能将新闻中的内容表达出来。

根据日常的阅读习惯，网络新闻标题的字数最好控制在 15～20 个字之间，中间可以分成两个或三个部分，一个部分不超过 10 个字，但最好大于 5 个字。

（2）对标题的修饰

通过对标题的修饰，可使其脱离单纯功能性的提示，从而变得更生动、更有趣味。

①活用各种修辞手法、成语、俗语、古诗和古语等，使标题"活"起来。例如：

能耗量最低 广东缘何最"经济"。

"经济"一词原为名词，此处改用做形容词，形容广东经济发展价值最高、成本最低、伤害最小，十分形象生动。

麻雀虽小五脏俱全 莫斯科独具魅力的跳蚤市场。

"麻雀虽小五脏俱全"一句成语，就将俄罗斯跳蚤市场的魅力与特点尽数表现出来。

众所周知，"驴"和"象"分别是美国民主党和共和党的标志，"驴象之争"则暗指美国民主党和共和党的选举之争，引申为美国的大选又将展开，这样的指代显得含蓄又富有意味，如图 6-24 所示。

美中期选举日益负面 "驴象之争"成"抹黑大赛"

图 6-24　富有指代含义的标题

②吸取流行用语、大众口语，借助形象，化静止为生动，如图 6-25 和图 6-26 所示。

主干道周边电杆不"兼职"　清理锁定环路

图 6-25　运用流行用语的标题 1

醋吧 财富一醋即发 "粉丝"在行动 "粉头"在赚钱

图 6-26 运用流行用语的标题 2

（3）用数字、符号说话

数字的恰当运用，可以使新闻事实的抽象叙述变得形象生动，可以突出重要的新闻事实，如图 6-27 所示。

派出所长追踪2年行程2000多公里擒获凶犯(05:07)
男子照顾重病妻子14年 推妻子散心16000公里(05:07)

图 6-27 用数字说话的标题

2）标题形式的修饰、美化

（1）字体、字号的变化组合

不同字体和字号的变化组合能够给标题带来或强烈或清新的页面效果。黑体、宋体、仿宋等字体都有这种截然不同的表达效果。

（2）美术手段辅助变化

①有效运用色彩——不同颜色的网页体现出网站不同的风格。目前，网站的新闻标题以黑色和蓝色为主，也有一些网站通过色彩的对比突出标题。像黑色和红色就会给人们的视觉带来非常强烈的刺激，因而要慎用。

②运用题花、线条辅助。网络中各种线条主要用来给稿件分类，以便于阅读。如新浪网使用红色的线条标记这种分类，使网页的各个版块功能划分得更清晰。①

6.6 职业工作站

本章重点对网络新闻的文字编辑作了讲解，尤其是在文字信息的采集和新闻标题的制作上，做了比较详尽的讲解。然而随着网络新闻的发展，各大新闻网站的竞争日益激烈，各新闻网站再也不满足于与其他网站登载相同的内容。因此，同样一则新闻，不同的编辑就会演绎出不同的效果。网络新闻编辑会追求独特的标题编辑形式，每个新闻网站都有各自对新闻标题的理解与编辑流程。当然，这些流程皆建立在本章讲解的编辑原则和编辑方法之上。因此，编辑对新闻的筛选和对标题的制作，不仅要建立在最基础的原则和标准之上，还要深入理解并紧密结合所在网站的风格与编辑方针，这样才能游刃有余地制作出实用又生动的新闻来。

6.7 分析评价

本章主要介绍了网络新闻的来源、文字处理和新闻标题的制作。除了国内少数具有采访权的网站外，其他新闻网站的新闻来源主要是靠传统媒体和转载。当然，随着网络技术

① 蒋晓丽．网络新闻编辑学［M］．北京：高等教育出版社，2004：233.

水平的进步，在网络上观看新闻也不局限在专门的新闻网站上。一些新闻收集软件可以将当天发生的新闻汇总、分类、下载到个人用户终端上。如果设定了参数，那么还可以根据个人的喜好和实际需要来搜集新闻信息并对其分类。这样，个人用户也可以建立一个小型的新闻网站用于收集新闻。

从互联网发展趋势来看，新闻网站的发展将有两个方向：一个是大型的新闻综合网站，另一个则是个人的小型新闻站点。两者的区别是前者大而全，后者小而精。这种两极化的发展现在已初见端倪，博客在某种程度上就是个人小型新闻发布平台，这个平台的创建，意味着新闻将不再垄断于大型新闻机构或专业新闻媒体，个人不但是新闻信息的接受者，也是新闻活动的参与者。

■ 本章小结

本章主要对网络新闻的文字编辑（包括网络新闻的来源和编辑方式）进行了讲解。网络新闻的来源主要为传统媒体和网站之间的相互转载，当然一些有采访权的新闻网站也有一些原创的新闻稿件。

本章的另一个讲解重点是网络新闻标题的种类、特点和制作原则。网络新闻标题的作用，除了传播事实信息、给出信息选择列表等基本功能之外，还可以利用标题的编排和技术手段来表明网站对标题内容的看法和见解。

■ 主要概念和观念

□ 主要概念
　　新闻标题

□ 主要观念
　　文字信息的来源、修改原则　标题的种类与要素　标题制作原则

■ 基本训练

□ 知识题
　　▲ 简答题
　　（1）什么是新闻标题？
　　（2）网络新闻文字编辑的方法有哪些？
　　（3）网络新闻标题的元素有哪些？
　　▲ 选择题
　　△单项选择
　　关于新闻与信息的关系正确的一项为（　　　）。
　　A. 新闻就是信息　　　　　　　B. 新闻包含信息
　　C. 新闻是信息的别称　　　　　D. 信息包含新闻

△ 多项选择

（1）文字信息的来源有（　　　）。

A. 传统媒介　　　　　　　　B. 报纸

C. 网站独立采访　　　　　　D. 网站转载

（2）文字信息的评价标准有（　　　）。

A. 新鲜性和即时性　　　　　B. 重大性和贴近性

C. 实用性和现实性　　　　　D. 娱乐性和趣味性

▲ 阅读理解

（1）新闻标题的特点。

（2）信息采集的作用。

□ 技能题

▲ 单项操作训练

结合【观念应用6-3】，分析任何一日新浪网新闻首页的新闻头条。

▲ 综合操作训练

（1）结合【观念应用6-5】的内容，在单项操作训练的基础上，针对新浪网新闻首页新闻头条的作用和编辑对新闻的评价方法进行分析。

（2）参见【观念应用6-5】，为这个新闻写出带有不同评价标准的新闻标题，要求有明确赞成、明确反对、中立等三种态度。

■ 观念应用

□ 案例题

探究网络新闻标题：快中求好　快中求跳

新闻标题在互联网上的重要性，远大于在传统媒体上的作用。但是，许多新闻网站对新闻标题重视不够、推敲不够。由于网上的新闻面广、量大，时效性要求比传统媒体高得多，网络编辑很难从容不迫地推敲新闻标题。加之网络媒体的从业人员多，未经过新闻工作的专业培训，对新闻标题缺少研究。由于网上的新闻标题大多是单句型的，所以主要谈论此种类型标题的问题。

力求"立片言而居要"

网络新闻的标题制作，同样要遵循新闻标题制作的一般原则，即用最简洁的文字将新闻中最有价值、最生动的内容提示给读者，即所谓的"立片言而居要"。对网络新闻来说，这"片言"（即标题）对网友眼球的吸引，比传统媒体更要紧。

那么，网络新闻一行标题是否就难以概括丰富的内容呢？当然不是。东方网2002年12月获好编辑奖的标题是："一折精品书"猫腻多。精品书、猫腻多，对比鲜明，一语中的。网络新闻的标题，有时也可以评价新闻内容，文字简明扼要。2003年2月8日千龙网的首页"千龙视野"有一条大字标题新闻，用16个字做了一行标题，评价今年中央电视台的春节晚会节目：观众抱怨明星罢工 春节晚会"馊味"依旧。它虽没有指名道姓，批评的态度却是显而易见的。当然，这类标题在制作时要谨慎，不宜过多。如果编辑对新闻事实的看法有了偏颇，就会误导读者。

新闻事实的准确表达是第一要义

注意新闻事实的准确，同样是单句型标题的第一要义，不能因为快而出现题文不符的情况。有一则标题是："安徽评选优秀公厕阜阳市等十四座厕所上榜"，阜阳是安徽省的一个城市，怎么成了一座公共厕所呢？原来，由于编辑省略了"广场公厕"四个字，就闹出了这样一个笑话。今年 2 月 7 日雅虎中国有一个新闻标题，又与阜阳市有关："难觅蛇皮袋满目新气象 179 万'新民工'奔赴上海"。难觅蛇皮袋怎么可见满目新气象，似乎缺了点什么。原来，从阜阳市开出了首趟民工专列，在整齐前行的民工队伍中，民工们或拖着拉杆箱，或提着密码箱，蛇皮袋几乎没了踪影。如果标题中改五个字，"难觅蛇皮袋拖着拉杆箱 179 万'新民工'奔赴上海"，就比较确切了。

为追求文字生动却未把握好，有时也会造成题文不符。东方网首页上一则新闻的标题是"大批中国记者奔伊 行前忙学防生化"，"防生化"三字很费解，文字虽简要，却令人看不懂。而同一则消息，"东方新闻"频道所做的标题虽较平直，但比较确切："大批中国记者奔伊 解放军教如何用防毒面具"。

快中求好，快中求跳

网络新闻因其即时发布、面广量大，强调快速编辑；因不可能间断，强调实时编辑；因不断滚动推出最新消息，强调动态编辑。这三方面的要求，一言以蔽之：就是要快，慢了就要落后。从获得原始稿件到网上发布的时间间隔，必须缩至最短，有时甚至分秒必争。2002 年 2 月 21 日，美国总统布什访华，他和夫人走出机舱的 3 分钟后，照片就出现在了中国日报网站上。

那么，首先要快，其次数量要多，力求质量好，能不能兼得呢？实事求是地说，这是有相当难度的。但经过努力，快与好、熊掌与鱼，还是有可能兼得的。例如，雅虎中国的头条新闻标题"阿富汗大佛顶部已毁四分之一"，13 个字，传递了一个重要信息。东方网2003 年 2 月 7 日国内一则新闻的标题也做得不错："杭州典当行有趣生意经：元旦典当多春节赎回忙"，前者实际上是主题，后者是副题。4 句话，20 个字，"生意经"的确有趣。"元旦典当多"、"春节赎回忙"，文字对仗，对得很好。

互联网新闻的标题更要注重其新，要力求"跳"起来。2003 年 1 月 28 日东方网的页面上，有则新闻标题令人眼前一亮："何祚庥院士愿意第一个被克隆"。不管人们对此事的评价如何，这毕竟是一则新闻。因为何祚庥院士是一位反邪教的斗士，他居然愿意被克隆，于是引起了读者的广泛注意，看到这则标题，就很想点击、浏览，了解何祚庥院士是怎么说的。

但是，注重标题的新，还要看它的内容是否有新闻价值。一家大型网站刊登了这样一则消息，标题是："20 多名菲佣登陆中国 深圳将引进首批'洋保姆'"。又是菲佣登陆，又是首批洋保姆，标题是很吸引人的，但它不符合我国的劳务政策。按劳动和社会保障部的规定，来中国就业的外国人，经中国劳动和社会保障部批准，获得"中华人民共和国外国人就业许可证"后，才能合法就业。同时，个体经济组织和公民个人不能聘用外国人。这个标题虽"跳"，却跳出了格。

网络新闻标题的文字也要精练，应把可有可无的字都删去。2 月 8 日东方网有一则新闻的标题不错："中西合璧婚礼渐流行我国传统喜宴悄悄'变脸'"。如能删去"渐"和"悄悄"3 个字，文字就比较对仗简练："中西合璧婚礼流行我国传统喜宴'变脸'"。

标题文字粗糙、文句不通顺，是网络新闻标题的通病。如 2003 年 2 月 11 日东方网的一则新闻标题："国防科大人才成长快车道让大批拔尖学员脱颖而出"。两行标题之间未有空格，且缺少一个动词，后一句的"让"字也可删，可以拟改为："国防科大开通人才成长快车道大批拔尖创新人才脱颖而出"。另一则新闻的点击率名列前茅："萨达姆大敌当前生活习惯不改 晚上照旧做体操"。但仔细推敲一下，标题也有美中不足的地方：前一句 13 个字，后一句仅 7 个字。如果把萨达姆 3 个字移到后一句，就不会显得头重脚轻："大敌当前生活习惯不改 萨达姆晚上照旧做体操"，均为 10 个字，比较匀称，读起来可能更舒服一点。

资料来源　驿钊传媒学习小组. 探究网络新闻标题：快中求好 快中求跳［EB/OL］.（2004－10－27）. www. people. com. cn/GB/14677/21963/22062/2947031. html.

问题：

（1）关于网络标题编辑，文章讲了哪三个方面的问题？

（2）如何做到"快中求好，快中求跳"？

□ **实训题**

实训 1：在案例题中的例文的基础上，分别针对例文整体和 3 个分部的内容拟 3~6 个标题。

实训 2：登录主流新闻网站，对新闻网站中的内容进行分析，包括编辑在设计标题时的优缺点，并提出改进方案。

□ **讨论题**

网络新闻文字编辑的经验需要在实践中不断地充实和完善。在编辑文字以及新闻标题时，以网易或其他网站为例，如何才能使自己编辑的标题在保持生动的基础上，完美地与网站自身的特色融合呢？举例说明理由。

第 7 章

网络的图片编辑

■ 学习目标
7.1   网络图片的格式特点
7.2   网络图片的获取与使用
7.3   职业工作站
7.4   分析评价
■ 本章小结
■ 主要概念和观念
■ 基本训练
■ 观念应用

■ 学习目标

知识目标：

　　了解图片资源的种类、特点；了解网站获取图片资源的主要渠道和方式；了解网络图片的应用范围和使用特点。

技能目标：

　　能够通过网络寻找或通过合法渠道获取需要的图片资源，根据不同的需求合理地使用图片。

能力目标：

　　具有运用图片表达新闻信息的能力，合理组合图片资源为选题目标服务。

引例　一个网络编辑员的早晨

2009 年 10 月 1 日，小张如往常一样坐到了电脑前，开始了他新的网络编辑的一天。他浏览了一下各大主要网站关于庆祝中华人民共和国成立 60 周年的报道，因为这一天是中华人民共和国成立 60 周年，网站的这个专栏需要在以前的基础上继续更新内容。

坐在电脑前，他开始构思怎样去架设这个专栏。除了文字信息之外，根据专栏的需要，他还要搜集大量中华人民共和国成长、变迁的照片，做成一组图片新闻。首先要搜集照片，照片从哪搜集、怎么搜集呢？他先打开电脑收藏夹中保存的一些图片，寻找有关中华人民共和国成果展的照片，然后又使用 Google 和百度等搜索引擎，输入"中华人民共和国、成果、变迁"等字样进行搜索，从找到的许多照片中根据自己的判断把一些他需要的保存到自己的电脑中。照片搜集完成之后，查看图片的格式，然后利用 Photoshop 图片编辑软件将其统一转换成网络常用的 JPG 格式。图片转换好后，根据专栏版面的设计，再用这个软件调整好图片的大小，将其上传到自己的网站上，并标明引用的图片的来源。此外，他还针对每幅照片做了简略的文字说明；同时，他对图片的内容进行了分类，使之符合一个图片新闻专栏的需要。

至此，一个图片新闻专栏已经初步定型。

在接下来的这一章里，将向您介绍有关网络图片的知识。我们需要了解哪种格式的图片适用于网络，怎样获取图片，以及怎样合理地把图片应用到网络中去。

7.1　网络图片的格式特点

如今，网络给我们带来了无限乐趣，尤其是在图形界面开发后，视觉上的冲击令网络更具吸引力，其中图像的应用极为广泛。网页中不可避免地包含着一定数量的图片，图片在网上出现的频率仅次于文字。由于较多的图像在增加吸引力的同时能给访问者提供更多更直接的信息，同时图像也较少受计算机平台、地域和语种的限制，能使网页更多地显示出制作者的创造力。

由于图像是在网络上传送，因带宽和传输文件速度的问题，有人研究了多种适合于网络传输的图片格式，下面我们就浅谈一下制作网页时用来优化图形的几种常用格式。

1）JPEG 格式（JPG 为缩写格式）

JPEG 的完整含义是联合图片专家组（Joint Photographic Experts Group），是开发这种格式的组织机构名称。这种图像文件格式可以用不同的压缩比例进行压缩，其压缩技术十分先进，对图像质量影响不大，因此可以用较少的磁盘空间得到较高的图像质量。在 Internet 上，它更是主流图形格式，几乎所有的电脑和操作系统都支持，经扫描处理后所得出的图片大部分也都是这个格式。

JPEG 压缩技术十分先进，它用有损压缩方式去除冗余的图像数据，在获得极高压缩率的同时能展现十分丰富生动的图像。换句话说，就是可以用较少的磁盘空间得到较高的图像品质。而且 JPEG 是一种很灵活的格式，允许用不同的压缩比例对文件进行压缩，压缩比越大，品质就越低；相反，压缩比越小，品质就越高。所以如果需要使用 JPEG 格式保存图像，最好等到图像最后编辑完成后再进行保存。

2）GIF 格式

GIF，是 Graphics InterChange Format 的缩写，即图形交换格式。该格式在 Internet 上被广泛应用，主要原因是文件较小，适合网络环境传输和使用，并且 256 种颜色已能满足主页图形的需要。GIF 也是 Internet 上使用最早、应用最广泛的图像格式。准确地说，GIF 减少了图像调色板中的色彩数量，从而在存储时能达到减小图像文件大小的目的。GIF 格式可以在保持图像尺寸不变的情况下，通过减少图像中的色彩数来减小图像文件的大小。

3）PNG 格式

PNG，是 Portable Network Graphics 的缩写，即"可移植网络图形"，是一种通用的网页图形格式。PNG 是一种新兴的网络图形格式，结合了 GIF 和 JPEG 的优点，具有存储形式丰富的特点。

PNG 最大色深为 48bit，采用无损压缩方式存储。著名的 Macromedia 公司的 Fireworks 的默认格式就是 PNG。不过它还处于发展阶段，并没有以上两种格式那么流行。另外，它的压缩比也没有 JPG 格式大。

4）BMP 格式（Windows 位图）

BMP 是一种与硬件设备无关的图像文件格式，使用非常广。它采用位映射存储格式，除了图像深度可选之外，不采用其他任何压缩方式。因此，BMP 文件所占用的空间很大。应用 BMP 格式最典型的程序就是 Windows 的画笔和墙纸。

5）Photo CD 和 Pro Photo CD

Photo CD 是伊斯曼柯达公司开发的一种专门用于往 CD-ROM 上传输幻灯片和胶片负片的文件格式。图像编辑和分类程序可以打开 Photo CD 图像，但是不能以这种格式保存。Photo CD 格式可以用 5 种不同的大小保存同一图像，从 128×192 像素一直到 2 048×3 072 像素。Pro Photo CD 格式专门为需要超高分辨率图像的专业人员而设计，它可以以 4 096×6 144 像素标准保存图像。网上的图库有些是由 Photo CD 转化的，一般是数码图库，这些系列图的量非常大，深为设计人士所喜爱，也有人喜欢搜集。

6）PICT 格式

PICT 格式是在 Mac 机 QuickDraw 屏幕语言基础上开发的，属于 Mac 机上使用的一种本机图像格式。如果 Mac 机上安装了 QuickTime 软件，就可以使用 JPEG 压缩方式压缩 PICT 图像。但应该知道，QuickTime 格式的 JPEG 压缩可能要比常规的 JPEG 格式保存的文件更多地破坏图像。正因如此，保存成 JPEG 的文件在大多数情况下比 PICT 文件更清晰。使用 PICT 格式的原因是能让那些没有图像编辑软件的人们看到你的图像。这种图在网上并不常见，但不得不提，这毕竟是被称为图形设计专用电脑——苹果机上的图形格式。

【小资料 7-1】

有损压缩

所谓**有损压缩**，指的是对声音、图像、视频等进行压缩而基本保留原来样子的压缩方法。常见的声音、图像、视频（mp3、divX、Xvid、jpeg、rm、rmvb、wma、wmv）等都是有损压缩。在图像方面，可以减少其在内存和磁盘中占用的空间，在屏幕上观看图像时，不会对图像的外观产生太大的不利影响。利用有损压缩技术可以大大地压缩文件的数据，但是会影响图像质量。如果使用了有损压缩技术的图像仅在屏幕上显示，可能对图像质量影响不太大，至少从人类肉眼的识别程度来说区别不大。可是，如果要把一幅经过有损压缩技术处理的图像用高分辨率的打印机打印出来，那么图像就会有明显的受损痕迹。

资料来源　www. ccw. com. cn/soft/apply/photo/htm2005/20051021 2010C. htm，2005-10-21.

【小资料 7-2】

无损压缩

无损压缩的基本原理是相同的颜色信息只需保存一次。压缩图像的软件首先会确定图像中哪些区域是相同的，哪些是不同的。包括了重复数据的图像（如蓝天）就可以被压缩，只有蓝天的起始点和终结点需要被记录下来。无损压缩方法的优点是能够比较好地保存图像的质量，但是相对来说这种方法的压缩率比较低。如果需要把图像用高分辨率的打印机打印出来，最好还是使用无损压缩。

资料来源　www. ccw. com. cn/soft/apply/photo/htm2005/20051021 2010C. htm，2005-10-21.

7.2　网络图片的获取与使用

在网页设计中，图像占了相当大的比重。页面中有适当的图像，不但可以使页面生动活泼，而且图形和动画在网页的设计当中具有鲜明的指向性。图像在生动性和直观性上显然比文字有更大的优势。静态的影像并不会由于网络的到来而没落，瞬间的力量是连续的影像无法企及的。那么网络上如此多的图片又是从何而来的呢？下面首先让我们了解一下网络图片的获取渠道。

7.2.1　网络图片的获取渠道

网络上的图片很多，部分来自于扫描，部分来自于电脑绘制，剩下的来自于数码设备和其他途径。随着数码技术的发展和完善，现在来自于数码设备的图片所占的比例越来越大。网站为了自身的需要，要大量地补充图片内容，如新闻图片、广告和其他类的图片，而网络图片的获取渠道也是多种多样的。

1）专业图片网站

以新闻为支撑的网络媒体发展越来越趋于合理和完善，尤其是众多门户网站的发展，使最初简单的以文字为主要内容的网络媒体现在呈现出一种图文并茂的景象，报纸这种平面媒体的"读图时代"也出现于网络媒体中，网络媒体需要应用大量的图片来丰富自身的内容。有需求同样会有供给，随着对网络图片需求量的增加，出现了一些专门为网络媒体提供图片的网站，这些图片网作为其他网站的图片提供者，基本上都是提供收费服务的。

图 7-1 是国务院新闻办公室图片库的网页，在网站的"关于我们"频道中，我们可以对此新闻图片库有一个大概的了解。国务院新闻办公室图片库是以展现发展变化中的中国为主要形式的国家级影像资源图片库。它利用当前先进的信息技术和图像处理技术，构建统一的数字技术平台，将来源于国内图片资源机构及签约摄影师的图片资源整合起来，把中国最精彩的图片产品提供给海内外报纸、杂志、互联网、出版社、广告公司、商业企业等。

图 7-1　国务院新闻办公室图片库网页

类似的网站还有人民图片网（http：//vip. people. com. cn）、中国新闻图片网（http：//www. cnsphoto. com）。这些网站都是提供收费服务的。如果想使用这些图片库或者图片网站的图片，就要和这些网站签署付费协议，然后就可以使用自己的注册账户在这些网站上自由地搜索、下载图片了。

2）网站自身拥有的图片频道

网络媒体除了经常以图片库的方式提供图片外，有很多网站都设立有自己的"图片频道"，如人民网的"图片频道"（http：//pic. people. com. cn）、新华网的"新华图片频道"（http：//www. xinhuanet. com/photo/）。图 7-2 是人民网图片频道的首页，图 7-3 是新华网新华图片频道的首页，显示了网站图片频道的大致情况。

图 7-2　人民网图片频道首页

这些图片网站虽然采用的模式不同，但是为了方便管理和展示图片，这些网站的图片频道都是分栏的。以人民网的"图片频道"为例，其内容丰富，包括很多类图片。网站对图片的分类采用了两种方式：第一种分类包括"自造社"、"图说中国"、"器材"、"特色栏目"、"论坛制作"等栏目；第二种分类包括"人民视线"、"国内热点"、"国际

图 7-3　新华网新华图片频道的首页

热点"、"娱乐"、"军事"五个栏目。

　　新闻图片的编排和组织需要编辑人员的精心思考和选择，一方面，可以体现出网站和编辑独到的见解和水平；另一方面，也能使读者或图片的使用者对网站的图片一目了然，根据自己的兴趣或需求浏览或引用图片。

　　3）搜索引擎

　　随着搜索引擎的发展完善，很多搜索引擎都把图片搜索作为自己的搜索服务项目之一，如百度和 Google。图 7-4 是百度搜索引擎的图片搜索页面。

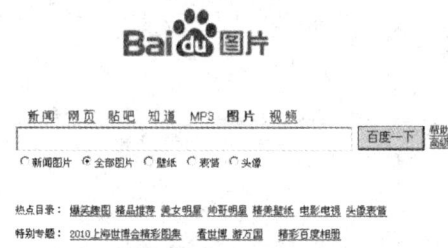

图 7-4　百度图片搜索页面

　　百度的图片搜索页面比较简洁、实用，在搜索的选项中突出了"新闻图片"一项，而后又有全部图片、大图、中图、小图和壁纸的分类，此外在下边又有热点目录和特别专题的划分。除了上面的一些选项之外，我们还可以进行高级搜索，从而给了我们更多的选择空间，图 7-5 是百度图片高级搜索的页面。

图 7-5　百度图片高级搜索页面

另外一个大的搜索引擎 Google 也有图片搜索服务。虽然相比百度来说，Google 在图片的一级页面没有提供更多的分类搜索选项，但是在"高级图片搜索"中，却给了使用者更大、更自由的选择空间。类似的搜索引擎有很多都是提供图片搜索服务的，各个搜索引擎提供的搜索分类项目是不一样的，它们拥有的图片资源也是不尽相同的，应该根据不同的需求和各个搜索引擎不同的特色结合使用。

4）其他渠道

网站上的图片除了从别的网站购买或者引用外，还有一部分是自己拍摄或者制作的。有的网站已经拥有了自己的专职新闻记者，可以自己拍摄新闻图片，网站的广告图片很多都是自己制作的。此外，一些新闻图表、图示和漫画等网站编辑人员也可以制作。

还有一些图片是来自于其他渠道的，如从个人博客购买。在"公民新闻"时代，每个拥有博客的个人都有机会获得第一手的新闻资料，包括新闻图片。网站可以从他们手中购买这些资料，同时也有利于节省物力和人力。

【观念应用 7-1】

尽可能多地搜集有关"汶川大地震"的图片。

要求：运用多种途径搜索有关图片要注意些什么？

分析：要完成相关的图片搜索任务，首先要明确图片的主题、内容是什么，只有明确了主题才能根据主题以及关键字进行搜索。其次就要考虑从什么途径可以获得图片，是通过专门的图片网站、网站的图片频道还是通过搜索引擎等。先明确思路然后才能使图片的搜集工作更好地完成。

其操作步骤如下：

（1）明确搜索主题。

（2）思考搜集途径。

（3）在提供图片服务的网站或者利用搜索引擎进行关键字搜索，进行图片搜集。

7.2.2　网络新闻照片的应用

网络编辑需要经常面对的一个问题就是照片的使用、处理和版位的设置，怎样才能达到最佳的传播效果，怎样才能符合网络传播的视觉习惯。网络媒体在文字和图片编辑方面有着和平面媒体类似的特性，因此网络媒体的照片编辑原则也可以借鉴报刊的照片编辑原则。有学者对报刊如何进行照片的编辑进行了一些归纳：

（1）编辑要懂得新闻照片，要能辨识什么是好的新闻照片。笼统地说，好的新闻照片应该新闻价值高、瞬间新闻性强、现场气氛热烈、形象动人、形式新颖、图像清晰、文字说明准确简洁。

（2）编辑要少用或不用非新闻照片，禁止非新闻照片在新闻版面上"横行"。

（3）把好的新闻照片优先放在重要版位上，给予强势处理。

（4）照片图幅不可过小，最好适当放大，增强新闻照片在报纸版面上的视觉冲击力。同时，注意适当剪裁，突出主体内容，使同样图幅的照片更有效果。

（5）提炼新闻照片标题，精编新闻照片说明。①

以上报纸图片编辑的原则对网络媒体也是非常重要的，值得网络新闻编辑人员去学习和参考。但是，网络在版面和浏览方式上有着自身的特点，这些特点也制约和决定了网络新闻图片的使用原则。例如，很多网页的设计都是网页实际大小比屏幕可视范围大很多，在有限的视屏范围内，图片的排版并不是占的面积越大越好，因此，在网络媒体上使用和放置新闻照片时，要符合网络媒体版面和视觉传播的特点，灵活掌握与运用。

在新闻图片的运用上需要把握以下几点基本原则，这也是在新闻图片选择过程中需要注意的：

（1）图形的主体应清晰可见。

（2）图形的含义应简单明了。

（3）图片内所含文字应该清晰，容易辨认。

（4）淡色系列的背景有助于整体和谐，淡色背景最佳，能与主题分离的浅色标志或文字背景亦可。

（5）图像文件的容量比文本文件大许多，这使得用户下载的时间增加。因此我们在设计网页时，既要考虑网页的精彩生动，还要注意内容简练，每一个网页不能使用过多的图片。单个网页的大小最好不要超过 50KB，所以在设计时应该尽量减小图像文件的大小。②

1）网络新闻照片的应用类型

以上是选择图片时应注意的一些原则，具体把图片应用到网页上时又有很多种情况需要考虑。在网站主页和新闻首页上如何放图片、图片的大小、是把图片和头条相配还是把图片作为整个网页的视觉调剂元素，都需要认真思考，这也是很多新闻网站改版的重要内容。

有学者对网络媒体或新闻频道中使用新闻照片的几种类型作了总结：

（1）作为主页上的主图，主要起调剂和美化版面视觉的作用。

（2）作为主页上头条新闻的配图。

（3）作为栏目的题图照片，或者作为栏目标题页的提示图片。

（4）作为新闻正文的配图。

（5）作为独立的图片新闻报道。③

在第一种新闻照片应用类型上，新闻照片被放置于网页比较抢眼、比较突出的位置，即在整个屏幕中人第一眼注意到的位置。在这个位置上的照片并不一定是新闻的头版头条，也可能是其他一条比较重要的新闻。现在国内许多媒体网站比较普遍地在首页首屏上放置新闻主图，图 7-6 所示的华商网的首页就把图片放在了页面顶端的右侧，当页面打开后图片便会出现在视线中，相对于文字来说给人更大的冲击力。新华网、中华网、人民网等重要媒体网站都是如此。

这种图片的使用并没有把图片和头版头条相配合，在实际工作中，也不一定要把头

① 许林．读图时代的新闻摄影论说［M］．北京：中国摄影出版社，2002：25-29.
② 匡文波．网络传播技术［M］．北京：高等教育出版社，2003.
③ 邓炘炘．网络新闻编辑［M］．北京：中国广播影视出版社，2005.

图 7-6　华商网的首页首屏图片安排

版图片与头版头条新闻配合使用。网络编辑可以根据页面美观和视觉效果的需要来选择一些更适合的新闻照片，这样既可以提升网页的视觉效果和美观程度，还能够起到提示新闻内容的作用，更可以通过新闻图片的链接直接引导读者阅读与图片相关的新闻报道。如图7-6 所示，页面中的新闻头条是 "欧洲探测器成功撞击月球"，新闻照片则是 "孤寡老师瘫痪 20 多学生租房赡养"，两者内容相差甚远，但是组合在一起放置于网页上并不相违。一般在网站改版前，主页的格式基本上是固定的，所以挑选合适的主页新闻照片是编辑的日常工作，编辑人员要结合实际需要和考虑网页的视觉效果灵活选择。

　　第二种照片应用类型是网页的图片和头条新闻有直接关系，图片是完全配合文字新闻报道的，图片的使用，增加了新闻报道的生动性、真实性和冲击力，给读者一个更加直观的印象。如图 7-7 所示的新浪网新闻首页，头条文字新闻是 "欧洲探测器成功撞击月球"，旁边即以月球为背景的一个探测器照片，并且采用了几乎相同的文字说明。在这种情况下，新闻照片是作为一种辅助元素出现的，配合文字新闻能够形成一种视觉强势，给读者更强烈的视觉冲击力和吸引力，这种照片的使用模式类似于报纸头版头条的图文搭配。

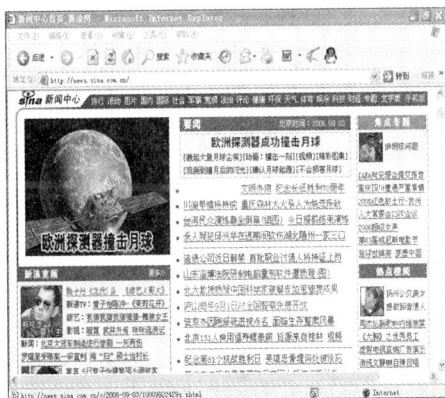

图 7-7　新浪网的新闻首页图片安排

　　第三种照片应用类型是作为新闻栏目的题图照片，兼有渲染版面和提示新闻内容的作用。这种类型的新闻照片的应用一般可以分为两种形式：一种是在每一个新闻栏目中都设有一幅主打新闻照片，主要作用是丰富版面元素，调节读者的视觉感受，同时也是栏目内容的提示，这种图片大小比较适中；另一种是作为栏图的照片，通常用在网站首页或者新闻主页上，图幅比较小，通常被称做"邮票图片"。这种图片具有提示和美化的作用，尽管这种"邮票图片"很小，但是读者可以通过点击图片来放大查看，图 7-8 是 Google 新闻主页对"邮票照片"的使用。以上两种形式是很多网站把新闻照片作为栏目题图来使用的方式，但是现在更多的网站是综合使用新闻主打照片和"邮票照片"，如图 7-7 所示的新浪新闻网页的图片安排，就是采用了主打照片和"邮票照片"综合使用的形式。

图 7-8　Google 新闻页面上"邮票照片"的使用

第四种照片应用类型是作为新闻正文的配图，很多网络新闻报道的页面都采取这种图文搭配方式，在用文字表述新闻事实、新闻过程的同时，新闻图片却是瞬间的爆发，除了给人生动、形象的感觉之外，还会给人以视觉上的冲击力。

图 7-9 就是图片配新闻正文的新闻图片应用类型，这种图文搭配使报道内容更易于理解，比单纯的文字新闻更生动、形象。

图 7-9　新浪新闻的图文搭配

第五种照片应用类型是作为独立的图片新闻报道，如图 7-10 所示的新浪图片新闻页面，每一张图片都可以通过点击链接查看相关的新闻报道。布满整个页面的新闻图片，色彩缤纷，给人以深刻的印象，人们可以在这里挑选自己感兴趣的主题的新闻图片。如果要了解新闻图片的详细内容，可以通过点击图片来查看详细的文字说明，在满足了人们视觉享受的同时又把事件解释得清晰明确。

图 7-10　新浪图片新闻页面

【观念应用 7-2】

如果要开设一个图文并茂的新闻频道，从新闻频道首页到具体的新闻页面你会如何去设置？

要求：进行一个包含新闻频道一级页面在内的总体设置。

分析：网站中新闻图片的应用无外乎前边所讲的五种类型。在运用这几种类型时要注意从整体到局部的顺序，同时不要把这种规则死板化，可以结合网站的定位和风格适当地改变，根据不同的需要来进行设置。

其操作步骤如下：

（1）首先根据网站的整体风格确定新闻频道的风格，从色调到整体视觉效果要做到和整个网站相一致。

（2）确定整个页面采取何种图文搭配方式，是邮票式还是主图式。

（3）如果是主图式，是选择图文相符，还是主要以图片吸引注意力不必图文配合，再有就是主图左右位置的选择。

（4）为了活跃版面，可以用小图片配合文字作为导航栏。

（5）具体的新闻页面图片是采用纵向并列还是横向并列，可以根据实际需要灵活安排。

2）网络新闻照片的版位设置

网络新闻照片的版位安排和报刊上新闻照片的版位安排同样重要，照片位置安排得当则能起到画龙点睛、调剂版面的视觉效果的作用；如果安排不当，不但不能起到美观的作用，还会破坏整个页面的视觉效果。其中一个原则就是照片要和整个页面相融合，打造一个视觉中心。网络新闻照片在网页上的版位有以下几种类型：

第一种就是把照片安置在页面首屏的左上方。这样一种版位安排方式已经是经过无数网站使用和编辑人员认可的，符合人们从左到右的视觉和阅读习惯，这个位置是人们阅读或者浏览的视觉起点。很多网站照片的版位放置都采用这种方法，如新浪新闻、人民网、东方网的东方新闻频道、《华盛顿邮报》的网站等。如图 7-11 所示的《华盛顿邮报》网站，这种照片的版位安排能在第一时间抓住读者的视点，同时起到很好的导航作用，可以使读者在文字的世界中眼前突然一亮，瞬间"抓住"读者，同时还能使读者自然而然地在看完之后把目光转向旁边的标题。

第二种照片版位设置是非常规的方式，即把新闻照片放在页面的右上方，和人们从

图 7-11 《华盛顿邮报》网站图片版位设置

左到右的阅读与视觉习惯相反。如果新闻照片选择适当，放在这样一个位置上也能收到很好的效果，成为整个页面的视觉凝聚点。如图 7-12 所示的搜狐网新闻中心的图片设置就是一个很好的例子。

图 7-12 搜狐网新闻中心图片设置实例

第三种照片版位设置是采用多个小图片纵向排列的方式，多图在首页上也能起到很好的视觉效果，国外一些媒体网站常采用这种方式。图7-13英国《卫报》网站就是采取 3 张图片纵向放置的方式，第一张为正方形，第二、三张为长方形，这样打破常规，页面显得比较活泼。

图 7-13 英国《卫报》网站图片设置实例

在第一种和第二种照片版位安排方式中，这些照片是可以循环更新的，主照片能够循环刷新显示，如东方网的东方新闻（news. eastday. com）、人民网的新闻中心（news. people. com. cn/）都采用这种图片展示模式。

在新闻正文报道的页面中，如果有新闻图片的话，一般都放置于正文正上方。如果有 2～3 张图片的话，一般是纵向排列。为了避免前边是图片后边是大段文字的死板搭配，也可以把图片间隔插入到文字中，这样能起到调节作用。

7. 2. 3　新闻漫画

1）新闻漫画概述

在阅读报刊时，我们经常会看到以漫画形式出现的关于新闻事实、热点现象评论的图片。这些漫画多是带有评论性质的，可以是表扬的，也可以是讽刺的。这种新闻漫画的含义一目了然，比文字具有更强的冲击力，同时在评论功能的发挥上使读者更易于阅读和接受。一幅好的新闻漫画的价值相当于或胜过一篇社论，新闻学中"一图胜千言"说的就是这个道理。同样，随着网络媒体的发展和完善，新闻漫画在网络中的应用也越来越广泛。在介绍新闻漫画的使用之前首先让我们了解一下它的概念。**新闻漫画**是一种借助新闻传播载体，运用夸张和幽默的造型语言，报道或评议国内外新近发生的时事、社会问题的绘画。[①]

新闻漫画首先是一种漫画，那它同一般漫画有什么区别呢？新闻漫画属于新闻传播范畴，它主要刊载在新闻媒介上；具有新闻报道的特性，如时效性、针对性、真实性，新闻漫画总是针对当前的新闻事实或现象的，对时效性有很高的要求；新闻漫画还有解释性、评价性，它总是针对某种现象而出现的，通过漫画形式表达了作者的某种意见和倾向，是夹叙夹议的，并且侧重于"议"。

新闻漫画主要发挥评议的功能，并且以批评性评议居多，通过评议或者抨击新闻事实或某种社会现象来表达某种观点和倾向。图 7-14 就抨击了在"非典"期间，不法商贩为了赢利而失去了社会道德的现象。图 7-15 "反恐怪圈"也是指向鲜明，带有很强的倾向性。

图 7-14　广州不法商家又发"非典"财

好的新闻漫画要具有哪些要素呢？第一，要具有新闻性，在前边说的新闻漫画和一

---

① 刘一丁. 中国新闻漫画［M］. 北京：中国青年出版社，2004.

图7-15　反恐怪圈

般漫画的区别中已经提到；第二，是新闻漫画所负有的使命，即新闻漫画的战斗性；第三，新闻漫画还必须具有很强的艺术性和幽默性，而且要源于生活、源于现实，通俗易懂，用变化对比、误会借代、声东击西、意料之外等表现手法，于奇特、幽默之中给人以智慧的启迪，使人有豁然开朗的快感。

图7-16为2005年普利策新闻漫画奖获得者、《路易斯维尔信使报》记者尼克·安德森创作的一幅漫画《这张图有什么错误？》。这是一种对比型的新闻漫画，因与众不同的描写风格而获奖。右边文字是"这是用减税买的车"，左边则是"请支持我们的军队"，两边形成了鲜明的对比。

图7-16　新闻漫画《这张图有什么错误？》

2）网络新闻漫画

在国内网络新闻媒体中，很多网站都开通了新闻漫画专栏或者新闻频道，做的比较好且具有代表性的是《中国日报》网站下属的"中国新闻漫画网"和21CN新闻中心的"漫画频道"。中国新闻漫画网（如图7-17所示）是由《中国日报》网站主办、中国新闻漫画研究会协办的国内第一家专业漫画网站，于2001年7月18日正式开通。它的主要功能是：用网络手段向全国和全世界新闻媒体提供最新的新闻漫画资讯、作品的欣赏、交流、交易，供各媒体选择发表；同时向世界展示我国最高水平的新闻漫画作品和介绍我国最优秀的漫画家。经过10多年的发展，新漫网已成了一个内容充实、功能完备的综合性网络服务平台，树立了良好的备受业界大众欢迎的互联网品牌形象。21CN新闻中心的漫画频道（如图7-18所示），也是办得比较好的新闻漫画频道之一，分类清晰，内容丰富。

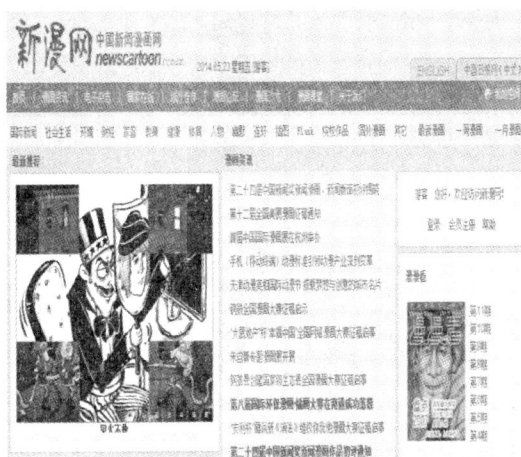
图 7-17　中国新闻漫画网首页

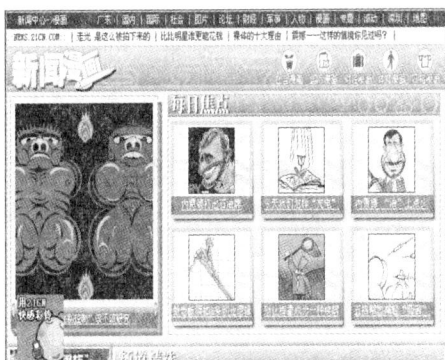
图 7-18　21CN 新闻中心漫画频道页面

　　从图 7-17 和图 7-18 我们可以看出，不同的网站具有不同风格的新闻漫画（图片）设置，导航栏是有所区别的。中国新闻漫画网的导航设置分为两种：第一种是整个网站的服务型导航，分为"首页"、"漫画资讯"、"电子杂志"、"画家在线"、"域外佳作"、"漫画论坛"、"漫画沙龙"、"漫画课堂"、"关于我们"；第二种是基于便于读者阅读这个目的的漫画分类导航，分为"国际新闻"、"社会生活"、"环境"、"财经"、"家庭"、"教育"、"健康"、"体育"、"人物"、"幽默"、"连环"、"插图"、"Flash"、"院校作品"、"国外漫画"、"其他"、"最新漫画"、"一周漫画"、"一月漫画"。21CN 新闻中心漫画频道导航栏的设置比较简洁，包括"社会漫画"、"国际漫画"、"财经漫画"、"体育漫画"、"四格漫画"，在下边页面的具体设置中，又在首屏加入了"每日焦点"和"频道精选"两个栏目。

　　两个网站不同的导航栏设置目的是相同的，都是为了便于读者阅读、查找自己喜欢或是感兴趣的漫画作品，同时把最精彩的漫画作品呈献给读者。在服务的提供上，中国新闻漫画网还经常公布国内外参赛和获奖的漫画作品，推动漫画业界的交流和沟通。

【观念应用 7-3】

　　为某个社会现象或新闻配幅新闻漫画。

　　要求：选择或制作新闻漫画时应该注意什么？

分析：新闻漫画必须具有它的特性，也就是它区别于普通漫画的特性，正是这些特性才体现出新闻漫画存在的意义。新闻漫画并非都由媒体自己的工作人员制作，大部分是由专门的漫画作者提供的，网站可以通过约稿的形式获得或者是从其他媒体转载。重大主题还可以进行社会性的漫画比赛或者征集活动，这样既可以为媒体提供新闻漫画，又能让新闻漫画所体现的意义具有更广泛的社会影响力。

其操作步骤如下：

（1）确定新闻漫画的内容和选题以及新闻漫画要表达的意义。

（2）如果不是自己制作，可以向专门的漫画作者约稿或者从其他网站转载；如果是自己制作，则要注意新闻漫画的几个特性，如新闻性、艺术性、幽默性、战斗性、针对性以及时效性等。

7.2.4 网络新闻图示

平面媒体还广泛地使用新闻图示来报道新闻信息。**新闻图示**是报纸等平面媒体常用的一种视觉新闻形式，是以图、表为主要形式对新闻事实进行报道，对新闻事实中比较抽象的数字、内容，或者难以用文字描述、难以用新闻照片表现的事物进行形象化展示的一种传播形式。它具有形象性和象征性，但不具有标记性。

新闻图示按照是否具有独立报道新闻的功能，可以分为插图新闻图表和图表新闻两大类。插图新闻图表不具有独立报道新闻的功能，必须与文字新闻配合使用，是对新闻某个或某几个要素、新闻的部分内容的形象化展示；图表新闻则具有独立地报道新闻的功能，不必与文字稿件配合起来使用。[①]

传统的图示在新闻中的应用一般可以分为两大类：一是新闻图表，包括表格、柱状图、饼状图、曲线图等；二是新闻图示，多为对某件事情发生的时间、地点、路线的描述。不同的图示有不同的特点，在使用过程中应结合新闻信息自身采取合适的形式。新闻图表中的表格多用于财经报道中，便于使不同的数据关联在一起，使人们对数字的了解清晰可辨；柱状图适合用在一些数据的比较方面；饼状图在表达百分比方面有先天的优势，可以很方便地表现出在一个总量下各方所占的百分比；曲线图能清楚地展现事物的发展变化情况。而新闻图示可以还原事件类新闻信息的本来面目，把事件中的人物、时间、地点、情况等各要素以静态的形式动态地表现出来。如图 7-19 所示的青藏铁路全线铺轨完工，通过观察整个图示，使人对青藏铁路的建设、发展情况有了详细的了解。[②]

与过去的新闻图表相比，现在的新闻图表不再是那种简单的"折线图"、"饼状图"、"柱形图"等，而是将"折线图"、"饼状图"或"柱状图"与漫画有机地结合起来，涂上各种艳丽的色彩，耀眼且醒目，增强了宣传和传播效果，如图 7-20 所示的"9 月份新房价格：北京涨 10.3%，上海降 2.3%"。[③] 此外，新闻图表的表现内容相当广。过去的新闻图表局限于表现一些数字多的经济新闻，现在的新闻图表表现的新闻面要广得多了，不仅经济新闻，而且政治新闻、社会新闻、科技新闻、服务新闻以及国际新闻等，都采用

① 王文利，甘敏求．平面媒体新闻图示浅析［J］．新闻战线，2005（3）．
② 资料来源 孟丽香．青藏铁路全线铺轨完工［EB/OL］．（2005-10-15）．http：//news. xinhuanet. com/photo/2005-10/15/content_ 3619535. htm.
③ 资料来源 佚名．新闻网表：一图胜千言［EB/OL］．（2005-12-30）．http：//www. oursee. com/html/dogguodong/2005_ 12_ 31_ 00_ 28_ 853. html.

图 7-19　青藏铁路全线铺轨完工

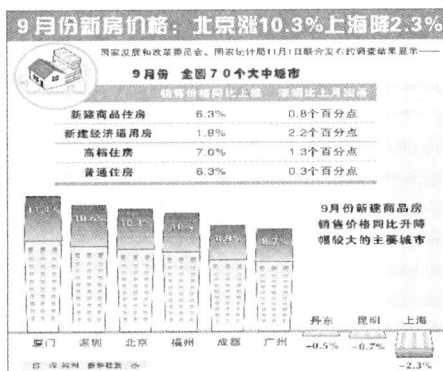

图 7-20　9 月份新房价格：北京涨 10.3%，上海降 2.3%

了新闻图表的表现形式。

新闻图表作为新闻的一种载体和表现形式适宜表述以下一些新闻情况：①擅长反映变化的成就报道。如经济取得了什么新进展，可以有明确的数字作为证明，更具说服力。②能反映变化的地域新闻。如哪里修了新铁路、新高速公路等，都可以通过图示给人直观的感觉。③重大突发事件。有些事件具有很高的新闻价值，但因为是突发事件，记者没能抢拍到照片，就可以用新闻图表来弥补这个缺憾。④社会调查结果。作为新闻媒体，社会调查是一项重要工作，它可以通过反映民意正确地引导舆论。以新闻图表来反映公众对某项社会政策的支持程度，能方便决策者根据这些数据来完善政策。[①]

7.3　职业工作站

本章主要从网络图片的来源、编排等方面讲述其应用情况。在具体的网络图片应用中，应该结合不同特点的网站以及应用的不同栏目特点来安排图片的位置。图片的安排总是为相应的主题服务的，也是为整个网站的风格定位而服务的。网络新闻漫画、图表和图示也被归为新闻图片的范围之内，这些图片的使用也是为了美观、直观、形象地传达信息。合理使用这些图片，能使传播效果显著增强，达到一图胜百文的目的。

---

① 资料来源　佚名.9 月份新房价格：北京涨 10.3% 上海降 2.3%［EB/OL］.（2006－11－01）.http：//news.xinhuanet.com/photo/2006－11/01/content_5278404.htm.

对网站图片负责人来说，图片的设计和安排关系到网站或者频道的整体页面效果，所以图片的安排不能单单考虑图片自身，而是要延展到整个页面的风格、定位中去。

【观念应用 7-4】

运用本章知识，主要针对图片的应用类型和版位为《体坛周报》设置网络版页面。

要求：如何为整个网站设置整体的图片版位，同时兼顾不同体育内容的特点，颜色与图片灵活搭配，在方便读者阅读的基础上使页面更清新、更具有审美效果？

分析：(1) 网站的图片编辑和整体设计道理是一样的，都应该遵循先整体后局部的原则。网站图片的设置要在整个网站设置原则之下进行，要符合网站的风格、定位要求。首先要定位的是整体结构，这个规划好后，二级子页面或者三级子页面（都是目录页面）都要使用这个结构，在此基础上可以适当地灵活变动。最主要的一点是要保持网站各层级页面的整体性。

(2) 要结合多种图片的应用类型来设置页面。比如，可以用图片作为主图来形成视觉中心；可以使用图片作为导航的栏图，比单纯性的文字导航更活泼，也更能美化版面；还可以作为新闻正文的配图，以弥补文字说明上的苍白；也可以为网站设置独立的图片频道，以满足读者对图片观赏的需要。

资料来源　《体坛周报》电子版.

7.4　分析评价

随着互联网技术的突飞猛进，网络媒体以其内容时时更新的技术优势给传统纸质媒体带来了前所未遇的寒流，但是网络媒体的发展毕竟还没有达到颠覆传统媒体的地步。传统媒体的一些既有优势还是可以给网络媒体提供参考的，同样，目前纸质媒体图片编辑中存在的问题在互联网中也是存在的。在网络自身的发展过程中以及网络媒体与传统媒体的对比中，我们可以看到网络媒体自身的优势和不足。

图片编辑由纸质媒体时代发展到网络媒体时代，信息化、数字化给网络媒体带来的优势是传统媒体不可比拟的，但是在其发展过程中同样存在很多问题：[1]

(1) 图文不配、虚假图片等问题广泛存在，即使有的图片是真实的，可能也仅仅反映了事实的一个侧面或者更容易使事实被歪曲。这种问题多发生在新闻图片中，所以对图片的选择和使用是至关重要的。

(2) 从新闻图片方面来说，由于网络媒体自身拥有的记者力量比较薄弱，所以在重大新闻事件的照片使用方面，只能从传统媒体那里获得图片。如何建立一种与其他大媒体、通讯社的资源共享机制是大部分网络媒体需要解决的问题。

(3) 如何应对海量的图片信息。数字时代信息来源丰富了，这一方面是好事，但是另一方面却增加了图片编辑的工作量，并且提高了工作的难度。

(4) 来自读者的压力。网络的出现使媒体的互动性提高了，来自读者的意见可以得到迅速反馈。如何看待这些反馈的意见，是一味迎合还是坚持专业主张，以及如何让反馈

---

[1] 任悦. 数字时代图片编辑的职能转换［EB/OL］.（2006-10-10）. http://203.192.6.68/html/200611/1125.htm.

信息在自己的图片编辑工作中得到良性循环，都是网络媒体图片编辑要考虑的问题。

（5）图片传播的低俗化。由于图片从采集到发布的整个过程变得越来越便捷，互联网上充斥着海量的图片信息。其中，大量图片的格调和品位都不高，是仅仅为了赚取眼球的低俗照片。如何在这样的传播环境下坚守职业道德，摒弃浅层的追求，深度挖掘图片信息，也成为图片编辑必须重视的问题。

■ 本章小结

本章主要讲述了网络新闻图片的编辑，旨在使读者能够了解图片编辑的流程和应注意的问题以及相关技巧。图片这一传统媒体普遍使用的信息表达方式同样适用于网络，且在应用方式上比传统媒体更为复杂，不同的图片格式有不同的特点，这也影响了网络媒体在不同需求下对不同格式图片的使用，了解图片的格式和特点也成了使用网络图片的前提和基础。

网上图片资源是丰富的，有专门的图片网站提供图片服务，网络媒体可以通过多种方式获得所需要的图片。掌握多种图片来源有利于满足网站自身对各种图片的需要。找到符合需要的图片是网站图片编辑的一个基础性工作，以后的所有工作都是在此基础上展开的，如网页上图片的使用方式、图片的版位设置。有些图片并非新闻照片，而是新闻漫画类或者是新闻图示类，怎样合理地使用这些图片，都要根据实际需要来决定。

■ 主要概念和观念

□ 主要概念
有损压缩　无损压缩　新闻漫画　新闻图示

□ 主要观念
图片的格式和特点　图片的获取渠道　图片的应用种类

■ 基本训练

□ 知识题
▲ 简答题
（1）什么是无损压缩？
（2）什么是有损压缩？
（3）新闻图片选择过程中需要遵循的几点原则是什么？
▲ 选择题
△ 单项选择
（1）被称为联合图片专家组的图片格式是(　　)。
A. GIF　　　　B. JPEG　　　　C. BMP　　　　D. PNG
（2）Windows 的画笔和墙纸使用的是(　　)格式的图片。

A. GIF　　　　　B. JPEG　　　　　C. BMP　　　　　D. PNG

△ 多项选择

（1）图片的压缩格式包括（　　）。

A. 有损压缩　　　　　　　　B. 低级压缩

C. 高级压缩　　　　　　　　D. 无损压缩

（2）网络图片的获取渠道包括（　　）。

A. 专业图片网站　　　　　　B. 网站自身的图片频道

C. 搜索引擎　　　　　　　　D. 自己制作或者购买

（3）新闻图片包括的种类有（　　）。

A. 新闻照片　　　　　　　　B. 新闻漫画

C. 新闻图表　　　　　　　　D. 新闻图示

▲ 阅读理解

（1）谈一下图片格式中 JPEG 和 GIF 各有什么特点和优势。

（2）在新闻图片的使用过程中应该注意些什么问题？

（3）新闻漫画同一般的漫画有什么区别？

□ 技能题

　　▲ 单项操作训练

（1）查看一张网络图片的格式。

（2）找到一个专业的提供图片服务的网站。

（3）看一看哪些个人博客上有比较即时的新闻图片。

（4）找到一幅和最近的新闻事件相关的新闻漫画。

　　▲ 综合操作训练

（1）从网站上找到格式为 JPEG 和 GIF 的新闻图片并下载到电脑中。

（2）参考【观念应用7-1】，使用搜索引擎寻找有关 2012 年伦敦奥运会尽可能多的 JPEG 格式的新闻图片。

（3）用新闻图表来表现近年来中国经济在世界经济总量中的变化。

■ 观念应用

□ 案例题

图片版位设置理念在人民网和《纽约时报》网站中的体现

　　不同的网站有自己不同的定位、风格。人民网（http：//www.people.com.cn/）最初是《人民日报》的电子版，现在逐渐发展成为一个以新闻为主打内容的综合性网站。网站首页为主要新闻和其他栏目的导航内容，采用纵向三栏式，在首屏的左上方设置了新闻主图，作为当日的重要新闻，形成视觉凝聚中心；网页下方的图片多以小图形式出现，作为栏图或者是导航图；在二级页面也就是"新闻中心"中，首屏主图设置在页面的右上方。

　　《纽约时报》网站的首页同样采用纵向三栏的样式，只是把当日重大新闻的一张醒目大图放在首屏上方中间位置，让人第一眼看到这张图会产生一种整个屏幕就只有这一张图片的感觉，视觉冲击力是非常强大的。在网页的下方，左右两栏分别设置一些小图片，左边一栏出现的图片是作为栏图的，起导航作用；右边一栏是各种商品的广告图片，中间没有任何小图片出现，只是一些文字导航栏。而在二级页面"NEWS&VIEWS"中，图片的出现形式又略有不同，首屏上方中间出现了配有简略文字说明的稍小图片，再往下是配有文字说明的更小的图片，一方面，可以起到导航的作用；另一方面，即使读者不点击页面进一步阅读，也能对新闻事件有个大概了解。同样，在左右两栏也都有起导航作用的图片。

比较人民网和《纽约时报》网站，我们可以发现，两者在图片的设置、网站的整体感觉上各有特点。人民网网页设置紧凑，给人感觉内容充实，而且重要新闻都会加粗、加大字体，头条新闻的标题和分栏处还会以不同的颜色标示出来，以示区分，广告则是以浮动广告为主，或是在页面最上方空间展示出来。相对于人民网来说，《纽约时报》网站内容排列没有那么紧密，无论是文字还是图片都注重留白，给人的整体印象是清新而整洁。在这样一种环境下，图片的视觉冲击力、审美作用无疑是更强的。

（注：可结合本书第 5 章内容来理解此案例。）

问题：如何理解案例中两家媒体网站呈现的图片设置理念，给了你什么启示？

□ 实训题

实训 1：假设要建立一个购物类网站，尝试进行物品图片的搜集和获取以及网站图片的版位安排。

实训 2：尝试为一个军事类网站设置图片频道。

□ 讨论题

（1）你觉得网络新闻图片的版位设置除了书中所讲到的还有哪些？

（2）网络新闻图片与传统媒体新闻图片有什么异同？

第 8 章

网络的音视频编辑

■ 学习目标
8.1 网络音视频的格式
8.2 网络音视频的特点
8.3 网络音视频的发展
8.4 职业工作站
8.5 分析评价
■ 本章小结
■ 主要概念和观念
■ 基本训练
■ 观念应用

■ **学习目标**

知识目标：

了解网络音视频的格式特点及常用的格式；了解网络音视频的发展优势；了解当前网络音视频的应用范围和应用方式。

技能目标：

能够使用适当的音视频格式设置网络音视频栏目，依据人们的阅读、浏览习惯编排音视频页面。

能力目标：

把网络音视频应用到最适用的领域。

引例　直播中的"9·11"恐怖袭击事件通过网络传遍世界

2001 年 9 月 11 日清晨,在美国的天空上,4 架民航客机搭载着 266 名乘客和机组成员飞向他们的目的地。纽约的人们依旧在忙碌着,一切显得那样的平静而祥和,然而这 4 架飞机却被劫机犯无声无息地劫持了。

当美国人刚刚准备开始一天的工作之时,纽约世贸中心连续发生撞机事件,世贸中心的摩天大楼轰然倒塌,化为一片废墟,造成了 3 000 多人丧生,如图 8-1 所示。

图 8-1　美国世贸中心遭遇恐怖袭击视频截图:飞机撞向第二栋大厦

下面是遭受袭击的大事记:

8 点 45 分:一架从波士顿飞往纽约的美国航空公司(American Airlines)的波音 767 飞机(航班号 Flight 11)遭挟持,撞到了纽约曼哈顿世界贸易中心南侧大楼,飞机"撕开"了大楼,在大约距地面 20 层造成滚滚浓烟,并发生爆炸。

9 点 03 分:一架波音 757 飞机以极快的速度冲向世贸中心北侧大楼。飞机从大楼的一侧撞入,由另一侧穿出,并引起巨大爆炸。两起爆炸可能造成了数千人伤亡。

9 点 45 分:位于首都华盛顿中心的美国国防部五角大楼遭飞机撞击,并发生大火。

10 点:世界贸易中心南塔倒塌。

10 点 10 分:五角大楼部分倒塌。

10 点 10 分:一架遭挟持的美国联合航空公司(United Airlines)的飞机在宾夕法尼亚州萨默塞特(Somerset)坠毁。

10 点 29 分:纽约世界贸易中心北塔坍塌。

11 点 18 分:美国航空公司证实 2 架飞机被劫持并坠毁,机上共有 150 人。

11 点 59 分:美国联合航空公司证实 2 驾飞机被劫持并坠毁,机上共有 110 人。

资料来源　解志国,李宏伟,董志新. 美国 2001 年 9 月 11 日遭受恐怖袭击大事记 [EB/OL], (2001-09-12). http: //www. chinadaily. com. cn/gb/doc/2001-09/12/content_ 8493. htm.

整个美国为之震惊,人们陷入了极度恐慌之中,这是美国历史上发生的最为严重的灾难之一。人们最早获知这场灾难并不是通过电视,而是通过网络,有几个拿着摄影机的人在飞机撞向世贸大厦时拍下了这惊人的一幕,然后迅速把视频传到了互联网上,让全世界的人看到了这场世纪性的灾难。

互联网因其传播范围广、速度快而成为许多突发事件的传播平台,除了传统的文字信息以外,音频、视频等多媒体内容也都越来越多地利用互联网来发布。除了突发事件外,音视频还广泛应用在其他领域,比如网络广播、网络视频新闻、网络访谈、网络评论、网络影视剧和网络综艺娱乐节目等，这些节目使互联网内容更加丰富，也使人们获取各种信息更加便捷。

8.1 网络音视频的格式

8.1.1 关于流媒体技术

网络音视频技术可以归于流媒体技术，习惯上，人们把在网络上传输并且播放的音视频节目称为"流式数据"，把通过网络传输的音视频或者多媒体文件称为流媒体文件。那么，到底什么是流媒体呢？

流媒体是指采用流式传输的方式在 Internet 上播放的媒体格式，如音频、视频或多媒体文件。在采用流式传输方式的系统中，用户不必像采用下载方式那样等到整个文件全部下载完毕才能观看，而是只需经过几秒或十几秒的启动延时即可在计算机上利用解压设备对压缩的 A/V、3D 等多媒体文件解压后进行播放和观看。此时多媒体文件的剩余部分将在后台的服务器内继续下载。与单纯的下载方式相比，这种对多媒体文件边下载边播放的流式传输方式不仅使启动延时大幅度地缩短，而且对系统缓存容量的需求也大大降低，极大地减少了用户的等待时间。

8.1.2 网络音视频的格式及特点

能够在网络上传输并且播放的音视频节目有固定的格式，并不是所有格式的音视频文件都能够直接在网上播放。不同的流格式文件分别对应不同的播放软件。播放软件不同，决定了不同格式文件的编码与解码的不同，因此，针对不同的格式需用不同的播放软件。

1）RM/RA 格式

播放软件：RealPlayer Basic、Realone。

它是 Realnetworks 公司对多媒体世界的一大贡献，也是对在线影视推广的贡献，它使流文件为更多人所知。这类文件可以实现即时播放，即先从服务器上下载一部分视频文件，形成视频流缓冲区后实时播放，同时继续下载，为接下来的播放做好准备。这种"边传边播"的方法避免了用户必须等待整个文件从 Internet 上全部下载完毕才能观看的缺点，因而特别适合在线观看影视作品。RM 主要用于在低速率的网络上实时传输视频的压缩格式，它同样具有体积小且比较清晰的特点。早期的网络视频电影多采用 RM/RA 格式，后来随着微软 ASF 视频传输格式的广泛普及，RM/RA 格式在互联网上的应用逐渐减少。

2）RP（Realpix）

播放软件：RealPlayer 6.0 以上的版本或插件，Realone，Realpix Player。

Realpix 是 Realmedia 文件格式的一部分，允许直接将图片文件通过 Internet 流式传输到客户端。通过将其他媒体如音频、文本捆绑到图片上制作出各种用途的多媒体文件。只要需要懂简单的标志性文件就可以用文本编辑器制作出 RP 文件。

3）RT（Realtext）

播放软件：RealPlayer Basic，Realone。

　　Realtext 也是 Realmedia 文件格式的一部分，发布这种格式是为了让文件以直播源流式发送到客户端。Realtext 文件既可以是单独的文本，也可以在文本的基础上加入媒体，选择何种形式完全视需要而定。由于 Realtext 文件也是由标志性语言定义的，所以用简单的文本编辑器就可以制作。

　　4）ASF 格式（Advanced Streaming Format）

　　播放软件：Windows Media Player。

　　以 *.asf 和 *.wmv 为后缀名的视频文件，是针对 RM 而生的，也是 Windows Media 的核心。它们的共同特点是采用 MPEG-4 压缩算法，所以压缩率和图像的质量都很不错（只比 VCD 差一点，优于 RM 格式）。与绝大多数的视频格式一样，画面质量同文件尺寸成反比关系。也就是说文件越大，画质越好；相反，文件越小，画质就越差。在制作 ASF 文件时，推荐采用 320×240 的分辨率和 30 帧/秒的帧速，可以兼顾清晰度和文件体积，比同是视频格式的 *.rm 文件效果好很多（如图 8-2 所示）。

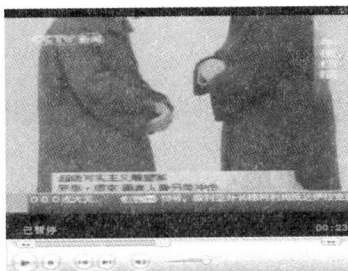

图 8-2　新华网视频新闻截图

　　5）MOV 格式（Movie Digital Video Technology）

　　播放软件：QuickTime Player。

　　QuickTime 制定了被称作 QuickTime movie 的多媒体文件格式，此文件格式极具弹性。此外 QuickTime movie 文件格式不限系统平台开放性和延伸性的约束，所以它作为分散式多媒体系统，是比较理想的选择。

　　6）FLV 格式（FLASH VIDEO）

　　FLV 流媒体格式是随着 Flash MX 的推出发展而来的视频格式。由于其具有视频文件体积轻巧、封装播放简单等特点，因此很适合在网络上进行应用，目前主流的视频网站无一例外地使用了 FLV 格式。

8.1.3　网上常见的在线播放视频格式文件大小

　　网络上播放的音视频总是有相对固定的格式，在文件转换的过程中设置的不同会导致文件大小的不同，文件大小的不同又会影响到音视频的质量，那么在网络上传输并且播放的音视频文件大小一般是多少呢？

　　用 Windows Media 编码器 9 转换的 WMV 格式文件，设置成 Windows Media 服务器（流式处理），总比特率为 282Kbps，帧速率为 29.97 fps，输出大小为 320×240 像素，WMV 文件大小为 2.18MB/分钟，实际播放比特率为 273Kbps，声像同步，图像流畅，声像播放效果可以接受。

　　用 Real Producer Plus 10 的默认模式转换的 RM 格式文件，RM 文件大小为 2.17MB/分

钟，实际播放比特率为 225Kbps，声像同步，图像流畅，声像播放效果可以接受。

8.2 网络音视频的特点

8.2.1 网络音频的特点

目前网上媒体节目的播出形式大体上是两种：一是在线播放，它与电台节目播出同步，时效性强；二是点播节目，网上的文字新闻和其他各类专题节目，都可以按受众需要提供点击收听服务。实践证明，在互联网上，广播节目可以扬长避短，在竞争中利用网络优势增强实力。主要表现在：①

1）全球覆盖优势

广播一旦进入互联网，就可以面对全球网络用户。对传统广播而言，任何一家电台都无法做到全球覆盖，唯有网络具有这一优势。

2）自由选择优势

受众可以按照自己的意愿选择节目，不受传统广播播出时间的限制。

3）信息资料优势

网络广播可以利用网络庞大的存储空间和强大的传输能力，大大扩展广播的信息容量，为受众提供一个丰富的信息资料库。

4）同步交流优势

网络为受众提供广阔的发表意见的空间（电子邮件、电子论坛、聊天室、即时通讯工具等），最大限度地满足了受众参与节目的需求，改变了以往听众只能通过热线电话与电台联系的方式。②

5）视觉化、文字化

网络音频出现后，部分节目内容可以在网页上用文字表达，也可以配上图片、音像，听众不仅可以听，还可以"读"。听众在网上可以看到以文字和图像形式提供的节目材料以及主持人介绍，通过超链接手段获取更多的背景资料，还能与其他网友即时互动交流。

6）扩大了受众的选择空间

广播采取的是一种由一点均匀地传向多点的单一方向的信息传播模式，受众在时间和内容上都是被动的，他们接收转瞬即逝的广播信息往往要按照准确的时间进行，如果错过，信息就难以再次捕捉。网络广播则不同，受众可以先通过文字了解广播节目的内容，再根据自己的需要和兴趣来选择要看或要听的内容。除现场直播外，每个人都可以安排自己的节目表，这在很大程度上改变了过去电台播什么听众就听什么的状况，而是形成了听众想听什么看什么，就选什么的信息接收模式。

7）扩展了广播的传播空间

传统广播的传输受到地域的限制，特别是音质较好的调频广播发射范围很小，短波虽

---

① 神伟. 网络广播的传播特点及发展趋势［EB/OL］.（2005-12-24）. http：//www. woxie. com/article/list. asp? id=25056.
② 慧聪网. 浅谈几种数字广播技术的特点及其应用，http：//info. broadcast. hc360. com/2005/06/13103179766. shtml，2005-06-13.

然发射范围大，但信号不稳定，收听效果差。网络技术的应用则可突破这种地域的限制。从理论上说，任何一个地方台的广播节目都可以通过网络流向世界的某个角落，受众也能通过网络收听到外地广播，获得那些难以通过传统媒介获得的信息。

8）广播与受众的互动性增强

广播与网络融合后，由于因特网的双向互联性，由绝对的中心控制，拓展为主持人与网友的多向交流，因而网上广播受众的反馈参与大大增加。

9）改善产业环境

数字广播技术使广播不仅可以提供语音服务，而且也能提供包括文字、资料、影像、图形、声音和软件等内容的双向互动的服务。广播媒体与信息通讯服务业融为一体，可以进行高附加值的业务经营，提供多元服务，从而改善产业环境。

10）降低成本，提高接收状况

数字广播技术不仅能使现有广播系统具备精致立体的环绕音场的音响品质，而且凭借信息编码技术的错误更正能力，能降低制作成本，而时域/频域交错技术（Interleavingintime/Frequency），则可以让移动设备的接收状况更好。

8.2.2　网络视频的特点

1）覆盖范围广

由于其借助全球互联网进行传播，因而，在全球的任何角落，只要是上网用户，均可以成为网络电视的受众。其播出节目的覆盖范围是任何传媒（包括电台、电视台）都无法比拟的。在行业的播出划分上，可以分为上百个频道播放，这也是传统电视所不具备的。

2）信息容量大

互联网"海量信息"的特征在网络电视中得到充分体现。其信息容量不要说现有的电台、电视台和报纸、刊物望尘莫及，就是通常网站也只具有大量的文字、图片，而无法呈现网络电视的视听丰富内容。

3）传播速度快

这也是网络电视与生俱来的一个显著特点。无论你在世界的哪个角落，只要你轻轻点击，你所需要的电视节目就会马上呈现在你的面前，其信息传播的速度和时效真是令人惊叹！

4）视听效果佳

网络电视继承了传统模拟电视形象直观和生动灵活的特点，并能输出比传统模拟电视更优质的图像和声音。目前我们的模拟电视清晰度只有 350 线左右，而网络电视的图像质量可以达到电视演播室的质量水平，清晰度达到 1 200 线以上，传输的图像质量可以达到 DVD 的画质。网络电视的声音质量也非常高，可以支持 5 个声道或者更高。

5）互动性强

这种互动性既包括观众与网络电视之间的互动，也包括观众之间的互动。在网络电视中，观众可以根据自己的时间选择节目和安排播放顺序，节目单上没有的还可以预约，从而真正实现了"想看什么就看什么"、"想什么时间看就什么时间看"。此外，观众在收看网络电视节目时，可以和其他观众交谈感受，还可以通过相关网站获得补充信息。

6）增值服务多

网络电视的服务平台拥有许多传统电视无法承载的增值服务内容，如远程教育、远程会议、远程医疗、网络游戏、网络电视购物、互动游戏、博彩、证券业务、电视银行业务等。网络电视上的这些增值服务，有的是由互联网与电视技术的结合而生成的，有的是从互联网服务中直接借鉴过来的。通常这些增值服务需要单独付费。

7）付费标准低

网络视频节目大部分是免费的，比如网络视频新闻、视频短剧、网络 DV，甚至一些电影、电视剧都是免费的，即使有收费节目价格也是相对较低的，因为网络的优势在于覆盖面广，潜在的使用者数量巨大，只要有大量的使用者，低收费也可以收到良好的经济收益。

8.3 网络音视频的发展

8.3.1 网络音频的发展

1）网络广播

网络音频的一个重要内容就是网络广播的出现和发展，美国在 1995 年 8 月率先利用互联网进行网上广播。我国最早的是珠江经济广播电台在 1996 年 12 月 15 日在网上进行的实时广播。

现在越来越多的广播电台都在网上开设了自己的网络广播电台，比如隶属于中国国际广播电台的 INetRadio 网络电台，于 2005 年 7 月 13 日正式成立。INetRadio 共有中、英、德、日四种语言的精彩音频节目，是中国首家多语种网络电台，也是国家级专业媒体中涉足网络电台领域的第一家。

那么这些网络广播媒体大多以什么样的形式存在呢？

第一种就是纯粹的广播电台网络版，网络广播的所有节目内容都是和自己的广播电台同步的，有部分内容是已经播出过的。这种网络广播电台内容相对单一，都是以电台的节目为中心，比如云南人民网络广播电台（http：//www.bobo.com.cn/main.asp？UserID＝7138618）。这些广播电台的目的就是通过互联网使更多的人收听到自己的广播节目，这是电台网上宣传、展示的窗口。

第二种就是以网络广播为依托的综合性网络广播电台，如图 8-3 中国广播网，除了在内容上整合了中央人民广播电台的广播节目之外，还有很多方面的文字新闻内容，如国内、国外、体育、社会、娱乐新闻等。这种以广播内容为依托的综合性网络广播电台，除了用自己的广播节目吸引人外还要发挥网络媒体的整合优势，把各种综合性的内容汇集于网站中，力争吸引更多的网络使用者。这样的设计有一定的优势，但是如果做得不够特色鲜明就很难给使用者留下深刻的印象，反而不如第一种网络广播电台给人的印象深刻。

第三种网络广播是以软件的形式出现的，这种软件把同一性质的广播节目集中起来供网络使用者欣赏。比如"radio@netscape"这款软件，是网景公司旗下的一款网络软件产品，软件以网络为平台，集合了美国很多有名的音乐广播电台，并且按照乡村音乐、爵士乐等进行分类，以方便听众收听音乐节目。

图 8-3 中国广播网首页

在网络广播中有一部分非常重要的内容就是网络新闻，网络音频新闻通过网络这个介质传播出来，它不但具有传统语音新闻的一些组成要素，在网络传播的环境下，还具有传统音频新闻所不具有的一些要素和特征。

（1）新闻语音：这指的是网络音频新闻中播音员可以单独播报新闻，也可以加入新闻采访的对话，甚至是对新闻发生现场的录音，为收听音频新闻的人提供必要的新闻信息和资讯。

（2）背景语音：这是指在音频新闻中出现的，除了新闻播音员和对话者之外的现场声或者背景声。网民可以通过这些背景声音来判断新闻采访发生的地点和时间，增加新闻的现场感和真实性。一些气氛较为轻松的网络音频新闻还通过播放背景音乐来使听众得到身心的充分放松。

（3）辅助条件：网络音频新闻的一个最大特点就是网络的播放器可以通过使用拖动滑块来重复收听整则新闻，或者反复收听某一段的新闻内容。这和传统的音频新闻（广播）相比，有较多的自主性。一些和音频新闻出现在同一网页上的文字稿，也是帮助网民及时了解，或者深入研究新闻内容的好帮手。

【观念应用 8-1】

为一家音乐广播电台建立网络版。

要求：如何设计网络电台的网站结构模式，使其实现与传统广播电台同步播放和随时点播节目相结合？

分析：在网络电台建立之前，首先要设定网站的结构，要以导航栏的形式来划分网站的主要结构，电台同步内容播放与随时点播两种形式相结合，让人们既可以收听音乐广播电台现在正在播放的节目，也可以收听以前已经播放过的节目，同时还有一些在电台里未播放过的节目，比如说在页面上放一些歌曲供在线收听，当然歌曲要经常更新，这样就确定了网站的结构设置。大的三个方面包括"同步节目"、"以往节目"以及"播放节目"，还可能再根据不同的内容进行划分，比如财经、新闻、健康、音乐等。同样要以文字作为网站的导航，在具体的广播节目中还可以配以文字说明，讲述新闻事件的背景等内容。

2）音乐网站

上面提到的网络广播电台和网络广播软件虽然有的也播放音乐节目，但是和专门提供音乐服务的音乐网站相比还是有区别的，在网络广播电台中听众只能听到和电台同步的音乐节目或者只能点击播放少数自己喜欢的节目从头收听，而音乐网站却不一样，上面有数量众多的音乐供听众收听，听众可以随意按不同类别收听自己喜欢的音乐。这种音乐网站又分为两类，一种是非常专业的、分类明确的音乐网站，比如我爱音乐网（http：//www.520music.com/），图 8-4 是它的华人男歌手分类页面。这种网站分类清晰，在首页上分为"华人男歌手、华人女歌手、华人乐队、影视合辑、日韩男歌手、日韩女歌手、日韩乐队、欧美歌手、合辑其他、音乐欣赏、DJ摇滚、音乐小助手"，在这一级分类之下又按字母排序进行分类。第二类就是以百度搜索引擎为代表的音乐搜索类，可以在网站搜索类MP3选项下按不同文件格式或者其他内容进行搜索，搜索结果可以在线收听。

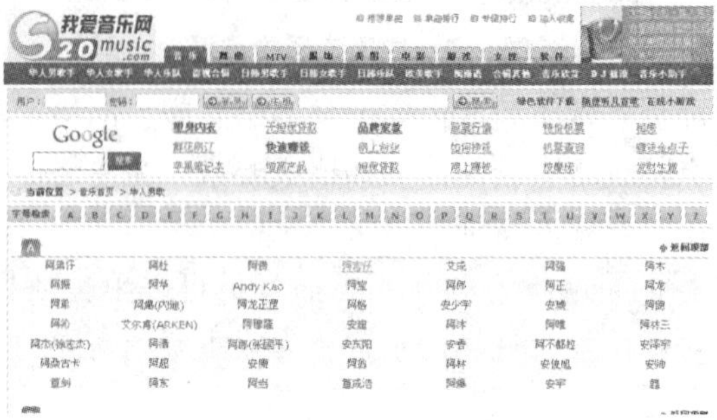

图8-4　我爱音乐网华人男歌手页面

8.3.2　网络视频的发展

在本章引例中我们提到了在2001年9月11日发生的"9·11"事件，这个事件被世人广泛知晓是通过网络视频传播；2008年"汶川地震"是一次突如其来的灾难，对我们国家的经济发展和人们的正常生活都有不同程度的影响。"5·12"汶川地震同样引爆了沟通的革命，"非接触"的概念深入人心，远程会议、网络沟通、电子政务、电子商务的重要性和必要性成为共识，视频会议作为其中重要的组成部分和通讯应用核心，被提到了非常迫切的日程安排上。

网络同样也给了个人展示自己的平台，人们可以把自己拍摄的DV短片发布到互联网上供其他人欣赏。网络的资源是无限的，人们利用各种网络途径可以欣赏到海量的影视片，丰富了人们的娱乐生活，突破了传统电视、电影的范围。

1）网络视频新闻

在传统报纸、广播、电视三大媒体中的新闻报道方式各具优点，也存在一定的缺陷，比如报纸的深刻性有余而生动形象性不足；广播的简洁性突出，但却具有不可重复性；电视具有生动形象性，但深刻性又相对不足。互联网的出现充分整合了传统三大媒体的优点，影、音、文字的完美结合，使读者在"接触第一现场"的同时，又能看到相关的文字解释。网络视频新闻有时会出现在综合新闻中，这种视频一般都是以文字新闻为主，然后在正文中附有视频新闻的链接；另一类网络视频新闻是以专门的视频新闻频道出现的，如图8-5所示的新浪网视频新闻频道页面，就是一个专门的新闻视频频道，分类清晰，左边一栏为"精彩推荐"，右边一栏为"热播排行"，中间为一幅视频截图新闻"美军队在伊遭袭 护卫美军扬长而去"，既突出了重大新闻，又起到了活跃版面的作用，在图片的下边就是"今日推荐"，在网页的下边还分为"国内视频"、"社会视频"、"国际视频"，在最右边一栏还有"热点专题"、"栏目专题"、"往日回顾"，这种分类便于人们收看，而且保持实时更新，能把最新的、最热点的视频新闻奉送给观众。

图 8-5　新浪视频新闻页面

在网络上还出现了一种以调侃的方式播报新闻、社会现象的视频新闻形式，比如中华网的"正经秀"栏目，如图 8-6 所示的正经秀频道页面，这档节目以一种调侃的、冷幽默的方式来评价当前的一些社会现象，比如图中的《谁搞黄了我们的黄金周》栏目。

图 8-6　中华网正经秀频道页面

2）网络影视剧频道

网络视频的另一个特色应该就是网络影视剧。随着网络带宽不断提高，很多综合性网站都设有影视频道，比如新浪宽频的"影视、娱乐、非常综艺"频道，其中大部分内容是免费的，只有部分最新的影视剧是收费的。

3）DV 短剧

新浪网曾有一个"DV 风暴"频道，它为广大的 DV 爱好者提供了一个很好的展示自己的平台，网友可以把自己拍摄的有意义、有意思的 DV，还有一些影视短剧上传到互联网上供更多的人欣赏。网站还可以利用自己的平台优势，举办一些 DV 比赛，这样可以激发网友的积极性，给网站提供更好的 DV 作品，也可以促进个人技术的提高，还能使网站获得更高的知名度。

4）网络视频点播软件（P2P)

网络视频的一个更集中、更流畅的技术就是 P2P 技术，这是一种点对点的数据传输方式，它的突出的特点就是使用的人越多，数据的传输就越流畅，弥补了传统视频传输因网络带宽有限造成的不流畅的缺陷。P2P 软件非常多，常见的有"PPLive"、"PPStream"、"QQLive"等，这些 P2P 软件在后台服务器的支持下，提供了大量的、分类清晰的节目内容，有电视台的同步直播，也有综艺节目、电影、电视剧、体育音乐、游戏视频等。除了电视台的同步直播外，其他频道的内容都是按时间在一天内循环播放，方便了网友的观看。

网络视频又是由哪些要素组成的呢？网络视频的要素同网络音频相比（主要侧重在网络新闻方面）多了画面这个元素。

（1）网络新闻的画面分为现场画面和室内画面两种。现场画面是采访人员在野外进行拍摄和采访的镜头，具有很强的现场感和真实性。但缺点是现场画面的环境条件比较复杂，容易受到天气、地理位置和光线等不确定因素的干扰，造成画面质量的下降。室内画面在一定程度上克服了这个问题。室内画面的画质相对来说比较稳定，可以保证优秀的图像输出和传输质量，缺点是现场感不强，镜头变化较少，没有现场画面身临其境的感觉。可以通过改变拍摄角度改善这个问题。

（2）声音在视频新闻里虽然不是起决定作用的主角，但也占了重要的位置。声音对视频图像的解说是不可或缺的。声音可以离开图像单独存在，但图像一定要配有声音来说明图像内容，这样的视频新闻才是完整的。

（3）辅助设施——字幕。字幕一般位于屏幕下方，是为了听力不好的网民能够阅读所播放的信息。此外字幕在屏幕下方或者上方的滚动也可以当作插播重要新闻的手段。

网络音视频的应用类型和构成要素，对网络音视频的编辑工作提出了相应的要求，怎样才能使音视频符合网站节目定位的需要，怎么才能使节目更符合人们收听收看的需要，这就要求网络音视频的编辑在工作中遵守一定的原则。

8.3.3 网络音视频的编辑原则

（1）视频片段之间的连接要合理，一方面是要符合人的观看和认知的逻辑，另一方面是要符合人们的审美习惯。找到好的剪接点，可以将两个画面流畅地连接起来。连接点的前后是两个相互逻辑关联的场景，或者相似的情景，可以使网民在浏览视频新闻的时候将前后画面作为一个整体来理解。

（2）画面的选取要合理：考虑到网络视频新闻浏览的广泛性，一些新闻画面的选取值得引起注意。报道车祸的新闻中，有关车祸惨状或者乘客受伤、死亡的画面应该尽量减少或者不出现，过于血腥和刺激的场面容易引起观看者的反感和恐惧心理，同时也要考虑保护未成年人的心理。

（3）音画字同步。只有把这三种元素有机结合才能使新闻看起来更流畅、更容易被人所接受。

（4）网络音频的编辑和传统的广播节目有很多相似之处，比如说要注意使用口语，不用过于晦涩的词语或者句子，要通俗易懂；对事件的叙述要完整，尽量使用正叙方式；另外还可以发挥网络媒体的特点，给音频节目附以一定的文字说明。

（5）视频和音频都要讲究内容集中，尽量将一件事情的来龙去脉说清楚，虎头蛇尾的新闻报道在网络新闻中是行不通的；如果是连续报道的，可以以文字形式注明为"连续报道"，并且把同一主题的新闻视频链接放在一起。

【观念应用 8-2】

分析图 8-7 至图 8-13 所示的网络音视频的编排结构。

图 8-7　欣弗事件回顾视频截图

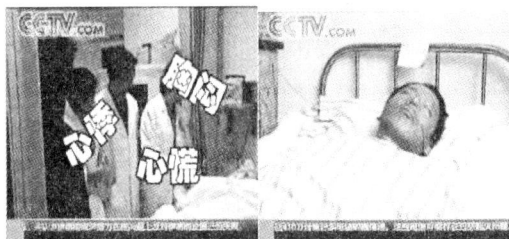

图 8-8　反应期：出现心悸、胸闷、心慌等症状

反应

7 月 24 日，青海西宁部分患者使用"欣弗"后，出现胸闷、心悸、心慌等临床症状，青海药监局第一时间发出紧急通知，要求该省停用。随后，广西、浙江、黑龙江、山东等省药监局也分别报告，有病人在使用该注射液后出现相似临床症状。

7 月 27 日晚，国家药监局接到青海药监局报告，开始紧急处置，着手调查。

图 8-9　调查：青海省对制药厂的调查

调查

7 月 28 日，国家药监局组织专家赶赴现场，协助青海省局对药品检验、病例报告进行分析和关联性评价等工作。同时，组织专家赶赴安徽省，对涉及的药品生产企业"安徽华源"的生产环节进行现场检查。

8 月 1 日，安徽省局报告，查清了两个批号的欣弗的批次、批量，监督企业抓紧回收工作。

图 8-10　停用药品

停用

8 月 3 日，卫生部连夜发出紧急通知，要求停用"欣弗"。

8月4日，国家药监局发布紧急通知，并召开发布会通报最新情况，全国出现临床不良反应症状病例报告38例，涉及9个批号。

同一天，卫生部新闻发言人毛群安表示欣弗事件比"齐二药"更为严重。

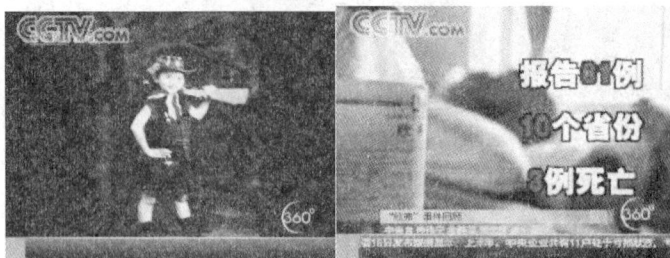

图8-11 死亡统计

死亡

8月4日，通报第一例死亡案例，哈尔滨一名6岁女孩因静脉点滴克林霉素导致死亡。

8月5日，全国不良反应事件报告81例，涉及10个省份，3例死亡。

8月7日，国家药监局发言人称，鉴定药品不良反应事件有严格的规定程序，欣弗事件不存在瞒报。

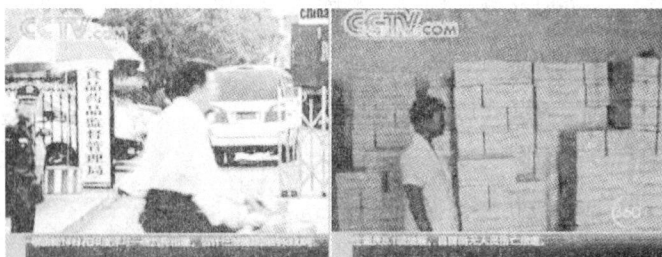

图8-12 控制

控制

8月9日，卫生部要求从10日开始，出现"欣弗"不良反应事件的省份必须每天上报有关情况和信息。

8月10日，国家药监局召开新闻发布会，通报了事件调查进展。流向市场的"安徽华源"涉案"欣弗"药品已得到控制。

图8-13 结果

结果

8月15日，国家食品药品监督管理局召开新闻发布会，通报了欣弗注射液引发的药品不良反应事件调查结果，安徽华源生物药业有限公司违反规定生产，是导致这起不良事件的主要原因。

截至目前，全国有16省区共报告欣弗不良反应病例93例，死亡11例。

资料来源　新华网. 欣弗事件回顾［EB/OL］.（2006-08-16）http：//news. xinhuanet. com/video/2006-08/16/content_ 4967587. htm.

问题：结合网站给出的文字稿，从结构、画面、文字及声音的角度分析此网络视频新闻。

分析：网页中给出了该新闻的文字稿，特别是文字稿的逻辑与层次比较清晰，有利于从整体上学习与分析网络新闻的结构。网络视频一般配有文字说明，有的是以字幕形式出现，有的没有字幕，但会在新闻的下方或者两侧附有说明性的文字。当说明文字以字幕出现时，就需要比较字幕与视频画面以及声音的配合程度。

视频结构编排的好坏，关系到视频精彩的程度。本视频文字稿层次比较清晰，因此便于根据文字稿对视频的结构进行划分。视频的总长度2分28秒，分为6个部分，分别是"反应"、"调查"、"停用"、"死亡"、"控制"和"结果"。这6个事件发生、发展的"点"选取得相当好，这种叙事方式使得事件的经过被描述得清晰流畅，很有条理性，建议在练习编辑新闻事件经过的视频时，适当参考"欣弗事件"的结构与叙述模式。

这6项在视频中所占的比例，可以通过统计各自的时长计算出来。反映阶段耗时34秒；调查阶段，在视频的1分3秒结束，约为29秒；停用阶段截止在视频1分26秒处，耗时23秒；死亡在1分52秒处结束，耗时26秒；控制阶段到2分13秒结束，时长为21秒；最后的结果阶段用了15秒的时间。以时间最短的15秒为标准，各个部分的用时比例分别为2.27：1.93：1.53：1.73：1.40：1。从时间分配上来看，除了在反应阶段耗时较长外，其他部分所花的时间基本相差不大。这就要求在实际的操作中，切实控制好新闻各个部分的节奏，避免拖沓冗长。

操作步骤：

①点击视频播放的超级链接。

②观看视频旁边的文字说明，如果没有文字说明则在观看视频时看字幕，检查图像和声音是否一致。

③从全局分析视频的编排结构、各部分组成。

④学习视频编辑中的逻辑顺序、节奏与结构。

8.4　职业工作站

本章前几节主要对网络新闻的音频和视频的发展、种类和编辑原则作了讲解。网络新闻的音视频编辑同传统媒介的音视频编辑相比，更加注重新闻的现场感和实时性。因此，在学习网络新闻的音视频编辑时，应注意将新闻事件中矛盾和冲突的中心表现出来。鉴于网络音视频对数据流量和网络的要求不同，音视频的质量和容量还要考虑到绝大多数网民的上网方式。以拨号上网的网民和以宽带上网的网民，对于音视频的画面音质要求和播放的方式是完全不同的。在编辑音视频时，也要充分考虑到观看者硬件方面的情况。

同时，编辑网络音视频的内容时，需要重点把握新闻播出的节奏，调节网络流量、音视频长度和网民在观看时的耐心程度之间的关系。因此，观看和学习一定数量的优秀新闻视频是必要的。

【观念应用8-3】

重庆高档楼盘楼板内填充塑料泡沫

重庆一处高档楼盘高价售出的房子存在严重质量问题。有的房子天花板钢筋被折断，有的楼板内填充塑料泡沫，有的地板下竟然是水池。房价的不断攀升和房屋质量的不断下降成为现今楼市的一大焦点问题，新浪网宽频的截图如图8-14所示。

图8-14　新浪宽频：重庆高档楼盘楼板内填充塑料泡沫

资料来源　山东卫视.重庆高档楼盘楼板内填充塑料泡沫［EB/OL］.（2010-10-18）.http://www.sina.cn.

要求：充分考虑网络情况选用合适的视频格式。根据主题要求，做出长度在2~3分钟的视频新闻，要求文字解说条理清晰，音视同步搭配合理，图像画面清楚。

分析：根据题目要求编辑视频新闻的首要条件是取得素材，除了少数有自主采访权的新闻网站，大部分网站以转载新闻为主。因此现阶段进行视频新闻编辑的主要工作是在已有材料的基础上进行筛选和合理利用的过程。在网络中播放的音视频新闻，播放的格式是首位的，一般ASF格式既满足画面的清晰度要求，又符合视频在网络中传播的大小要求，播放的软件也比较常见，不需要特别下载。其次，在制作音视频时，文字稿件需要提前准备，配合音视频的结构及其节奏。没有良好文字描述作为基础，画面和声音再精良也不能称之为优秀的音视频。最后是根据文本选取画面，选取的标准是清晰、明白、有说服力。当然在制作过程中，可以选择将文字稿作成字幕，嵌在视频画面的下方。

操作步骤：

①寻找适合本新闻主题的相关新闻视频。

②拟写视频文字稿。

③根据文字稿进行配音或播音。

④剪辑选好的新闻视频，并在制作中加入字幕等辅助元素。

8.5　分析评价

本章内容主要讲解了有关网络新闻的音视频编辑。编辑在制作网络音视频新闻时，和传统电台、电视台的新闻制作有所不同的是，网络的新闻音视频需要对新闻事件的经过清晰流畅地展示，配合字幕或者文字说明，能够让网民更直观地了解新闻发生、发展的经过和网络新闻的文字制作一样，以实际内容为主，并不主张像电视单元节目一样加入悬念元素。

■ 本章小结

本章主要介绍了流媒体中网络音视频的格式特点和发展情况。网络音视频都是基于流媒体技术而发展起来的，流媒体技术使网络音视频数据的传输更为流畅。网络音视频比传统媒体有明显的优势和特点，在保留更容易使受众接收的优势外，网络音视频还以文字说明弥补了传统音视频转瞬即逝、一旦没有抓住信息内容就会遗漏的缺憾。而且随着网络的普及，音视频的传播将不再受无线信号的限制，传播的范围将更加广泛。

随着网络技术的发展和完善，网络音视频除了在传递信息上发挥作用外，也丰富了人们的生活。各种网络音视频软件的出现，集成了某类或者是某些类的节目，省去了使用者搜索的烦恼。人们可以轻松地使用网络提供的各种音视频类的娱乐服务。而且，信息的表达方式也更加多样性化，出现了中华网诸如"正经秀"之类兼带恶搞性质的社会评论类节目。

总之，网络音视频有着非常广阔的发展空间。

■ 主要概念和观念

□ 主要概念
　　流媒体

□ 主要观念
　　网络音视频的特点　网络音视频的编辑原则

■ 基本训练

□ 知识题
　　▲简答题
　　（1）什么是流媒体？
　　（2）网络音频节目的特点是什么？
　　（3）网络视频节目的特点是什么？
　　▲ 选择题
　　△ 单项选择
　　（1）（　　）最先利用互联网进行网上广播。
　　A. 中国　　　　　　B. 日本　　　　　　C. 美国　　　　　　D. 英国
　　（2）我国最早由(　　)广播电台于 1996 年 12 月 15 日在网上进行实时广播。

A. 中央人民   B. 北京人民

C. 上海人民   D. 珠江经济

△ 多项选择

（1）下列视频格式属于流媒体格式的是（　　）。

A. RM   B. RT   C. ASF   D. MOV

（2）网络音频新闻具有的不同于传统音频新闻的一些要素和特征是（　　）。

A. 新闻语音   B. 背景语音

C. 重复收听   D. 语言简洁而不晦涩

▲ 阅读理解

（1）根据书中关于流媒体的介绍谈一下流媒体的特点。

（2）了解网络音视频编辑的原则。

□ 技能题

▲ 单项操作训练

（1）查看几个网络音视频节目的格式。

（2）在互联网上找到一个提供网络音频服务的网站或者一款提供网络音频服务的软件。

（3）在互联网上找到一个提供网络视频服务的网站或者一款提供网络视频服务的软件。

▲ 综合操作训练

（1）为当地的音乐广播电台建立网络电台。

（2）建立一个以娱乐为主要内容的视频节目网站。

■ 观念应用

□ 案例题

超强台风"桑美"登陆

新华网杭州 8 月 10 日电（记者傅丕毅 朱立毅 岳德亮）浙江省省长吕祖善宣布，今年第 8 号超强台风"桑美"于 10 日 17 时 25 分在浙江省温州市苍南县马站镇登陆，登陆时中心气压 920 百帕，近中心最大风力 17 级（60 米/秒），登陆路径如图 8-15 所示。

据浙江省气象台介绍，这是新中国成立以来登陆的最强台风，超过了 1956 年 8 月 1 日午夜登陆象山石浦的 5612 号强台风。在苍南霞光测得最大风速 68 米/秒，是浙江省自新中国成立以来测得的最大风速。

问题：

（1）根据音视频编辑的原则来分析本报道。

（2）提取报道中有关台风的元素，重新组合更改主题，完成一篇有关台风强度的视频新闻报道。

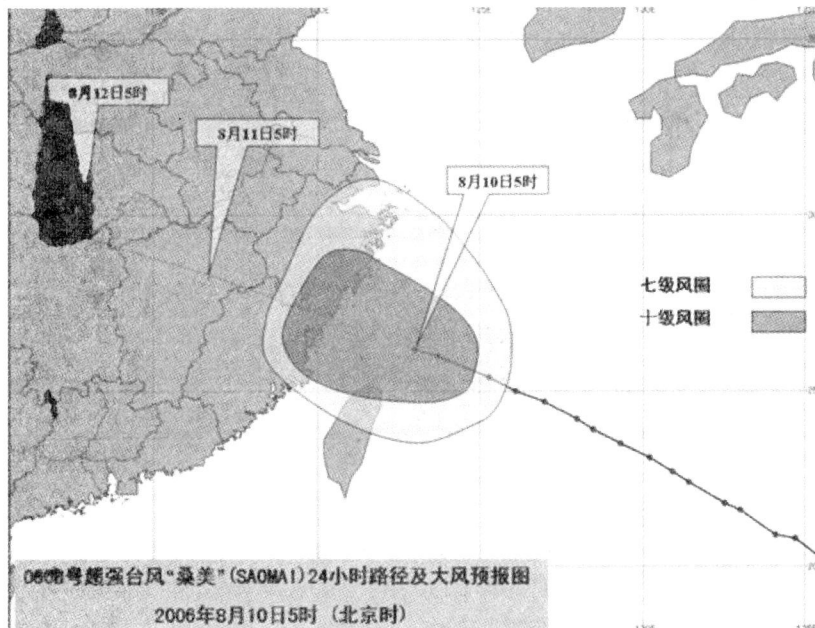

图 8-15 超强台风"桑美"登陆路径图

资料来源 傅丕毅，朱立毅，岳德亮. 超强台风"桑美"在浙江福建沿海地区登陆［EB/LO］.
［2006-08-11］. http：//news. xinhuanet. com/video/2006-08/10/content_ 4946780. htm .

□ 实训题

设想自己将开设一个提供新闻网络视频服务的网站。你对该网站如何定位？版面的设
计和安排又是怎样的？节目以何种方式呈现出来？

□ 讨论题

（1）你觉得网络音视频将朝什么方向发展？

（2）现有的网络音视频有什么缺陷？

第 **9** 章

交互性设计

■ 学习目标
9.1 交互性设计在网站中的作用
9.2 网络聊天
9.3 BBS
9.4 电子邮件
9.5 网络调查
9.6 博客
9.7 微博
9.8 职业工作站
9.9 分析评价
■ 本章小结
■ 主要概念和观念
■ 基本训练
■ 观念应用

■ **学习目标**

知识目标：

　　了解交互性的内涵和它在网站中的地位和作用，了解目前网络中常见的交互性设计。

技能目标：

　　通过了解交互性在网络中的地位，以及进行常见的交互性设计训练，掌握网络互动设计的技巧。

能力目标：

　　改变网络编辑惯有的传者本位现象，加强进行传受双方交流的自觉意识，并能进一步扩展网络交互性的应用范围。

引例　互联网创新的精髓在于交互性

1998 年的腾讯创始人马化腾还是个睡沙发、吃盒饭的总裁，当他与另两个"元老"一起挤在深圳赛格科技园 4 楼一间几十平方米的小厂房办公时，他的名片上甚至不敢印"总经理"的头衔，而只印着"工程师"字样。马化腾当时唯一的期望，只是公司能生存下来。没想到仅 5 年之后，他成了身价 8 亿港元的富豪。在福布斯 2014 全球富豪榜中，坐拥 QQ 和微信两大交互性利器的马化腾以 134 亿美元的财富跃居中国大陆富豪次席。

4 年前，如果大街上有人冲着手机喊话，你一定觉得很傻；如今，微信"喊话"已经成为一种人们习以为常的联系方式；5 年前，我们经常收到飞信的集体短信通知；10 年前，毕业写通讯录，QQ 是必填的一栏……

2014 年 10 月，在清华大学公布的微信公众号超级榜（200 强）中，武汉钢铁（集团）公司微信公众号"幸福武钢"从 200 多万个公众号中脱颖而出，成为唯一上榜的央企。作为央企中最早开设微信公众号的企业之一，武钢触网的时间其实不算长，才 20 个月。但幸福武钢的官方微信已经拥有 1.7 万人，而通过微信互相关注转发的信息辐射面，则可影响 100 万人之多。

毋庸讳言，近些年，互联网在我国的商业运作、政治活动和社会生活中，其交互性获得了充分展示，并且深刻地改变着人际关系、权力格局、社会生态和社会运行模式。

因此中国社会科学院研究员、博士生导师杨深发出了这样的论述："互联网的精髓就是全民参与和互动式民主，只有充分发挥全民参与和互动式民主的优越性，互联网才能实现它的无限可能性。"

资料来源　中国 IM 软件发展史［EB/LO］.［2015-01-10］. http：//news. xinhuanet. com/2010-06/21/c_ 12243542. htm.

周梦清，周星彤，郝丽伟，史晶. 微信对阵易信 移动即时通讯谁主沉浮［EB/LO］.［2015-01-10］. http：//news. xinhuanet. com/zgjx/2013-08/24/c_ 132659279. htm.

高江虹. 超三成央企玩转新媒体 45 家开通新媒体平台［EB/LO］.［2015-01-10］. http：//money. 163. com/14/1224/04/AE72RGRH00253B0H. html.

杨深. 互联网创新的精髓在于交互性，［EB/LO］.［2015-01-10］. http：//paper. people. com. cn/xwzx/html/2012-03/01/content_ 1051260. htm? div=-1.

在这一章中，我们通过讨论交互性在网站中的地位与功能，以及网络聊天、BBS、电子邮件、网络调查、博客、微博等相关技术，勾勒出网络互动性设计的图景。

9.1　交互性设计在网站中的作用

9.1.1　交互性是什么

交互性（又称为互动性）被誉为互联网络最大的优势。简单来说，在网络传播中，受者能够通过多种输入、输出方式与系统或者其他受者在一定程度上进行直接双向交流的特性被称为**网络交互性**。从传播的基本模式来看它是这样的一个过程：传者发出讯息，并通过受者的反馈来确认传播的效果；受者不但接收讯息，而且根据自己的理解做出相应的反馈。

9.1.2　网站与交互性设计

交互性设计对于网站的重要作用在于，它将各种网络手段有机结合起来，不仅使网页效果得以增强，而且实现了用户与网站之间的对话，以及用户以网站为媒介而进行交流，这些都可以使用户乐于光顾网站。

1）交互性的增强可以提高浏览者的参与感

InfoWorld 前总编 Stewart Alsop 曾把交互性描述为四个层次：观看（Watching）、浏览（Navigating）、使用（Using）和控制（Programming）。在他看来，"观看"是最低层次的，没有任何"交互性"可言。第二层次是"浏览"，允许用户用相对随机的方式从一个项目跳入另一个项目，同时不必陷入到任何材料中。作为第三层次的"使用"，意指用户在与内容或媒介发生关系时，可以从中获得一些有用的东西。第四层次"控制"被认为是"交互性"最强的方式，意味着用户可以自己定义概念，可以赋予内容以含义，并且可以控制整个交互过程。这样，用户从传统的被动接受信息变为主动地获取信息，甚至发布信息。浏览者和信息发布者共同参与到网络当中来，在某种程度上共同成了网站的主人，用户的忠诚度将会大大提高，并乐意为网站的发展壮大贡献力量。

2）交互性能增强传播效果

我们都有这样的经验，亲身体验与被动接受信息所产生的效果是不同的。互联网不同于传统媒体，它是一种"拉"的艺术而非"推"的艺术，页面被制作成一个个可以导航和深入探索的空间，需要浏览者不断地点击、搜索、查找、比较。面对庞大的信息，浏览者可以只选择自己感兴趣的信息进行浏览和反馈。由于这是主动的选择，是一种有意识的注意，因此传播效果将会大大提高。

3）交互性能提高用户对网站的依赖性和忠诚度

《数字化生存》的作者尼葛洛庞帝曾说，网络真正的价值越来越和信息无关，而和社会有关。网络的发展使得人与人的交往有了新的方式和渠道，人们可以通过网站提供的公告栏、聊天室、群组讨论、社区通讯等方式，创造出现实社会之外的另一个虚拟社会。这个虚拟的社区是建构于网络之上的，离开网络和提供相关技术的网站就不复存在。这使得人们对提供技术平台的网站有着极强的依赖性和忠诚度。

9.2　网络聊天

网络聊天（Chat）是互联网上重要的人际交流方式，现在在很多地方，我们都能发现电脑上闪烁的聊天工具。这种具有自主性、平等性、虚拟性、隐秘性的网上人际交往，正在逐步变革着互联网的应用模式，使其从信息应用为主向通讯交流为主转变。

9.2.1　网络聊天的主要形式

网络聊天的形式在这些年发展得很快。从最早 UNIX 机上的 TACK，发展到 Web 方式的聊天室，甚至有了专门用于聊天的软件和服务器。目前网络聊天的形式主要有如下几种：

1）基于浏览器的聊天室

聊天室是即时消息应用的多人参与版本，是网络所提供的技术平台，它为有共同兴趣的人们提供一个聊天场所。就目前网络实践来说，聊天室可以是一个网站，或是网上的一种服务。例如新浪网，它为有共同兴趣的人们提供一个聊天场所"新浪聊天"。用户通过浏览器进入网站聊天室，用昵称登录，所有人的发言都即时显示在主窗口。

2）利用 ICQ、QQ、微信等即时通讯工具进行的网上聊天

ICQ、QQ、微信都是网络即时讯息（Instant Messaging）传呼软件，通过小应用程序及时发送、接收互联网信息来沟通。近些年，即时通信的功能日益丰富，逐渐发展成集交流、资讯、娱乐、搜索、电子商务、办公协作和企业客户服务等为一体的综合化信息平台。

9.2.2　聊天室的管理

目前许多大中型网站及专门的聊天网站都提供了基于浏览器的聊天频道或聊天室，用户通过浏览器进入网站聊天室，用昵称登录，或以过客身份进行聊天。

由于网络聊天具有匿名性、参与的随机性和不确定性，这在聊天室表现得更为明显，所以必须对聊天室进行控制。否则聊天室就可能出现叫骂、诽谤、侮辱等行为，以及被部分人用来传播低俗的黄色信息或从事违法活动。

目前对聊天室的管理尚处于探索阶段，有效的管理控制模式尚未形成。在宏观方面，主要是借助法律、法规管理，如遵照《互联网电子公告服务管理规定》等的要求实行上网用户登记程序，对网友的发言内容及其发布时间、互联网地址或者域名等记录进行保存等。

不可否认的是，目前我们对聊天室的管理，更多地针对传播活动的控制方面。网站主要通过设立管理人员来监控聊天室的活动。一般网站的专职管理人员不多，大多数的管理人员是经网友本人申请产生的兼职者，这些兼职者主要做室内的主持人（有的称为房主），他们的主要职能是进行议程设置，如引导聊天话题，活跃聊天气氛，维持聊天室秩序。对于违反聊天室管理规定的，管理人员有权对行为人提出警告，甚至可以将违规用户请出聊天室。

9.2.3　即时通讯工具软件的使用

目前网上聊天的主要工具已经从初期的聊天室、论坛变为以 QQ、微信为代表的即时通讯软件。当即时通讯软件在原有的文字传讯之外，逐渐整合了电子邮件、文件传输及语音视频通讯等功能后，更是使其使用频率之高超出任何一种网络软件。因此网络编辑有必要对这些即时通讯工具软件的使用和管理有所了解。

即时通讯（Instant Messaging，IM）是一种使人们能在网上识别在线用户并与他们实时交换消息的技术。典型的 IM 是这样工作的：当好友列表中的某人在任何时候登录上线并试图通过你的计算机联系你时，IM 系统会发一个消息提醒你，然后你能与他建立一个聊天会话，通过文字、图像、音视频等进行交流。

1）ICQ、QQ

ICQ，是英文"I Seek You"的简称，其中文含义是"我找你"，它是 4 个以色列年轻人在 1996 年 7 月开发的。其出现不久，便成为当时互联网上最大的通讯工具，2001 年用户过亿。

QQ，前身是 OICQ。1999 年 3 月正式提供服务。当时 ICQ 风行全球，中国的互联网人也看到了其中的勃勃生机，各种仿 ICQ 的中文 IM 软件如同雨后春笋般亮相。这些软件名称大多和 ICQ 相似，有 PICQ、CICQ、TICQ、OICQ 等。其中 OICQ 由深圳市腾讯计算机系统有限公司开发。它一方面抓住 ICQ 不重视中国市场、没有中文界面、对中文兼容性不好、操作复杂的弱点，另一方面则依靠卡通人物头像和离线消息功能，凭借校园这个特殊的传播环境让其用户快速增长，最终占据了中国即时通讯市场的最大份额。

2）微信

微信（We Chat）是腾讯公司（Tangent）于 2011 年初推出的一款快速发送文字和照片、支持多人语音对讲的手机聊天软件。用户可以通过手机、平板电脑、快速发送语音、视频、图片和文字。微信提供公众平台、朋友圈、消息推送等功能，用户可以通过摇一摇、搜索号码、附近的人、扫二维码方式添加好友和关注公众平台，同时可以将用户在其他网页中看到的精彩内容分享到微信朋友圈。2012 年 3 月底，微信用户突破 1 亿，耗时 433 天。2012 年 9 月 17 日，微信用户突破 2 亿，耗时缩短至不到 6 个月。截至 2013 年 1 月 15 日，微信用户达 3 亿。

3）即时通讯的几大应用

即时通讯软件除了可以实时交谈和互传信息，还集成了数据交换、语音聊天、网络会议、电子邮件的功能。下面我们以 QQ 为例来介绍一下即时通讯软件的主要应用。

（1）文字聊天；

（2）语音聊天；

（3）传送文件；

（4）拨打电话；

（5）远程协助；

（6）视频聊天；

（7）邮件辅助；

（8）发送短信；

（9）浏览咨询；

（10）在线游戏。

9.3 BBS

BBS 的英文全称是 Bulletin Board System，翻译成中文就是"电子公告板"。它提供了一个公共电子白版，允许用户通过网络进行联接，执行下载数据或程序、上传数据、阅读新闻、与其他用户交换消息等功能。有的时候 BBS 也泛指网络论坛或网络社群。

BBS 作为最早的网络互动渠道之一，它使原本只能被动接受信息的受众有了自己发言的渠道，甚至发展成了主动的信息传播者。同时它也为有共同兴趣爱好的人们建立了一种跨越时空的公共论坛，在 BBS 中，人们可以自由地发表自己的看法、意见，讨论各种问题，交流各种信息。这些都使得 BBS 具有了特殊的吸引力。CNNIC 发布的《第 24 次中国互联网络发展状况统计报告》显示，在网民经常使用的"网络服务/功能"选项中，论坛/BBS 的网民规模为 10 275 万人。

【小资料 9-1】

一些人气较高的中文论坛：

人民网"强国论坛"（http：//bbs. people. com. cn/bbs/start）；

西祠胡同（http：//www. xici. net）；

天涯社区（http：//www. tianya. cn）；

网易论坛（http：//bbs. 163. com）；

搜狐社区（http：//club. sohu. com）；

新浪论坛（http：//bbs. sina. com. cn）；

新华网"发展论坛"（http：//forum. home. news. cn）。

9.3.1　BBS 的功能

BBS 之所以受到广大网友的欢迎，与它独特的形式、强大的功能是分不开的，利用 BBS 可以实现许多独特的功能。

1）留言讨论

这是 BBS 最主要的功能之一。其包括各类的专题讨论区、疑难问题解答区和闲聊区等。在这些帖子区中，上线的用户留下自己想要与别人交流的帖子，浏览者可以对楼主（发帖者）的话题留言跟帖，楼主同样可以参与讨论。

2）贴图

贴图区是供用户上传图片的地方，也是有些 BBS 上特别热闹的地方。用户可以贴自己的个人照片，也可以贴摄影作品，还可上传漫画或卡通作品。

3）软件交流

这是 BBS 一个令用户们心动的功能。现在的 BBS 站台中，大多设有交流用的文件区，里面依照不同的主题分区存放了为数不少的软件。众多的共享软件和免费软件都可以通过 BBS 获取，这不仅使用户得到了合适的软件，也使软件开发者的心血由于公众的使用而得到肯定。

4）信息布告

这是 BBS 最基本的功能。一些有心的版主会在自己的网站上发布许多信息，如怎样使用 BBS、国内 BBS 网站介绍、论坛公告、某些热门软件的介绍、BBS 用户统计资料等。

5）交互讨论

多线的 BBS 可以使同时上线的用户做到即时的联机交谈。有的 BBS 只能进行文字交谈，有的可以直接进行语音对话。

除此之外，一些 BBS 站点还提供银河穿梭功能，就是用户的主机先登陆一个 BBS 站点，然后再通过该站点链接到其他站点。一些 BBS 站点由于某些原因对一些 IP 地址不开放，这时就可以借助此功能从其他站点转到这些受限站点。为了让用户在浏览网站之余有一些调剂，一些站点还提供游戏服务。

9.3.2　BBS 的管理与维护

与大规模单向发送新闻的新闻网站和以个人点对点交流为特色的网络聊天室相比，

BBS更多地表现出了群体传播的特色。人们出于共同的兴趣聚集在一起，讨论的内容和过程是完全开放的。在这样的群体中，人们的身份完全是平等的。发言是否获得关注，取决于发言本身的质量，而与发言者在现实中的社会地位无关。因此BBS成为表达社会各阶层声音的一个广场，有人把BBS称为"自由与启蒙之地"。但不可否认的是，这个"声音的广场"给网络编辑带来了一系列问题。如用户的言论自由到底可以自由到什么程度？如果出现不良信息，虚假信息和反动信息，谁来负责？论坛管理者删除不良信息和言论是否损害言论自由？应该说在网站的互动性项目中，人们议论最多，也最让有关管理部门关注的正是BBS。目前，国内BBS管理常规方法见图9-1所示。

> （1）要求用户做出承诺，保证不在论坛中进行违反中华人民共和国法律和法规的活动，用户对本人的网络行为所产生的后果自负责任，与ISP及论坛管理者无关；
> （2）论坛管理员对论坛内容进行检查，有权删除违法内容，尤其是含有反动或色情内容的帖子；
> （3）不设立任何涉及政治及敏感话题的讨论主题；
> （4）对论坛用户进行注册登记；
> （5）在必要时永久或暂时关闭论坛。

图9-1　国内BBS管理常规方法

对于网络编辑来说，在工作中主要会涉及网站中BBS的管理和维护。在综合性门户网站和新闻网站中，现在比较流行的做法是建立两种BBS。一是BBS频道（有的称社区或论坛），其下包括了大量的主题论坛，主要设有留言讨论区、贴图区以及音视频交流区；二是根据频道或栏目的需要而设置的留言板。

综合性商业网站和新闻媒体网站设立电子论坛，其出发点不是为了建立意见簿，而是为了吸引受众，扩大市场。作为一种新的媒体形式，而且是未定型的形式，把受众从传统媒介吸引过来是网络编辑的主要工作。因此编辑的主要任务可以归结为以下几项：

（1）根据网站或栏目的需要策划出BBS的设立方式和表现方式，制定和规划论坛发展方向，设定主题，进行话题选择；
（2）制定论坛机构设置、成员组建、职能划分、投诉机制和流程以及管理规定等；
（3）选定各版负责人，指导版主工作；
（4）选取精华帖，删除含有不良内容的帖子；
（5）设置用户权限；
（6）暂停或终止用户使用网络服务的权利，取消恶意参与者的ID号。

【观念应用9-1】
新浪论坛管理规定（节选）
用户在使用论坛服务过程中，必须遵循以下原则：
（1）遵守中华人民共和国有关的法律和法规；
（2）遵守所有与网络服务有关的网络协议、规定和程序；
（3）遵守论坛管理规定以及其他规定；
（4）不得为任何非法目的而使用论坛服务；

（5）不得利用论坛服务进行任何可能对互联网或移动网正常运转造成不利影响的行为；

（6）不得利用论坛服务上传、展示或传播任何虚假的、骚扰性的、中伤他人的、辱骂性的、恐吓性的、庸俗淫秽的或其他任何非法的信息资料；

（7）不得侵犯其他任何第三方的专利权、著作权、商标权、名誉权或其他任何合法权益；

（8）不得利用论坛服务进行任何不利于新浪论坛的行为；

（9）如发现任何非法使用用户账号或账号出现安全漏洞的情况，应立即通告新浪论坛；

（10）禁止未经社区允许发布广告；

（11）严禁发表与论坛宗旨无关主题、与主题无关回复，上传与内容无关图片；

（12）禁止利用论坛 bug 扰乱论坛秩序；

（13）严禁破坏社区公共秩序及侵害社区利益的其他行为。

资料来源　新浪论坛管理员. 新浪论坛管理规定［EB/LO］.（2006 - 10 - 11）. http：//forum. service. sina. com. cn/cgi-bin/viewone. cgi？gid＝79&fid＝6734&itemid＝1733.

要求：新浪论坛管理规定中一个鲜明的表现是什么？

分析：此处可以参考"新浪论坛管理规定"完全本，从中可以发现，为了加强对论坛的管理，新浪论坛管理规定中一个突出的表现是有着大量的禁止性规定。

9.4　电子邮件

电子邮件（E-mail）是指 Internet 上或常规计算机网络上的各个用户之间，通过电子信件的形式进行通信的一种现代通信方式。最初它是作为两个人之间进行通信的一种机制来设计的，但随后扩展到可以与一组用户或与一个计算机程序进行通信。经历了漫长的发展，它现在已经演变成为一个更加复杂丰富的系统，可以传送声音、图片、图像、文档等多媒体信息。

9.4.1　电子邮件的工作原理

Internet 连接了成千上万个不同的网络，每一个网络都有自己的计算机网络和软件。怎样才能使这些不同的系统一起工作并交换邮件呢？答案就是由 SMTP（Simple Mail Transfer Protocol，简单邮件传输协议）系统使传送邮件标准化。SMTP 协议是 TCP/IP 系列协议的一部分，它解释邮件的格式和说明怎样处理投递的邮件。每一台 Internet 计算机在运行邮件程序时，可自动地确保邮件以标准格式选址和传送。这个程序称为传送受理程序，它按照 SMTP 协议工作并将你的邮件向外界发送。虽然 SMTP 可以把邮件从寄件人的计算机传递到收信人的信箱中，但并不支持收信人将这封邮件下载到他自己的计算机上必须借助 POP 协议，现在普遍采用的是它的第三个版本 POP3（Post Office Protocol 3，邮局协议版本 3）。只有收信人信箱所在的邮件服务器支持 POP3 协议，收信人才能把邮件从信箱中下载到自己的计算机里。如果没有 POP3 而只有 SMTP，收信人就只能用 Telnet 登陆信箱所在的邮件服务器上去阅读邮件，而后再用 FTP 下载邮件。

9.4.2 网络编辑对电子邮件基本应用

1）进行传者和受者间的交流与沟通

栾轶玫博士曾指出，网络新闻要有全受众的编辑思想，即在新闻编辑过程中要始终将受众的需求放在重要地位加以考虑。要了解受众的基本情况、心理特点、受众对编辑工作的反馈等。目前网络已经提供了多种便于传者和受者交流的平台。但由于即时通讯工具在进行一对多的传播时存在效率低等问题，而 BBS 又显然缺少了一对一传播的针对性。因此，电子邮件交流成为目前主要的交流工具。

2）利用邮件列表推广网站业务

利用无国界的 E-mail 进行信息交流已经非常方便，但我们会发现它还是有一些问题。例如，我们想和世界各地的同行经常交流信息，但又不想利用 BBS 这种太公开的工具。这时有一种办法就是先搜集同行的姓名和电子邮件地址，然后通过电子邮件工具和他们通信。这个办法的缺点，一是名单绝对找不全，二是太费时间。有没有更好的办法呢？答案是肯定的，就是利用邮件列表。

邮件列表（Mailing List）是 Internet 上的一种重要工具，用于各种群体之间的信息交流和信息发布。群体之间的通信由一个软件和相应的服务器支持。同一邮件列表的成员发往一个公共的电子邮件地址的信件，通过提供服务的网站转发，所有成员都能够收到。邮件列表上构建起了一个虚拟的社区。

邮件列表是一个有多种用途的互动性项目，可以利用它进行各种服务和宣传。

（1）出版、发行电子杂志。可以将电子杂志通过邮件列表的方式，向数十万用户同时发送。

（2）发布 Web 站点最新消息和动态。

（3）方便、及时、安全地进行群体内部的联系。

（4）迅速方便地联系与发展特定客户群，进行有高度准确性的关系型营销，如发布高针对性的促销信息、新产品预告信息、产品的技术支持信息以及进行产品调查和对客户信息进行反馈等。

【观念应用 9-2】

某电子邮局系统功能简介

（1）邮件转发功能；

（2）自动回复功能；

（3）地址簿功能；

（4）签名档功能；

（5）记事本功能；

（6）发送附件功能；

（7）多 POP3 接收功能；

（8）SMTP 验证功能；

（9）定时发送功能；

（10）域名解析功能；

（11）邮件接收功能；

（12）密码保护功能；

（13）邮件查找功能；

（14）创建邮箱功能；

（15）邮件拒收功能；

（16）密码修改功能；

（17）账号修改功能；

（18）支持 HTML 格式功能；

（19）自动清理功能；

（20）简短地址功能；

（21）中文地址功能；

（22）个性设置功能；

（23）在线帮助功能；

（24）保存邮件功能；

（25）网络硬盘功能；

（26）自定义邮箱大小功能；

（27）支持系统自动备份及灾难恢复功能；

（28）支持系统级拒绝特定 IP 的连接和拒收来自特定域的邮件；

（29）支持 DNS 缓冲池功能，使邮件的投递更加快捷；

（30）数据定时自动备份功能。

要求：分析电子邮局系统在设立时考虑到了哪些方面，并提出你的建议。

分析：可从常用的一些功能出发去考虑，如易用性、数据安全性等。

9.5 网络调查

网络调查是传统调查在新的信息传播媒体上的应用。它是指在互联网上针对特定的问题进行的调查设计、资料收集和分析等活动。有些研究者把这样的研究手段称为 CMC（Computer-mediated Communication）。

9.5.1 网络调查的方法

根据调查方法的不同，网络调查可分为网上问卷调查法、网上访谈法（也可称为网上访谈法）、网上观察法等。

1）网上问卷调查法

网上问卷调查法是指在网上发布问卷，被调查对象通过网络填写问卷，完成调查。网上问卷调查法比较客观、直接，但不能对某些问题作深入的调查和分析。

2）网上访谈法

网上访谈法可通过多种途径实现，如 BBS、即时交互工具、新闻组、网络会议（Net Meeting）等。网上访谈法的结果需要主持人加以总结和分析，对信息收集和数据处理的模式设计要求很高，难度较大。

3）网上观察法

网上观察法是对网站的访问情况和网络用户的网上行为进行观察和监测。许多网站都在做网上监测。

9.5.2 网络调查避免误差的技术手段

网络调查正越来越受到人们的重视，但不可否认的是，网络调查结果的可信度还是个问题。如网络调查存在覆盖误差和抽样误差等问题，目标总体与抽样之间的差距较大，这使得网络调查的结果无法代表真实的大众观点和态度。对于这些问题，在现阶段可以运用一些技术手段尽量减少这些问题的影响。这些手段包括：

1）网上用户身份的检验

在采集调查信息时，为了尽可能消除因同一个被调查者多次填写问卷给调查结果带来的代表性偏差，可以利用"IP+若干特征标志"的办法作为判断被调查者填表次数唯一性的检验条件。在设计指标体系时，所有可以肯定的逻辑关系和数量关系都应充分利用，并被列入调查质量检验程序，以实现网上用户身份的唯一性，排除干扰。

2）电子邮件和在线调查相结合

在采用电子邮件和在线调查相结合的方法时，调查者给被调查者提供一个含有密码的链接，每一个被调查者的密码都不一样，而且只能使用一次。当被调查者点击链接时，程序会读取密码并与数据库核对，这样可避免不合乎标准的人填写问卷，并防止被调查者的多次填写。

3）随机 IP 自动拨叫技术

可以用这种技术进行主动的网上抽样调查。通过一个随机 IP 地址发出软件产生一批随机 IP，再由一个 IP 自动拨叫软件向这些 IP 发出呼叫，传送一个请被调查者参加调查的信息。收到该信息的网上用户可以自愿决定是否参加调查。

4）利用特征标志作为"过滤器"

根据具体调查问题选取有效的指标，如年龄、性别、学历、职业、职务、地区等品质标志和数量标志等作为特征标志，通过特征标志将调查表中代表性差的样本过滤出去。

【观念应用 9-3】

搜狐网络小调查的操作规范

第一，设计问题：照顾到网民快速阅读的习惯，尽量避免超过 5 个以上的问题；问题题目本身不能有任何的前提和倾向性；问题之间要符合逻辑；备选答案可以活泼，但不能过于调侃和带有恶意。

第二，用户体验：最好即刻公布结果，不要让读者点击"查看"后才能看到结果，这样的点击量属于典型的无用点击量。

要求：搜狐网络小调查的操作规范给了我们怎样的启示？

分析：首先，要合理设计问卷。问卷不可过长或过于复杂，以免被调查者没有足够的耐心填写，或导致有歧义的、错误的回答。调查问卷的设计要注意问题的数量和问卷的格式，控制好答题时间，使问卷能得到有效的回答。其次，要想办法减少用户工作量，吸引网络用户自愿参加网络调查。

9.6 博客

2003 年，一股博客热突然席卷了整个世界。在中国，一场博客的全民运动正在轰轰烈烈地展开着。CNNIC 统计数据表明，2009 年，博客应用在网民中的用户规模达到 2.21 亿。

9.6.1 什么是博客

简单来说，**博客**即 Blog，来源于英文中的 Weblog 一词。Weblog 是 Web 和 Log 的组合词。Web 一般是指互联网；Log 的原意则是"航海日志"，后指任何类型的流水记录。合在一起来理解，Weblog 就是在网络上的一种流水记录形式，即网络日志。它通常由简短且经常更新的帖子所构成，这些帖子按照年份和日期倒序排列。

Blog 的内容和目的是很庞杂的，从评论，有关公司、个人构想的新闻，到日记、照片、诗歌、散文甚至科幻小说的发表或张贴都有。许多 Blog 只是记录着个人所见、所闻、所想，还有一些 Blog 则是一群人基于某个特定主题或共同利益领域的集体创作。

当然博客远非这么简单，由于博客形式本身就是综合了多种原有的网络表现方式，因此要严格界定这个"混血儿"已经不太现实，目前就有着许多关于博客是什么的说法。

（1）博客是继 E-mail、BBS、ICQ 之后出现的第四种网络交流方式。

（2）博客是网络时代的个人"读者文摘"。

（3）博客是以超链接为武器的网络日记。

（4）博客代表着新的生活方式和新的工作方式，更代表着新的学习方式。通过博客，让自己学到很多，让别人学到更多。

（5）博客——"个人主页 2.0"。

（6）博客——"知识经济 2.0"。

（7）博客是一个按照时间顺序排列的集合，集合中的元素是被公开发布，并能够通过互联网被访问到的独立的思想泡泡（Thought Bubbles），博客中的每条内容是博主们当时所想的思想快照。

（8）博客代表着"新闻媒体 3.0 版"：旧媒体（Old Media）→新媒体（New Media）→自媒体或者个人媒体（We Media）。

9.6.2 托管博客设计

按照博客存在的方式，一般可以将博客分为三种类型：一是托管博客，无须自己注册域名、租用空间和编制网页，写博者只要免费注册申请即可拥有自己的博客空间。二是自建独立网站的博客，有自己的域名、空间和页面风格。三是附属博客，将自己的博客作为某一个网站的一部分（如一个栏目、一个频道或者一个地址）。

托管博客是最"多、快、好、省"的方式，因此也成了目前写博的人最主要的"安家"方式。现在许多网站都提供这样的服务。那么作为博客托管服务商（BSP），其在提供服务时应注意哪些方面呢？

1）易用性

网络用户在向博客托管服务商申请博客空间时的注册程序中注册项目不要过于繁琐，更不要设计太多的涉及个人隐私的问题。同时日志管理界面要尽可能清晰、明了。

2）个性化

博客在某些方面也被称为个人出版平台，许多写博者希望自己的博客具有鲜明的个性特征，因此个性化成了各个博客托管服务商比拼的一个重要方面。博客作为一个个人出版和发表文章的平台，突出的应该是 Blogger 的个性而不是托管商的个性，所以博客托管商应该尽量淡化自己。

3）融合性

早期的博客是以文字为主，但随着多媒体的发展，博客越来越呈现出多媒体化。博客相册、博客图片已经成为博客的基本配置，而现在在非常多的博客网站上都提供了博客音频和博客视频，集成 Flash 的电子杂志也有可能和博客融合。而且博客也推出了非常多的 2.0 产品应用，像 RSS 阅读器可以让用户非常方便地定制信息、阅读信息。

【观念应用 9-4】

中华网的博客托管服务

中华网开始提供博客托管服务时，为了更好地为客户服务，特意开通了中华网"帮助博客"，在这个博客中，提供了他们的各种联系方式，并且对在中华网申请开博的用户的各方面问题进行了详细的解答。

中华网"帮助博客"问答列表（节选）：

如何对 TAG 进行管理（关键字的管理）？

如何自定义"我的文章专辑"？

如何更改我的个性图片？

如何选择首页文章的显示方式？

文字和图片如何排版？

如何让博客中文章的字体美化？

如何添加友情链接？

怎么样才能让更多的人访问我的博客？

忘记 blog 密码该怎么办？

登录时为何提示验证码错误？

如何使用画图工具转化图片格式？

博客文章的配图太大怎么调整？

如何建立我的相册并快速地上传图片？

怎么修改美化自己的模板？

如何在博客中添加背景音乐？

如何成功申请中华网 BLOG？

要求：中华网在提供博客托管服务时一个鲜明的倾向是什么？

分析：从其"帮助博客"问答列表可以看出，中华网在努力向将博客管理权交给博主的方向发展，从而让博主打造个性化的博客空间。

9.7 微博

最早也是最著名的微博是美国 twitter。2009 年 8 月中国门户网站新浪推出"新浪微博"内测版，成为门户网站中第一家提供微博服务的网站，微博正式进入中文上网主流人群视野。随着微博在网民中的日益火热，在微博中诞生的各种网络热词也迅速走红网络，微博效应正在逐渐形成。2013 年上半年，新浪微博注册用户达到 5.36 亿，2012 年第三季度腾讯微博注册用户达到 5.07 亿，微博成为中国网民上网的主要活动之一。

9.7.1 什么是微博

微博，即微博客（MicroBlog）的简称，是一个基于用户关系信息分享、传播以及获取的平台。用户可以通过 WEB、WAP 等各种客户端组建个人社区，以 140 字左右的文字更新信息，并实现即时分享。

微博的定义：微博是一种通过关注机制分享简短实时信息的广播式的社交网络平台。其中有五方面的理解：

（1）关注机制：有单向和双向两种；

（2）简短内容：通常为 140 字（包括标点符号）；

（3）实时信息：最新实时信息；

（4）广播式：公开的信息，谁都可以浏览；

（5）社交网络平台：把微博归为社交网络。

9.7.2 微博的特点

1）便捷性

微博网站即时通讯功能非常强大，在有网络的地方，只要有手机就可即时更新自己的内容。对于一些大的突发事件，如果有微博主在场，就可以马上在微博上发表出来，其实时性、现场感以及快捷性，有时能超过所有传统媒体。

2）背对脸

与博客上面对面的交流不同，微博上是背对脸的交流，就好比你在电脑前打游戏，路过的人从你背后看着你怎么玩，而你并不需要主动和背后的人交流。可以一点对多点，也可以点对点。当你关注一个自己感兴趣的人时，两三天就会上瘾。移动终端提供的便利性和多媒体化，使得微博用户体验的粘性越来越强。

3）原创性

在微博上，140 字的限制将平民和莎士比亚拉到了同一水平线上，这一点导致大量原创内容被爆发性地生产出来。李松博士认为，微博的出现具有划时代的意义，真正标志着个人互联网时代的到来。

博客的出现将互联网上的社会化媒体推进了一大步，公众人物纷纷开始建立自己的网上形象。然而，博客上的形象仍然是化妆后的表演，博文的创作需要考虑完整的逻辑，这样大的工作量对于博主而言是很重的负担。"沉默的大多数"在微博上找到了展示自己的舞台。

9.7.3 微博直播

随着微博的普及，一种全新的直播方式也应运而生了，这就是微博直播，简称"微直播"。这种直播形式可以应用在任何场所，可以以文字、图片、视频等多种形式，通过手机、笔记本电脑或者平板电脑等各种移动终端实现现场直播。"微直播"可以立即实现现场与全国5亿微博用户之间的互动，同时又可以链接到相关的博客、论坛、网站，甚至可以与传统电视台形成多媒体交互，是迄今为止最方便的多终端交互模式。

以经常召开的各种会议为例，只需一台可以上网的笔记本电脑，或者具备3G传输功能的平板电脑，即可实现"微直播"。会议现场的投影仪可以链接微博，直接将画面投影到大会的背板上，就可以实现"演讲者+与会者+全国2亿微博粉丝"的三方即时互动。

"微直播"成败关键是操作直播的微博质量，一个业界知名微博的标志是：

（1）一级粉丝的数量，越多越好；

（2）二级粉丝的质量，二级粉丝的质量越高越好；

（3）二级粉丝的纯度，一定是越垂直越好，粉丝越分散，越不利于某些专业问题的互动；

（4）本微博与粉丝的互动率，这是所有指标中最关键的一个，越优质的微博，粉丝与之的互动率就越高，互动性效果就越好；

（5）专业领域内的全面性，要有能够处理这些话题的现场能力。

从2009年中国出现首家微博网站至今，短短几年，微博以其巨大的爆发力和吸引力俘获了几乎所有网民的心，中国正在进入全民微博时代。微博凭借其巨大影响力，及其传播的快捷性、现场性与互动性等特点正在极速发展。目前，微博已深入政治，经济，文化，娱乐等多方面领域。

9.8 职业工作站

【小资料9-2】

交互式网站的特点

对于购物及企业网络营销来说，变门户式、宣传式及简单的订购网站为交互式、开放式的网站，是一个质的提升，也非常有助于提高用户的访问体验。

那么交互式网站的特点是什么？

（1）有完善的产品、客户管理系统。客户从选购、成交形成一条龙，可以定制不同的方案。比如DELL公司的订购系统，可以选择标准配置，也可以自行更改配置，更改的同时马上能够计算出新的价格。再如一个服装销售的网站，如果能够根据不同年龄、身材的人，马上得出穿着的效果（甚至可以上传自己的照片，马上得到效果图），那么，在线订购的可能性就会大大增加。

（2）能够记录客户的消费历史和消费习惯。客户可以自由查询在公司购买产品的全部历史以及开具发票的情况。同时，网站可以根据每个消费者的不同购买习惯，对产品进行不同的排序；根据客户的不同特点（比如年龄、性别、学历、职业等因素）来自动选择不同的引导方式及说明语言。

（3）对每次购物，要请客户评价，包括产品的满意程度以及该次购物的体验如何。对于多次反馈意见的客户要给予小礼品来表示感谢。

（4）根据客户购买的情况，给予客户一定的奖励，可以是返款形式，也可以是邮寄礼品，具体奖励的礼品，最好是根据客户的爱好自动选择的。客户奖励计划要能给客户一个出其不意的效果，奖励计划的细节可以不予以公开。要注意的一点是，即便是不公开的奖励计划，也要让客户提前知道，同时感觉到操作是规范的。

【小资料 9-3】

美的集团网站案例分析报告（节选）

背景资料：创建于 1968 年的美的集团（http：//www.midea.com.cn/），是一家以家电业为主，涉足房产、物流等领域的大型综合性现代化企业集团，是中国最具规模的家电生产基地和出口基地之一。

（1）品牌定位——国际化家电集团

作为集团型网站，美的网站不应只是体现产品，更要与企业的社会责任及未来发展挂钩，体现整体的品牌形象。产品的展示只是网站基本的层面，关键之处在于如何赋予网站灵魂——品牌的文化内涵，使得浏览者在第一时间体验到品牌文化。这种品牌文化不仅仅体现在设计上，而且通过设计、内容、功能的良好结合，营造一种难以用语言描述的品牌体验。新网站围绕美的国际化的目标开展，展现美的更为广阔的视野和高瞻远瞩的理想，以满足企业未来的发展需求。

（2）视觉定位——简约、洁净、舒适

简约、洁净的界面，符合美的家电产品的行业定位，给消费者以舒适的视觉感受。快乐、健康的图片，易引起消费者愉悦的视觉联想。

（3）内容定位——品牌、产品、销售、服务

网站内容围绕企业运营最关键的四个环节，每一部分相互独立而又关联。对于一个普通的消费者而言，走进网站犹如走进熟悉亲切的家，而不是故弄玄虚的迷宫。网站以品牌的展示为主，产品、销售、服务紧密相连，形成一个有机的整体。

（4）功能定位——易于浏览、以销售为主线、以服务为导向

易于管理及安全的平台，无论对于管理员或浏览者，同样采用简单的界面及易用的菜单。细节之处考虑周详，体现关爱及周到的服务。

在网上开展业务的好处，有无形的也有有形的。所以在这样一个网络与信息高度发展、融合的社会里，开展网上业务将在很大的程度上促进企业对信息的搜索与利用。

问题：请自己选择一家公司的网站并结合【小资料 9-2】进行分析，对该网站如何加强交互性提出意见。

9.9 分析评价

交互性最初主要是在网站设计环节上体现出来的，因此主要强调的是链接的合理使用。交互控制设计方面多是考虑文本框、滚动条、下拉式菜单、控制按钮等窗体设计和热字、触摸、声控设计。因此在过去的在线体验中，网站的交互性设计主要基于审美需求。

随着交互式应用日益加强，人们对交互性的含义有了更进一步的认识。美国学者

Elliot King 认为，"交互性"这一概念可以用来描述两种互不关联的网络媒体的特性。一方面，它表明用户已有可能控制用何种顺序来获得信息，用户可以在更大程度上决定先看什么、后看什么。另一方面，这一概念也可用来描述在信息的生产者与消费者之间日益增强的交互性关系，或者从更广的意义上来说，是创造一种取代传统的单向交流的双向交流方式。

随着即时通信（IM）、博客、网络游戏、网络聊天等交互性应用的发展，新的交互模式已经出现了，即从传统的人机交互逐渐转变为人与人交互。这种变化使得越来越多的个人成为了互联网的主体。有研究者认为，这种新的趋势将带动互联网应用模式全面转型。过去若干年是互联网谋求商业化的阶段，关注如何把用户变成消费者，个人只是局外人。而今个人正逐步成为互联网的主体，他们不仅是消费者和用户，也是更主动的生产者、创造者和建设者。个人将利用互联网建立信任，形成关系，甚至是构建网上社会资本。以个人为主题的网络社会将是未来的主旋律之一。

【专论 9-1】

着眼于"互动性"的互联网发展方向

营销大师、《定位》一书的作者阿尔·里斯认为："互联网是第一个完全受个体控制的大众传媒"，"互联网的焦点不是信息的发送，而是信息的接收"。其中值得注意的有两个要点：一是用户"大众性"，二是用户"主动性"。不具备这两个用户基础条件的纯互联网业务品牌恐怕难以为继。

正是基于对互动性这一互联网本质的理解，以互动性为基准，可以将互联网的已经和正在发生的历史划分为三个方向。长期来看，互联网还处在开创期。这三个方向也是共生、交互推动发展的。

第一方向，网民方向，浏览和搜索时期。互联网上出现海量的网页，上网冲浪的人造就一个划时代的词"网民"。要注意的是：真正体现互联网媒体特性的是 BBS、意见组、论坛、社区等张扬网民个性和分享主张的发帖、跟帖、回帖、灌水、评论、讨论互动行为。美国在线、雅虎、搜狐、新浪、百度、Google 等一系列相关业务品牌获得巨大成功。

第二方向，网友方向，交流和游戏时期。互联网上的网民下载信息、互动活跃。主要业务包括但不限于电子邮件、网络聊天、网络交友、网络游戏等。ICQ、MSN、QQ、网易交友、网易游戏、盛大游戏、九城游戏、Hotmail 等相关品牌崛起。

第三方向，网商方向，商务和服务时期。互联网具备了电子商务和应用服务平台的功能，正在广泛地、深入地渗透和蔓延到人们生活、工作、学习的方方面面。有人认为互联网消除了中间商，这种说法并不准确，互联网是历史上最具革命性的中间商——具有全球性、即时性、非接触性互动，这完全不同以往。主要业务包括但不限于行业平台、商业贸易、拍卖、音乐、影视、教育、医疗、金融、旅游、图书音像等。世界首富比尔·盖茨有一句话："要么电子商务、要么无商可务。"

资料来源 张小争. 互动性：互联网的本质［EB/LO］.（2006-08-10）. http：//www. huaihai. tv/news/zt/gdzx/rdyj/2006-08-10/2006-08-10_ 1_ 7778_ 0. html.

■ 本章小结

本章首先讨论了交互性这个互联网络最为鲜明的特点。在对网络交互性这样认识的基础上，本章集中介绍了网络聊天、BBS、电子邮件、网络调查、博客等网页交互类型。

在本章关于交互性的探讨中，我们省略了窗体、热字以及触摸、声控设计这些交互控制设计环节，主要着眼于信息的生产者与消费者的双向交流这样的一个视角来展开讨论。虽然在行文中也涉及了个人与个人的交互这一层面，但主要的出发点仍是网站编辑如何更好的和用户互动。

■ 主要概念和观念

□ 主要概念

网络交互性　聊天室　即时通讯　BBS　电子邮件　邮件列表　网络调查　博客

□ 主要观念

网络交互性　常见的交互类型

■ 基本训练

□ 知识题

▲ 简答题

（1）交互性对网站有着什么样的作用？

（2）BBS 有什么样的功能？

▲ 选择题

△ 多项选择

（1）QQ 可以实现的应用有（　　）。

A. 聊天　　　　　　　　　　　B. 传送文件

C. 拨打电话　　　　　　　　　D. 远程协助

（2）网络调查的方法有（　　）。

A. 网上问卷调查法　　　　　　B. 网上讨论法

C. 网上观察法　　　　　　　　D. 隐匿性调查法

▲ 阅读理解

（1）网站聊天室管理的方式和手段。

（2）技术手段减少网络调查误差的方法。

□ 技能题

▲ 单项操作训练

（1）为一家提供聊天室服务的网站设定管理框架。

（2）申请一个 QQ 账号，并尝试它主要的应用。

▲ 综合操作训练

登录校园网站，对校园网交互性进行分析，指出其在交互性设计方面存在的优缺点，并提出优化方案。

■ 观念应用

□ **案例题**

网站交互性评估指标体系

表 9-2 是某网站制定的"托管平台网站评估体系"中关于网站"交互性"评估的几项指标。

表 9-2 网站交互性评估指标体系

站点交互性分析	
1	网站是否拥有站内搜索功能
2	网站是否拥有反馈信息表单
3	网站是否拥有 BBS、留言板
4	网站是否带有友情链接系统
5	网站是否带有流量统计系统
6	网站是否带有在线咨询系统
7	留言簿内容排列是否符合用户的浏览习惯

问题：

（1）该评估体系中关于"网站交互性"分析的评估指标主要是立足于交互性的哪个层面？

（2）该评估体系是否有缺陷？

□ **实训题**

在案例题的基础上，请结合本章内容，并参照其他网站，设定一套比较合理的"网站交互性评估指标体系"。

□ **讨论题**

尼葛洛庞帝认为，网络交互性引发的信息革命把人类带进了"沙皇退位，个人抬头"的"后信息时代"。他宣告说："在后信息时代里机器与人就好比人与人之间因经年累月而熟识一样：机器对人的了解程度和人与人之间的默契不相上下，它甚至连你的一些怪癖（比如总是穿蓝色条纹的衬衫）以及生命中的偶发事件，都能了如指掌。"这个"真正个人化的时代"，同时也被认为是民主分权的、全球和谐的"无疆界的世界"。

尼葛洛庞帝这样的表述是否是合理的，他的言论对网络交互性有什么样的意义？

第 10 章

专题的策划与制作

■ 学习目标
10. 1　专题概说
10. 2　网络新闻专题
10. 3　稿件编排
10. 4　职业工作站
10. 5　分析评价
■ 本章小结
■ 主要概念和观念
■ 基本训练
■ 观念应用

■ **学习目标**

知识目标：

　　了解专题的目的、分类，专题策划的原则，以及内容的编排与制作。

技能目标：

　　能较熟练地掌握内容题材的取舍，灵活掌握稿件编排技巧。

能力目标：

　　培养发现并挖掘专题的敏感，策划和组织专题的能力。

引例 网络新闻在重大报道中成长

2001 年 9 月 11 日，一伙恐怖分子劫持两架民航客机先后撞到纽约世贸中心的两座大楼并引发爆炸，两座大楼在浓烟中轰然倒塌。不久之后，另外一架被劫持的飞机袭击了位于华盛顿的五角大楼。这次恐怖事件造成数千人死亡，美国经济遭受重创。一时间，美国国内陷入一片恐慌。

恐怖分子劫持第一架飞机撞击纽约世贸大楼时，是北京时间 9 月 11 日 20 点 45 分。10 分钟后，新浪网就发布了第一条消息。它随即推出专题"美国遭遇恐怖主义袭击"。午夜 12 点刚过，新浪网 20 多位编辑、10 多名翻译、30 多名技术人员，从北京市的四面八方赶来，集中在狭小的办公室内加班。他们间隔一秒发一条消息，有时甚至一秒发两条。在随后的 24 小时内共发布 590 余条信息。

在"9·11"这样的突发事件面前，网络成了网民获知信息的最佳渠道。据报道，游龙科技在这一事件发生后从全国八大城市对新浪、搜狐、新华网和央视国际等网站进行了实时监测，结果发现这些网站的平均响应速度从平时的平均 3.84 秒，骤升至 17.84 秒（9 月 11 日 21：00—9 月 12 日 1：00），响应速度减慢 4.5 倍。

当天新浪网新闻频道最高日流量一度竟超过 8 000 万，与同期美国各大著名网站持平。北京电报局提供的数据证实，在那几天，仅新浪网的网络带宽就从 500 兆增加到 2 000 兆，新闻频道服务器由 8 台增加到 25 台，以确保正常网速。

由于"9·11"事件事发突然，又有着非常复杂的历史与现实背景，许多普通人一时难以作出正确判断，因此，专业的评论与分析显得十分重要。于是，许多大的新闻网站都请来国际问题专家对该事件发生的前因后果进行点评。网络媒体在解读新闻、引导舆论方面的作用，在此次事件的报道中得到了充分的发挥。

于是，在这样的重大报道中，各大网站的第一反应是迅速开设专题，用最快的速度发布最新消息，同时，介绍相关背景，分析事件可能造成的影响。各网站的论坛也成了表达人们感情的一个重要窗口。

资料来源 彭兰. 中国网络媒体的第一个十年［M］. 北京：清华大学出版社，2005.

10.1 专题概说

在网络中，专题是在某一主题或某一事件下的相关新闻、资料及言论的集合。它具有开放的空间，在时间上可以无限延长。

在网络媒体日常运营中，遇到重大事件的报道任务，网络专题常常是需要首先考虑的项目。反过来说，网络专题也是最适合于报道重大事件的表现形式。网络专题常常表现为微型网站频道的状态，这样文字、图片、音视频、Flash、互动调查等表现形式很容易就能放进专题中。

网络专题最早以专题栏目和专题报道两种形式出现。专题栏目只是简单集合相同主题的网络新闻，访问者点击栏目链接时，展现在屏幕上的通常是多条新闻标题的列表；而专题报道则以一则重头网络新闻为主，辅以背景资料、相关报道作为链接出现在该条重头新闻的页面中。前一种专题形式无需编辑过多干预，至多编写一个栏目导语；而后者则着重对报道主题进行挖掘，背景资料需要历史数据库的积累，即时报道则需要时时更新。

网络专题栏目由于其形式简单，逐渐演化为网站频道的下一级栏目。这一点从一些网站内容发布系统的功能设置中仍可以看出痕迹——至今还有发布系统将"子栏目设置"的功能命名为"专题设置"，这两个概念之间的演化关系从中可窥一斑。

网络专题报道已逐渐成为目前我们常使用的报道方式，它已经脱离了早期一个单独页面的简陋形式，但糅合了专题栏目的一些特性。可以认为，目前的网络专题在形式上类似于一个微型网站频道，而其内容在组织上则较频道更为精细和集中。

在国内网络媒体中，新浪、搜狐、网易最早尝试网络专题在网络新闻中的运用。千龙网作为较早出现的专业新闻网站，早于 2000 年即已组建专题部，作为专门的网络专题团队，从事网络专题的策划、制作和发布。

10.1.1　网络专题的目的和意义

为什么要做网络专题？为什么要设置专题编辑这样一个职位？网络专题的意义何在？

先从网络专题的起源说起。最简单的专题就是几篇关于同一个主题的文章的链接集合。在网络媒体出现后不久，网络编辑们逐渐发现相同主题的几条网络新闻可以组成一个专门的页面进行发布，网络专题的雏形就由此形成了。随着网络媒体功能的逐渐加强，编辑们发现，如果再能配些关于这一主题的背景资料或相关图片，能理顺一个主题的前因后果，就能给网民一个明确的阐述。至此，专题开始成为网络媒体的一个主战场。

专题制作水平能够直接反映网站内容部门的实力。由于有了网络专题这一表现形式，也使得很多平面媒体的资深编辑在网站有了用武之地。专题能够反映出新闻事件的全貌，它强在历史感、纵深感以及横向比较上，能多层次、多角度地报道一个新闻事件，有空间感，有时间感。这就是网络专题这一表现形式存在的依据，也是网络专题存在的意义所在。

在表现形式上，专题不仅能美化页面、吸引访问者的注意力，而且能为网站拓宽报道领域、报道深度。网络专题之于网站，如新闻调查、焦点访谈之于央视，是高端产品。因此，各大网站高度重视专题的建设，在人员编制和资源调配上，都给予极大的支持。

10.1.2　网络专题的表现形式和分类

网络专题是网络媒体的一种重要表现形式，也是不可或缺的表现形式。它是围绕某一特定主题，这个主题可能是突发事件，也可能是新出台的政策，或者是要特别宣传的主题，通过设计成固定的页面形式，进行图片与文字、即时新闻与相关资料的集中报道。

1）表现形式

网络专题的主题是特定的。有可能是用同一个事件，来说明这个事件的前前后后，这是新闻事件的纵向发展、深度报道；也可能是用多个事件，通过对多个事件进行比较来挖掘主题，这是新闻事件的横向比较，更容易看出事件的本质。

对页面结构而言，一个完整的网络专题由专题首页、更多页、正文页组成，还有一些特设页面，如新闻调查投票页面。在网页制作部门看来，只需使用发布系统，把编辑好的内容对应一种固定页面模板即可完成发布。当然，也可以重新设计、重新制作页面，这比较繁杂，有时一个网络专题的页面设计工作量并不亚于一个网站频道的页面设计工作量。

新技术的发展和带宽的加大，使得多媒体形式成为可能和现实，也对网络专题页面提出了更高的要求。综合来看，专题往往会给网站访问者留下这样一个印象：网站中最具新鲜感和最有吸引力的地方正是网站所制作的网络专题。网络专题表现形式的多样化，保证了专题的生命力。

2）分类

网络专题没有公认的分类标准，依各网站定位而定。

对于一个综合性大型门户网站来说，可以将专题分为新闻类专题、主题类专题和栏目类专题。这几类专题的选题来源、策划进程以及维护的周期也是不同的。

（1）新闻类专题

新闻类专题一般源自于突发事件，新闻性较强。由于是突发的不可预料事件，因此不可控，在策划上是被动的。网络专题是最适合于报道重大事件的表现形式。新闻类专题持续的时间，由新闻事件的进程决定。如"5·12"汶川地震等专题可以归于此类。

（2）主题类专题

主题类专题一般源自于可预见的主题，服务性较强。由于前期可预见，在策划上往往较为主动，持续周期由策划和主题进程共同决定。如每年的人大、政协"两会"专题就属于此类。

（3）栏目类专题

栏目类专题一般源自于不特定的事件、人物，但围绕同一个主题，持续周期往往是长期的，基本等同于网站的固定栏目。这一类专题如果进行时间相当长，或者某些特定报道适合于长期播出，如行业类专题、服务性专题、托福应试技巧、出国完全手册、自驾车指南等，最终将演变为一个专栏或一个频道。

10.2　网络新闻专题

网络新闻专题，就是指在深度报道的理念指导下将网络新闻等相关信息进行有机组合，也是网络各种传播方式的有机组合。它通常围绕某个新闻事件或社会上存在的某种现象和状态，在一定的时间跨度内，运用消息、通讯、背景资料、述评、评论等文体，调用文字、图片、声音、视频等表现形式，并结合BBS、微博、微信等互动手段，通过页面编排与栏目制作，进行连续、全方位、深入的报道。

一个好的新闻专题必备的要素有：

1）编辑思路

这是整个新闻专题的灵魂，直接决定了专题的质量水平。一个好的新闻专题必须有一个巧妙的或者独特的编辑思路。

2）栏目设置

这是整个新闻专题的骨架，应该用发散性的思维，从新闻实质出发，把思路外延，构建一个内容丰满的新闻专题，然后根据各个栏目的重要性合理分配栏目位置。

3）专题构架

这是新闻专题阅读导向的体现。新闻专题的构架多种多样，但一个最基本的准则是——要分清各个栏目的主次，然后按照主次合理安排各个栏目的位置。

4）标题制作

这是新闻专题的视觉刺激，如何根据新闻内容提炼一个好的标题直接决定着专题的传播效果。

5）跟进维护

网络媒体的报道是实时的，这就要求跟进式维护。这不仅体现在新闻的滚动播出方面，也体现在栏目的调整方面，当增则增，当减则减。

6）版式设计

这是新闻专题形式美的体现，可以直接推动内容的传播。如何让读者从看到的第一眼就被吸引住，页面效果至关重要。

10.2.1 专题导航

国内媒体网站和大型门户网站的信息传播已经专题化。

鉴于新闻专题的整体容量很大且有日渐扩张的趋势，各大型网站几乎都在"专题"之下安排步步深入的导航页面。新华网、人民网、千龙网、东方网、新浪网、搜狐网等皆是如此。专题频道的导航可分为以下几步：首先是导航首页，该页面最简单的方式是采用文字直排方式列出专题标题。稍微精致一些的页面布置是将不同类项的专题归纳入一个个小板块，整个页面划分为若干界线分明的板块区，每个标题板块附有"更多"翻页链接。

新浪网新闻专题导航页的设计比较注意视觉效果，同时也兼顾高效率地利用有限的页面长度，小心地照顾到网民的耐心承受度，如图 10-1 所示。雅虎新闻导航页的设计如图 10-2 所示。

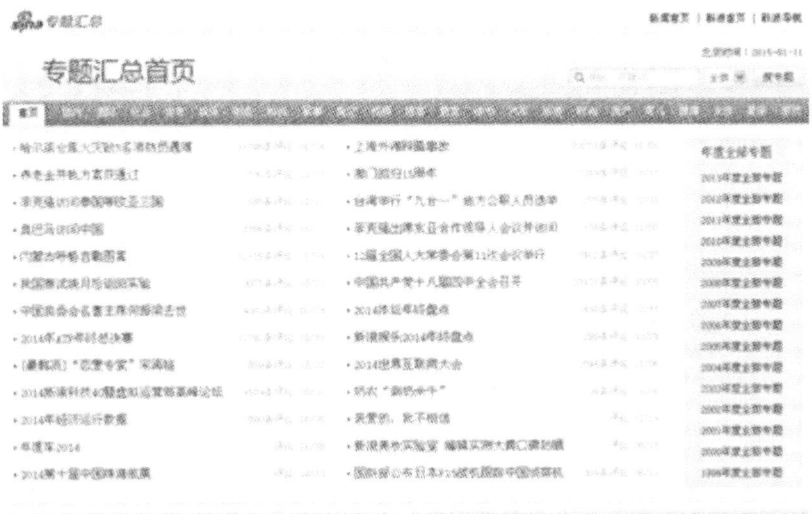

图 10-1　新浪网 2015 年 1 月新闻专题汇总首页截图

专题导航可以更多地使用图片和视觉元素，不过那样的页面可能比较长。新华网和搜狐网新闻专题首页都使用了比较多的照片和图片。搜狐网新闻专题汇总首页遵循少而精的原则，页面展示的专题数量不多，但是每条或采用照片，或采用图表，或采用漫画等视觉手段来表现，给读者很强的视觉吸引。特别是它在网页右侧安排了有关专题的"网友热评榜"，给网上搜寻和浏览者特供了很大的方便。

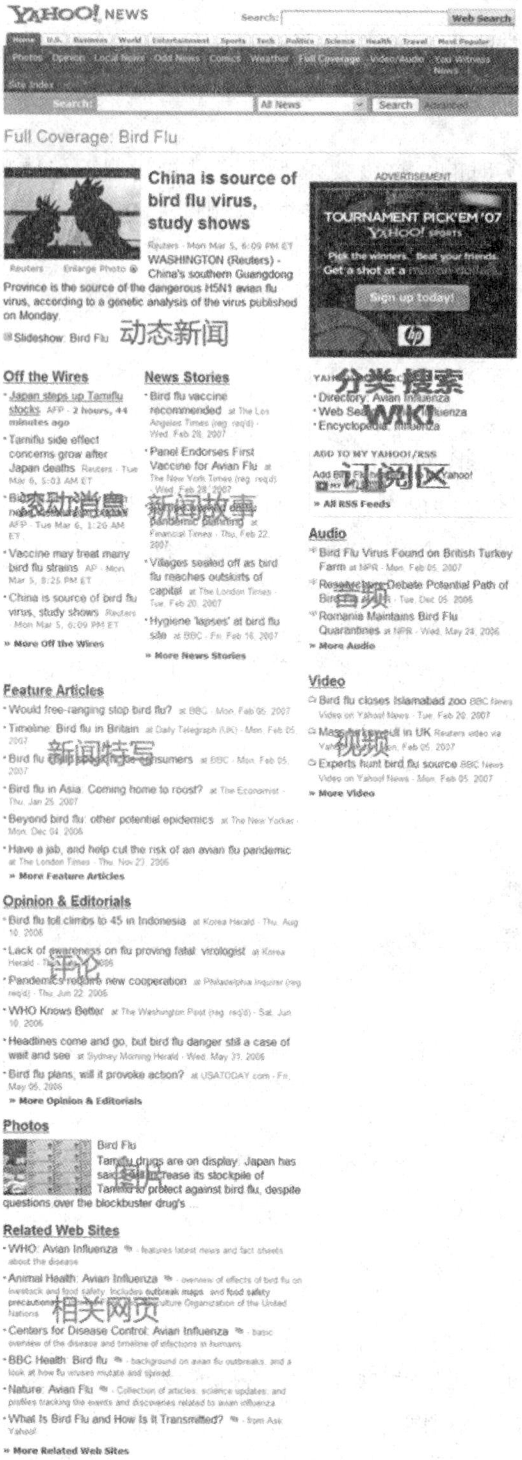

图 10-2 雅虎网新闻导航页面截图

10.2.2　网络新闻专题的内容和分类

1）网络新闻专题的内容

在实践中，网络新闻专题的选题主要集中于以下几类重大新闻：

（1）国际热点问题

近年来，世界格局瞬息万变，新热点时有冒出，一些旧热点热上加热。如美国遭到恐怖袭击、以色列与巴勒斯坦冲突愈演愈烈、朝韩关系一波三折、印度与巴基斯坦边境屯兵百万面临战争等，都格外引人瞩目。

（2）重大"天灾""人祸"

"天灾"指自然灾害，如火山喷发、森林大火、热带风暴、洪水、地震等。"人祸"指人为对社会产生冲击和破坏的非正常事件。"天灾"和"人祸"可能共同作祟，如 2000 年洛阳东都商厦大火烧死 309 人、2011 年温州动车事故致使 40 人丧生，172 人受伤等。

（3）国计民生热点

国计民生主要指国家经济建设和人民生活，因为涉及党和国家的大政方针、经济结构和各群体利益，所以相关的重大新闻往往受到广泛关注，形成热点。近年来的热点有惩治腐败、经济结构调整、金融体制改革、住房制度改革以及医疗制度改革等。

（4）重要纪念活动

国内外的重要庆典和纪念活动，如国庆 60 周年、诺贝尔奖设立百年、美国"9·11"恐怖袭击事件周年等。

（5）社会热点问题

社会热点问题指人们普遍关心的、亟待解决的社会问题。比如房价问题、环境污染问题、消费问题、物价问题等。

（6）大众文化焦点

大众文化焦点包括文化娱乐界动向、体育比赛结果等。如今，焦点的范围还扩大到歌星、影星、体育明星的逸闻趣事、个人生活、摩擦矛盾等。

2）网络新闻专题的分类

根据专题设立重心的不同，可将网络新闻专题分为事件性专题、主题性专题、研究性专题和资讯服务性专题。

（1）事件性专题

事件性专题能最大程度体现新闻性。事件性专题通常是指围绕重大事件和突发事件所制作的新闻专题。专题的内容紧密围绕新闻事件来进行组织，以实现最新进程的新闻报道为主，辅以评论、资料等多种体裁，组合成立体化、全方位的报道。事件性专题通常是按照时间纵轴展开的，以不断更新的滚动报道为主线，如同一段绵延不绝、不断展开的画卷。事件性专题可以随着事态的发展不断调整专题的题目，以保持题目的新鲜性和对网民的吸引力。

通常情况下，制作新闻事件类专题不需要花太多的工夫选题，只需要依照事件本身的大小和影响范围，以及事件本身的复杂程度来控制专题信息量的多与寡。

（2）主题性专题

主题性专题重在评论，打造媒体形象。主题性专题是指围绕某一主题所组织的新闻专题。它通常也由新闻事件出发，但专题的设置已远远超越了对新闻事件就事论事的范畴，而扩展为一场更具广泛意义的社会性讨论。主题性专题中的新闻事件通常只是一个引子，而重点在于由此所引发的观念冲突和潜在的社会变革。因此，新闻事件的发生、发展不是专题的重头戏，多元观点的对立、碰撞和由此引发的深层思考才是专题设置者的目的所在。评论类文章占了主题性专题的大部分。

（3）研究性专题

研究类专题策划为先，重在研究。研究类专题是对同一事件、不同观点的辩论争锋，或对同一事件的来龙去脉进行不同角度的分析解读。因此，这类专题的选题通常需要进行前期的周密策划。

专题报道都是由编辑先行确定选题，再进行综合报道、分析、研究的。专题报道可以集纳专家意见、受众呼声、业界反馈等多方观点，发挥几方面舆论合力的效应，使报道处处洋溢着崭新的视点和理念，有助于引导受众对新闻事件进行理性分析，进一步看清事件的本质和核心。

（4）资讯服务性专题

资讯服务类专题融知识与服务于一体，其特点可以用一言概之，即"以新闻传知识，以服务广新闻"。这类专题一般源自不特定的事件、人物，但围绕同一个主题，持续周期往往较长，其功能接近于网站的固定栏目。此类专题，都是尽量贴近网民生活所需、投资所需、日常所需，在体现社会化、生活化、平民化的共性基础上，讲究实时性、服务性、实用性。

10.2.3 网络新闻专题的内容选择

1）网络新闻专题的策划与实施

网络新闻专题的策划具有自身优势，动态性比一般新闻策划更强。专题的策划贯穿于专题实施的全过程，能不断地自我提高，争取获得最佳的传播效果。

（1）选择构架

对于网络新闻专题的选题，一般新闻网站是很容易达成共识的。在这种情况下，专题的竞争，常常不是题材上的竞争，而是组织方式的竞争。组织方式的竞争，首先表现为专题构架的选择。

基于内容和技术两方面考虑，专题可形成不同的构架。最简单的网络新闻专题是单网页专题。当相关报道不多时，往往制作单网页专题。多网页网络新闻专题的构架则复杂得多，有线性、树形、混合结构等。所谓线性结构，即网页之间的关系是单线条的，访问时可以在这个线条上单向前进，或双向移动。所谓树形结构，即网页之间的关系是分层次的，起到目录作用的网页称为主页。如果把主页喻为"树根"，树形结构小型专题的最末端就是一些"树干"网页。主页可以是标题列表，也可以是图片集锦、文章等含有指向所有"树干"页面的超链接。如果网络新闻专题选题的新闻价值、审美价值高，相关信息多，就应采用树形结构。重要的网络新闻专题还可以采用以树形结构为主、网状结构为辅的混合结构。所谓网状结构，即网页之间无固定的结构模式，只是根据不同网页之间的逻辑联系建立链接。

（2）设计网页

多网页专题遵循"平面+立体思维"的设计原则。"平面+立体思维"中的"平面"

表示网页设计可以借鉴传统的报纸版面方式，将实用性与审美性结合起来。实用性即网页不但能充分表达编辑意图，而且能帮助网民分清主次，以便尽快获得重要信息。审美性即网页运用文字、色彩、图像、动画等多种手段后产生综合美感。

"平面+立体思维"中的"立体思维"表示网页设计与报纸版面设计不同，还需考虑超链接的设计。东方网大胆尝试设计各类专题网页，丰富了"平面+立体思维"。该网站根据普通专题的不同情况，分别设计出线性结构、树形结构的专题网页模版多套，供不时之需。同时，又根据重要专题的要求，量身制定专题网页。

（3）形成专题

网络新闻专题形成后，就能表现信息组合的效果。在报纸上，表现元素是字体、色彩、字号、版式、尺幅和空间节奏；在电视新闻中，表现元素是时段、场景、背景、光线、色彩、长度和栏目风格；在广播里，除视觉元素外，其他方面和电视相当。然而到了网络新闻专题中，这一切都被拼装在一起，形成一个更加繁杂的全景化表现。网民可以只看文字、只看画面、只听声音、只选择漫画表现，也可以把以上元素相互拼接，形成多感官的信息接触。

（4）监控维护

网络新闻专题的形成，并不意味着万事大吉。专题是否做了后续的新闻跟踪，是否有深度透析、新闻预测和阶段综述，都反映了编辑对该专题的重视程度和对题材的把握能力。

专题要求编辑不把工作看成某一天某一时段的任务，而是看成 24 小时连续操作，继续监控新闻的发展，不断将后续报道等补充进专题。维护中的专题要常变常新地出现在对该专题有兴趣的网民面前。

【观念应用 10-1】

各网站在 2008 年奥运报道中对专题的策划如图 10-3 所示。

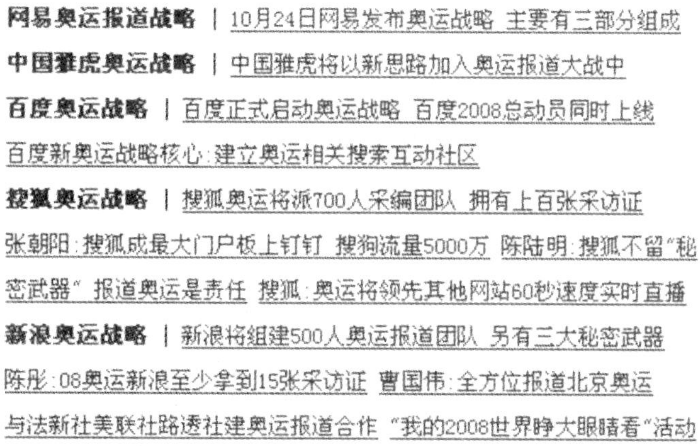

网易奥运报道战略 | 10月24日网易发布奥运战略 主要有三部分组成
中国雅虎奥运战略 | 中国雅虎将以新思路加入奥运报道大战中
百度奥运战略 | 百度正式启动奥运战略 百度2008总动员同时上线
百度新奥运战略核心：建立奥运相关搜索互动社区
搜狐奥运战略 | 搜狐奥运将派700人采编团队 拥有上百张采访证
张朝阳：搜狐成最大门户板上钉钉 搜狗流量5000万 陈陆明：搜狐不留"秘
密武器" 报道奥运是责任 搜狐：奥运将领先其他网站60秒速度实时直播
新浪奥运战略 | 新浪将组建500人奥运报道团队 另有三大秘密武器
陈彤：08奥运新浪至少拿到15张采访证 曹国伟：全方位报道北京奥运
与法新社美联社路透社建奥运报道合作 "我的2008世界睁大眼睛看"活动

图 10-3　各网站 2008 年奥运报道战略

要求：分析各网站在 2008 年奥运报道中对专题的策划制作（如图 10-3 所示）有什么不同？

分析：可从不同角度分析，如整体策划、具体稿件、媒体合作等方面。

2）网络新闻专题的内容选择原则

网络新闻专题还要求编辑能面向未来，把任何一则新闻都看成是对不断发展的事物的报道，以对历史负责的态度进行工作。这样，与其说是编辑新闻，不如说是编辑历史。编辑不仅是对眼前的信息作编辑，更是在为全球化的信息仓库提供未来的查询。

在信息过剩乃至泛滥的网络上，新闻专题是网络编辑比拼策划眼光、展示编辑实力、营造新闻强势，进而引导舆论的手段。每天都有成千上万的信息洪水般涌上网络，选取哪些事件和话题制作专题，是网络媒体编辑"把关"的又一形式。一般来说，专题的选题有这样几个原则：

（1）重要性原则

专题的内容必须是重要的，这个重要性包含两个层面，一个层面是宏观层面的重要性，比如 2008 年奥运会、"5·12"汶川地震等。这些对世界或者国家的政治、经济、军事、外交等方面产生重要影响的事件，必然会引起大多数人的关注。这个时候，网站就需要设置相应的专题，高密度、大容量地提供各方面的信息，满足网民的知情权和求知欲。另一个层面是微观层面的重要性，比如某市道路改造的问题、蔬菜涨价的问题、幼儿园收费的问题。这些事情虽是市民生活中的小事，但是由于它事关千家万户，因此也就有了相当的重要性。制作这样的专题对地方性网站来说特别重要，因为它是体现地方特色、培养网友参与感和忠诚度的重要手段。

（2）突发性原则

变动产生新闻。因此，那些突发的、体现事件剧烈变动的新闻总是比渐变性的新闻更容易吸引人们的眼球。不仅"9·11"恐怖袭击这样既有突发性，又空前重要的新闻能够吸引全世界人民的目光，而且那些重要性小得多的突发事件，比如车祸、火灾、爆炸、丑闻等，只要报道及时，内容充分，也能在第一时间内迅速锁定众人的注意力，成为人们关注的焦点。

（3）冲突性原则

事件的冲突性是其能够让过着平淡生活的人们兴奋的主要原因。专题的冲突性也有两个层面的含义，一个层面是事件本身的冲突性，比如"9·11"恐怖袭击、齐齐哈尔的日军遗留化学武器伤人事件等。事件牵涉正在发生或者曾经发生过激烈冲突的双方，有着强烈的冲突色彩和不确定性。另一个层面是价值层面的冲突性，即新闻事件中可能蕴含着几种强烈冲突的价值评判，比如北大毕业生卖肉事件，有人认为是人才的浪费，有人认为是市场经济的自然选择，有人强烈呼吁政府干预，有人强烈反对干预。这个事件本身说不上是什么惊天动地的大事，但它背后所蕴藏的价值取向的差异对我们转型期的社会可能有着特别重要的意义。网络编辑敏感地意识到事件和冲突背后的新闻价值，通过新闻专题加以表现和放大，从小处说可以吸引人们的目光，营造舆论的热点，从大处说，这些观念的冲突与交流对于活跃人们的思想、开阔人们的视野，对于社会日益走向文明、宽容与开放，都会起到潜移默化的作用。

（4）人情味原则

人情味是指新闻事件中蕴含着强烈的人情和人性，能够调动人们内心的某种情感，比如对真善美的向往，对自由的渴求，对生命和真挚情感的珍惜等。新闻中的人情味元素能够超越国家、地理和种族的界限，把全世界人们的心连在一起。正如在伊朗连体姐妹分体手术失败后一位网友所说："陷入悲痛的不仅仅是伊朗人，还有中国人、新加坡人乃至全世界的人。人们都想和这个家庭共同承担悲剧。这个悲剧是人类的悲剧。"善于感受并捕捉新闻中的人情味因素，并将之在专题里发扬光大，能够在吸引眼球之外，牵动和凝聚网友的情感，凸显网站的人文关怀。

10.2.4　网络新闻的制作原则

网络新闻专题成为网络媒体的主要报道形式，是因为其在资料收集、表现手段、内容整合上都优势明显。新媒体的新闻专题制作遵循一系列的原则，主要有深度报道意识、多媒体思维、线索的完整性、合理的信息层次、凸显网站特色和提高互动的有效性六个原则。

1）专题制作的深度报道意识

网络新闻专题是深度报道的一种方式。这种深度一方面要靠内容的选择来体现，另一方面要通过栏目的设置来实现。因此，在进行专题策划时，要站在一定高度上思考专题所要表达的主题和事件，在最新消息与各方动态之外，设置对当前事件独特思考的栏目，通过比较，或对事件来龙去脉、成因反思、深远影响的思考，深入表现主题。

2）多媒体思维贯穿始终

要通过新闻专题体现新媒体的多媒体传播优势，就需要在选题策划、角度选取、栏目设计、素材采集与编辑等所有环节中，为多媒体能量提供发挥空间，使得文字、图片、音频、视频每一种媒体形式的新闻得到充分而合理的运用。

3）新闻线索的完整性

对发展中的事件报道而言，新媒体新闻集专题集实时性与延时性于一体，因此要设置相关的导读手段，使得信息在不断更新的过程中仍然有对整体发展线索的介绍。

4）合理的信息层次

在专题内容的安排上，应体现层级式的信息构成。在多数情况下，应使核心信息、周边信息和辐射信息都得到相应体现，使读者根据自己的愿望各取所需。

5）网站特色的凸显

新闻专题是网站间竞争的重要方式，因此其特色的挖掘至关重要。新闻专题的栏目策划不仅要为其主题的特质服务，还要充分利用与开发网站的资源。特别是对于传统媒体背景的网站而言，原创能力是其重要财富，要善于将原创能力转化为竞争力。

6）提高互动的有效性

互动是网络新闻专题中一种不可或缺的手段，但是并非所有的互动都能有效的展开。因此，应该根据不同的主题需要，设计更有目的的互动方式，而不是简单地调查与评论这两种方式，在一定的情况下，通过提升互动内容的影响力，也是网络编辑整合能力的体现。

【观念应用 10-2】

马航 MH370 "失踪" 事件新浪网专题分析

2014 年 3 月 8 日，由吉隆坡飞至北京的 MH370 航班失去联系，该航班原计划 6：30 在北京降落。机上共载有 239 人，其中包含 12 名机组人员。227 名乘客来自 14 个不同国家，其中有 154 名中国人。马航失踪是一个重大的新闻事件，各大新闻网站都利用互联网的优势将这一事件整合成为专题，不断更新消息。图10-4是新浪网制作的新闻专题。

图 10-4　新浪网马航 MH370 "失踪" 事件专题截图

要求：分析新浪网制作的"马来西亚宣布 MH370 在南印度洋坠海"新闻专题有什么特色？

分析：可从新闻事件是否完整，对事件的深度挖掘意识是否强烈，专题的页面结构安排是否清晰，多媒体手段应用是否得当，互动性设计是否突出等方面展开。

10.3　稿件编排

选题确定以后，下一项工作就是内容的组织。关于同一事件或者主题的大量稿件的配合，是在单篇稿件的基础上构建起来的。通常专题选取的稿件要从几方面选择，以保证专题报道的多角度、全方位、立体化。一般来说，简单的新闻专题需要包括最新动态、背景资料、视听内容、互动交流等组成部分。

10.3.1　不同体裁稿件之间的配合

专题通常囊括了多种报道体裁，有实时追踪事件进程、截取事件发展片断的滚动报道；有回顾事件发展进程的长篇综合消息、通讯或者深度报道；有知识性、资料性的新闻背景；有边叙边议、叙议结合的新闻述评；有众说纷纭甚至互相对立的专家观点和网友评论……多种体裁稿件的配合全面展示了事件的进程和由此引发的多元思考，给网友提供了一个全面认识事物和独立做出判断的平台。应该注意的是，专题中的大量稿件不能简单地堆砌在一起，而要进行妥善的归类，理出清晰的眉目。这样才能方便网友的选择性阅读，节约网友的时间和注意力。

10.3.2 不同传播形式稿件的配合

不同的传播形式有着不同的优点和用途。文字比较含蓄，能给人留下较大的想象空间，同时又长于理性，能够展示出较强的逻辑性；图片比较形象，具有强烈的视觉冲击力；图表抽象能力强，能够简洁清晰地表现出事物之间的相对关系；动画生动活泼，使用灵活，容易抓住人们的视线；音频信息能够补充无声信息的不足，善于营造气氛、渲染感情；视频信息形象直观，极具冲击力，能够起到再现现场的作用。在传统媒体环境中，不同的传播形式适用于不同的媒体，很难共同为一个专题服务。而网络的多媒体特性使它可以融合多种传播形式于一体。

10.3.3 不同来源稿件的配合

网络是一个整合信息的平台。因此，网络上的报道不是独家的，而是有多个信息来源。不同来源的报道看待事物的角度可能有很大不同，因而得出的结论也可能大相径庭。网络新闻专题可以整合优势，收集来自各家媒体的报道，采访有关各方的说法，发表来自众多网友的评论。网络传播的目的不是为了给网民提供一个统一的结论，而是尽可能提供给大家进行全面思考的材料，每个人都有权利根据掌握的材料得出自己的结论。不同来源稿件的配合，保证了报道的全面、客观和公正。

10.3.4 不同时态稿件的配合

不同时态稿件的配合指的是网络新闻专题既要提供现在进行时的报道——滚动报道，又要提供现在完成时的报道——综合报道，既要提供过去时的报道——事件的来龙去脉、历史渊源、新闻背景，又要提供将来时的报道——事件的发展分析、前景预测。不同时态稿件的配合，使专题报道获得了历史的纵深性和未来的前瞻性，从而不仅在某一时间横断面上获得了报道的广度，而且在事件的历史发展中获得了报道的深度。

【观念应用 10-3】

对人民网、新华网、新浪网新闻中心国庆专题之比较分析

作为目前国内拥有最高浏览量的几家新闻类门户网站，人民网、新华网和新浪网新闻中心对网络传播发挥了极其积极的作用，因此，对它们进行比较分析对我们学习网络传播有着极大的促进作用。面对 2009 年国内最重大的新闻专题——"新中国成立六十周年"，这三个网站又都是怎么做的呢？它们之间有什么异同点呢？

（1）报道的内容

在新闻标题制作方面，三家网站多数报道都采用了非常具有气势的大标题及丰富多样的小标题，展示出了三家网站的实力。

在内容的实时性上，三家媒体都设有"滚动报道"。在内容的丰富性上，三家媒体均设置了"图片报道"、"视频报道"等多媒体形式。除此之外，人民网还设立了一个开篇动画，别具一格。另外，新华网还模仿 iPod 的音乐专辑滑动界面来展示阅兵记忆。三家网站对比如下：

新华网：新华网分十个方面来诠释新中国六十年的跨越及历史性变迁，分别为大阅兵、解读新中国、互动六十年、记忆新中国、印象新中国、开国创业史、飞跃新中国、复兴之路、世纪腾飞、视角中国及为祖国祝福，内容几乎包括了所有新中国所能涉及的方面。

新浪网新闻中心：新浪网的国庆专题主要分为六个策划，分别是国醒国兴、国庆阅兵、我们的年代、家春秋、成长印记、甲子兴邦，内容同样是包罗万象。

人民网：人民网策划的小专题相对较少，分别为盛世盛典、中国策、中国人、中国心、中国影。

（2）报道角度和选题方面

新华网的报道主要聚焦在新中国的巨变上，多记录共和国的腾飞即各项事业在六十年来取得的巨大成就，多报道国庆盛况空前的阅兵式。

新浪网新闻中心的报道比较注重个体即具体到每个人的变化，更生活化，经济、军事等宏观内容一笔带过，重点都放在后面的各种记事和每个家庭、每个人。

人民网以新中国的各种政策为切入点，讲述了新中国翻天覆地的变化，以各种照片和过来人的回忆为主要部分。

（3）各自的优缺点

三个网站的版面都设置得非常华丽，虽然人民网有一个非常精彩的开篇动画，但在内容上比新华网和新浪网新闻中心要略逊一筹，无论在内容还是形式上，人民网都像是交作业般程序化。新华网的整个页面采用很隆重的红色，很能衬托出国庆六十周年的喜庆，新浪网新闻中心选择的却是很暗的土黄色，显得压抑。

新浪网新闻中心的内容是最多样化的，既有共和国的各种巨变，又穿插着作为新中国的主人的感受，读起来最为亲切。新浪网的特点在于信息的丰富性。在比较三家媒体之后，可以发现新浪新闻中心中新闻的数量是最多的。而新华网在内容的丰富性上就逊色不少。不过新华网的优势在于新华社的力量，独辟的栏目很有现场感。

三家网站除了人民网，其余两家都注意使用"博客"资源，作为内容信息的一个补充。我们可以看到网友们对于某个事件的看法，同时，也提高了受众参与的积极性。三家网站在专题首页上都设置了一个"读者调查"或者"读者互动"的小版块，可见收集民意是很有必要的。人民网还在首页上设置了"征集"版块，有征文、征集摄影作品等活动，增加了网站与网友、网友与网友之间的互动。

要求：请分别查找三个网站关于国庆六十周年专题的具体资料，分析比较它们之间的异同以及各自优势。

分析：具体可从稿件编排、报道体裁、主题稿件质量等方面进行比较，亦可从大的方面如评论、整体报道等的质量进行比较。

10.4　职业工作站

【专论 10-1】

网络专题运作及成本

尽管很多网络媒体都设置了专门的专题部用于运营网络专题，但专题制作团队仍不可避免地需要跨部门运转。

在常规管理上，各小类专题责任编辑在做专题的同时，必须将专题的基本构思用邮件报告给专题主编。专题主编要负责专题的整体把握、选题的调配、各小类专题的把关督促等，而各小类专题责任编辑则负责本类专题的选题、制作，以及及时跟专题牵头人沟通。专题牵头人则对这些专题是否恰当、选题是否互相冲突做出反馈意见，及时对各小专题的选题进行调配。同样，网页设计、美工和程序员也要专门调拨以配合专题制作的进度，至少要付出多于通常其他工作任务的工作量。

当然，建立客观的专题后评价机制也是必不可少的。可以采用"第一反应时间+内容评判+点击数"的指标，即选题的把握、专题反应时间、专题后续产生的影响三个方面。通过后评价机制，可以发现专题在运作过程当中出现的问题，总结经验吸取教训。专题运作要有相应的配套措施激励，要有严格的专题奖惩制度，专题的评价与制作人的浮动工资部分挂钩。

一个突出的问题是：网络专题和其他媒体的专题栏目一样，它所面对的受众势必是小众而非大众。因此，专题部门除了对专题本身题材的专业把握之外，还应对受众情况做出更多的关注，这恰恰是目前网络媒体从业者最为缺乏的。

数量与质量，摘编与原创，总是一对不可调和的矛盾。有些网站专题数量很多，热点反应速度很快，但摘编比例很大。而有些网站专题质量很高，选题原创，文字原创，完全不亚于报纸杂志，但反应速度却比较慢。比较可行的办法是，摘编较多的专题，需要就热点迅速作出反应的事件，交由新闻部门来完成。而对于需要深度挖掘的评论性质的专题，由专题部门担纲。

另外，在网络媒体日趋功利的今天，消耗大量资源制作而成的网络专题，势必要回答投入产出比的问题。目前，多数网络媒体已经开始对成本核算比较在意，开始对这部分支出做产出量化的考核，而首当其冲的必然是耗费巨大的网络专题。网络专题的成本往往散布于不同的业务部门，这就使得成本核算问题更为复杂。最可行的解决方式是通过专题来解决自身的成本问题。①

10.5　分析评价

网络新技术及其与传统媒体的融合是推进网络专题新发展的两大因素。

在应用网络新技术加强表现力的同时，网络专题也日益注重向传统媒体尤其是电视媒

---

① 吴鹃. 网络专题运作及成本 ［EB/LO］.（2005-06-09）. http：//tech. memail. net/050609/132，32，1527470，00. shtml.

体学习，加强内容的挖掘。很多网络专题已经脱离了早期堆砌素材的原始模式，更多地深入到观点态度的交锋、背景知识的学习之中。通常的做法是，针对一个事件，设置当事双方、媒体报道三个栏目，分别表述来自不同方面的消息和态度，专题主持者并未多做加工，但观点的交锋、对受众的刺激已经形成。

笔者认为，分析类专题和主题类专题将是未来网络新闻专题发展的方向。这两类新闻专题超越了机械的"拷贝"、"粘贴"等网络新闻的低级处理方式，对新闻资源进行再加工和整合，体现了网络新闻的价值，代表了网络新闻对"质"的要求和对网络新闻价值的考量。

此外，当前新闻专题的制作思路应该有所突破，将思路外延，用"相关性的思维"做广义层面上的"大新闻专题"，这也将成为未来网络新闻专题发展的一个趋势。比如"矿难事件"，就可在合理的范围内，将所有的矿难事故进行加工处理，进而将所有的灾难性事件进行整合，从而制作出一个内容丰富、立体感强的新闻专题。①

■ 本章小结

本章主要介绍了网络专题，尤其是网络新闻专题这一网络新闻报道的重要形式，涉及网络新闻专题的概念、发展历程、地位和意义、特色、分类、内容等基本问题，在此基础上对网络新闻专题的具体策划、内容、选题原则和稿件的编排进行重点介绍。

■ 主要概念和观念

□ 主要概念
网络专题　网络新闻专题

□ 主要观念
网络专题的表现形式　网络专题的分类　稿件编排

■ 基本训练

□ 知识题
▲简答题

（1）什么是网络专题？

（2）网络专题有哪些分类？

（3）网络新闻专题的内容选择要遵循哪些原则？

▲ 选择题

△多项选择

（1）对一个财经网站来说，专题大致可分为(　　　)。

---

① 周科进．网络媒体表现形式的集大成者：网络专题［EB/LO］．(2004-07-02)．http：//www.cjr.com.cn.

A. 财经新闻类专题　　　　　　B. 投资类专题

C. 经济政策类专题　　　　　　D. 服务类专题

（2）专题制作中可运用(　　)网络新技术。

A. Flash　　　　　B. 音视频　　　　　C. 手机短信　　　　　D. RSS

▲ 阅读理解

（1）网络专题的选题。

（2）网络新闻专题的内容选择。

□ 技能题

　　▲ 单项操作训练

（1）在一个知名商业网站上找一个新闻专题，看看它都运用了哪些表现形式。

（2）在（1）题的基础上具体分析其各种稿件是如何编排的，并做出评价。

　　▲ 综合操作训练

（1）分析新浪网最近的一个重大体育赛事专题，看其如何为网民呈现这一赛事。

（2）在（1）题的基础上比较分析同一专题下新华网的专题特色。说说你更喜欢哪一个。

■ 观念应用

□ 案例题

　　分析如图 10-5 所示的第二届夏季青年奥林匹克运动会官方网站首页图。

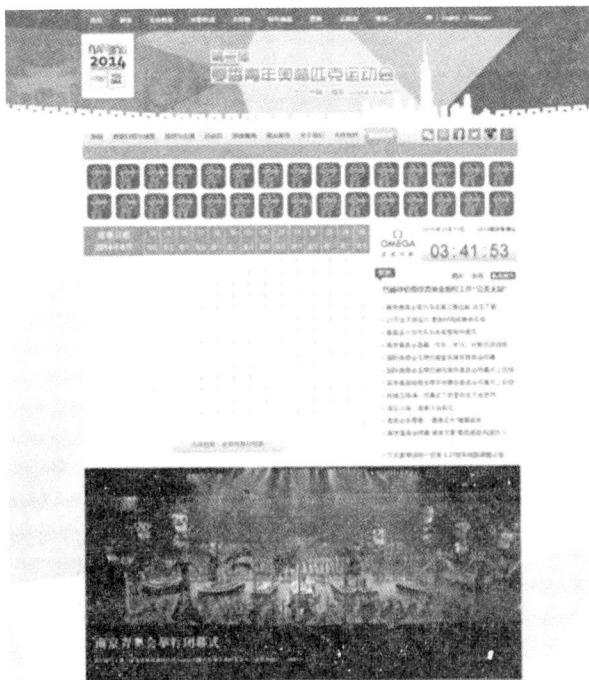

图 10-5　第二届夏季青年奥林匹克运动会官方网站首页图

问题：请以此或以最新体育赛事专题网站为例进行分析评价。总结大型体育赛事的官方网站是如何策划、制作新闻专题的？

□ **实训题**

实训1：选择自己感兴趣的方面，同时浏览各主要网站关于该方面的新闻专题和各大报纸媒体的报道，分析比较各自特色。有可能的话，做一次小范围的随机调查，调查人们更喜欢或更倾向于从哪种媒体获取信息。

实训2：假设你是网易的一名网络编辑，在2014年南京举行夏季青奥会期间你将如何策划这次专题报道？（策划要具体，并且有网易的特色以区别于其他网站）

□ **讨论题**

网络新闻专题在报道上具有很大的优势，但也有不足，对于这些不足该如何去改进呢？请举例分析。

第 11 章

网站的经营管理

■ 学习目标
11.1　网络经营环境与网站战略选择
11.2　网站的品牌建设
11.3　网站的资本运营
11.4　职业工作站
11.5　分析评价
■ 本章小结
■ 主要概念和观念
■ 基本训练
■ 观念应用

■ 学习目标

知识目标：

　　了解网络企业的生存环境以及网络企业的一些运营策略。

技能目标：

　　能较熟练地对某一网站经营环境进行解析，并能根据经营环境较为准确地为网站及其运营策略定位。

能力目标：

　　培养网络编辑的宏观视野和经营管理意识，养成整体协作意识，并能根据内外部条件进行管理框架设计和制订管理战略规划。

引例　互联网的冬天

2000 年，互联网的恶劣"天气"来了。4 月纳斯达克科技股一泻千里。在纳斯达克的动荡中，网站经营开始陷入困境，倒闭潮、并购潮不断。随之网站裁员像一股风一样，由国外刮到国内。人们开始普遍使用"冬天"来形容互联网的"气候"。

在大批网站倒闭的时候，那些还有能力支撑的网站开始尝试突围。对营利模式的反思成为网站的主旋律。

在互联网高涨时期，美国的雅虎网站一举成名，创造了门户网站的概念，以丰富的内容和搜索引擎吸引网民上网，增加网页的点击率，再以此吸引在线广告。国内的新浪、搜狐、网易等网站基本都沿用这一经营理念。但互联网低潮的来临说明，"内容—注意力—网站"的道路难以为继，大家都挤在这同一条路上，更会造成集体受困，于是新的经营模式的探讨成了网站自救的关键。

2001 年 5 月 21 日，263 网络集团宣布全面结束免费邮箱历史，对所有邮箱进行有偿服务。2001 年 7 月，网易开始战略转型，提供个人收费服务。2002 年 4 月 12 日，新浪宣布了新的业务发展架构：新浪网公司改名为新浪公司，下属新浪网、新浪企业服务、新浪热线三个独立事业体。搜狐不再把自己称为门户，它的自我介绍是"搜狐是一家新媒体、电子商务、通信及移动增值服务公司……"。

资料来源　彭兰. 中国网络媒体的第一个十年［M］. 北京：清华大学出版社，2005.

中国网络企业在 21 世纪初期这段低谷期究竟进行了怎样的努力，在网络经营管理方面获得了哪些经验？探索出了网络经营管理的哪些规律呢？本章将揭开答案。

11.1　网络经营环境与网站战略选择

互联网络在全球的蓬勃发展与企业的大力介入有密切的关系，而且直到今天，它的活力在很大程度上仍靠商业活动的推动。因此说，网络活动既是一种传播活动，又是一种经营活动，经营的好坏关系到网站的生死存亡。

同时，人类社会向信息时代的发展使得网络经营活动面临着前所未有的挑战。它既要面对全球经济一体化进程的影响和日益激烈的市场竞争，又要面对复杂多变的网络环境。在这样严酷的环境中，网站要想求得生存和长远发展，就必须站在全局的高度去把握未来，通过强化自身的优势，取得内部资源与外部环境的动态平衡。因此，研究网络经营环境，并依据网络经营环境制定网站战略便成为一个重要课题。

11.1.1　网络经营的环境分析

周鸿铎等传媒经济研究学者认为，影响网络公司、网络媒体、上网企业的环境因素可以分为宏观和微观两个方面。

1）网络经营的宏观环境

（1）政治环境

这主要是指国家的政治制度、政党和政府对网络经济的影响。应该说，目前在整个世界范围内，网络经营的政治环境是比较宽松的。各国政府、政党对网络经济都给予了充分的重视和不遗余力的支持。1993 年，美国克林顿政府宣布投资 4 000 亿美元，用 20 年时间建成美国国家信息基础设施。同一时期，欧共体也提出，计划在 5 年内投资 330 亿法郎发展欧洲信息高速公路。我国政府对网络经济也给予了大力扶植。20 世纪 90 年代，"金桥""金卡""金关""金税"等金字号工程先后启动，并发起了政府上网年、企业上网年等活动，同时扶植了一批像新华网、央视国际等网络媒体"国家队"。

（2）社会文化环境

文化是人类在社会历史发展过程中创造的物质财富和精神财富的总和，它体现着一个国家或地区的社会文明程度。社会文化包括价值观、伦理道德、宗教信仰、审美观、风俗习惯等社会所公认的各种规范。这些因素深刻地影响着人们的欲望和行为，包括顾客的欲望和购买行为。

（3）法律环境

网络发展史上，自由是一块最为鲜亮的铭牌，然而网络并非法外之地，在其上运行的各种信息以及各种行为，一样要受到法律的约束与规范。由于网上的违法行为日益猖獗，许多国家都已经着手加强网络立法和打击不法行为的力度。目前，针对网络信息宣传活动、电子商务活动以及网络经营活动中的市场规则、准入制度、认证体系、行为规范等都已经有了相关的法律、法规进行规范和调整，而且就发展趋势来看，对网络活动的规范和监控力度将进一步加强。

（4）经济环境

这主要指的是国民经济发展水平对网络经营的影响。就经济实力而言，我国目前仍不够雄厚，而且在整个经济结构中，传统农业和工业所占比重仍很大。同时，由于我国市场经济起步较晚，经济活动中还有许多不规范之处。这些都是对网络等新兴产业不利的方面。另外，近年来我国经济一直保持着良好的增长势头，经济环境变得越来越宽松，并且从 2002 年下半年起，我国网络经济已经逐步走出低谷期，呈现出新的生机与活力。这对上网企业和网络公司来说都是利好消息。

（5）技术环境

网络经济在某种程度上也是技术经济。有研究者曾称："网络创业可以没有资本，没有知名度，但必须有思想和能力。这种思想和能力主要是指软件技术的研发能力，它是互联网的创业源泉。当一项新技术的发明造就了一种新的生活方式，这种技术就会带来超出想象的商业价值。"网络经济发展的实践也证明了技术环境的重要影响。

2）网络经营的微观环境

这里讨论的微观环境是指直接影响网络经营的要素。应该说，直接影响网络经营的要素是比较多的，诸如网络用户、竞争者、网络控制者、广告客户等。

（1）网络用户

网络用户是网站的服务对象，是消费者。网络用户的变化直接制约和影响着网络经营活动的发展。根据网络调查的结果，网络用户在很多方面和一般消费者有着明显的不同。例如，男性和女性的网络使用习惯有很大的不同，而且网络用户在年龄结构上呈低龄化。在 CNNIC 历次调查中，18～24 岁的年轻人所占比例是最高的。同时，我国网络用户中还呈现出未婚者居多、低收入者占主体等问题。网络用户的这些特征决定了他们的消费心理和消费行为都呈现出一些新的特点和趋向，譬如需求的个性化、主动性逐步增强等特点。这些都会对网络经营行为产生较大的影响。

（2）竞争者

互联网为企业全面走向世界舞台提供了有力的平台。网络空间里，市场的运作机制、环境条件和技术基础都发生了深刻的变化。在这样的情况下，企业的知名度不再仅仅局限于企业自身的经济规模大小和企业的历史等因素，任何企业都可能借用新的技术、新的发展思路参与到网络竞争中，并很快崛起，网络运营的竞争环境更为复杂和瞬息万变，所以充分分析竞争对手是十分迫切和必要的。

随着对互联网管理的加强，网络控制者对网站的控制力度也会越来越大。网络控制者会通过制定法规，以及各种优惠政策、补贴政策和赋税手段等对网站加以管理和施加影响。同时，随着网络广告投放的逐渐增多，广告客户对网站，特别是新闻网站的影响也将日渐增强。

11.1.2　网站经营战略

1）经营战略的定义

经营战略指网站为适应不断变化的环境，面对激烈的竞争，根据当前和未来有可能出现的各种条件，而确定的网站发展目标和实现目标的途径、措施、手段以及所做出的总体性、长远性的谋划和方略，以使企业生存和不断发展。

2）经营战略的分类

企业经营战略可以按照不同的标准进行分类。依据企业经营战略的目标，可以分为竞争战略和成长战略：

（1）竞争战略

竞争战略是指在特定产品和市场范围内，为了取得优势，维持和扩大市场占有率所采取的战略。其重点是提高市场占有率和销售增长率。竞争战略可进一步细分为成本领先战略、差异化战略、专一化战略等。

（2）成长战略

成长战略是指确定以成长为目标，开拓新的经营领域、建立新的利润增长点、保证企业获得成长机会所采取的战略。企业成长战略包括有一体化战略、多元化战略等。

3）经营战略的分析方法——SWOT分析

SWOT代表优势（Strengths）、劣势（Weakness）、机会（Opportunities）和威胁（Threats）。SWOT分析是企业战略研究中一种常用的分析工具，被广泛运用在企业战略管理、市场研究、竞争对手分析等领域。

SWOT分析有其形成的基础。按照企业竞争战略的完整概念，战略应是一个企业"能够做的"（即组织的强项和弱项）和"可能做的"（即环境的机会和威胁）之间的有机组合。从整体上看，SWOT可以分为两部分：

第一，优势与劣势（SW）。竞争优势表明一个企业具有超越其竞争对手的能力。一般认为，有能力向同一个顾客群体提供产品和服务的若干企业中，如果其中一个企业有更高的盈利或盈利潜力，或者能为顾客提供更好的服务，就可以认为这个企业比其他企业更具有竞争优势。企业内部的优势和劣势也表现在企业的资金、技术设备、职工素质、产品、市场、管理技能等某一方面的强弱。企业整体上综合的优势和劣势，要在经过综合评价之后确定。

　　第二，机会和威胁（OT）。随着世界经济一体化过程的加快，技术的日新月异，企业所处的环境更为开放和动荡。环境变化的影响具有两重性：环境威胁和环境机会。环境威胁是指环境中不利的发展趋势对企业所形成的挑战。如果不采取果断的战略行为，这种不利趋势将导致公司的竞争地位被削弱。环境机会是指环境中对企业有利的因素，如政府支持、高新技术的应用、良好的购买者和供应者关系等。

【观念应用 11-1】

中国网络媒体面临的竞争态势

　　北京大学新闻与传播学院谢新洲教授从中国网络媒体自身的优势与劣势、面临的机会与威胁 4 个方面，勾勒出中国网络媒体面临的竞争态势，见表 11-1。

表 11-1　　　　　　　　　　　中国网络媒体竞争态势分析表

	机会（O）	威胁（T）
外部环境可选择的对策 内部资源	· 中国有庞大的市场规模和市场成长空间 · 中国改革开放政策带给媒体产业借外力大发展的机遇 · 目前中国的媒体产业正处在规模化发展阶段，行业内的运作机会众多 · 中国社会信息化事业为网络媒体扩大自己的影响范围提供了良好的契机 · 整个社会对方便快捷实现沟通交流的需求，拉动网络媒体积极开拓无线领域新业务	· 政策变动会影响到整个媒体产业的发展势头和方向 · 媒体之间竞争加剧，都在争夺人们的休闲时间 · 国外媒体巨头进军中国市场，给中国媒体的生存发展带来巨大压力 · 其他媒体新技术的发展威胁到网络媒体竞争优势的持久 · 政策管制松动的同时，政策保护也会被削弱
	SO 策略	ST 策略
优势（S） · 目前所受政策限制较小 · 各个市场的成长速度和空间都很大 · 拥有最年轻和优秀的人才 · 按照现代企业制度进行经营管理 · 网络本身的技术特征带来的优势 · 网络的传播特征带来的优势	· 借助政策优势，快速做大规模、做强实力，对原有媒体市场进行渗透，同时集中力量开拓新成长起来的青年一代市场 · 整个网络媒体业界齐心合力丰富网络媒体内容，提高网络媒体质量，借助网络媒体本身的技术优势、传播优势，满足受众多方面的传播需求 · 发挥体制优势，吸引优秀的人才、资金 · 着眼未来，开拓广告市场、新业务市场	· 加强自我管理约束，积极创新，用实践成果和政策互动，创造有利于自己发展的政策环境 · 积极与外资展开合资与合作，学习对方先进经营管理技术经验，努力达到国际竞争水平 · 继续保持在互动技术上的领先地位，重视其他媒体新技术的冲击，做好竞争准备

续表

		WT 策略	WO 策略
劣势（W）	• 几个市场的规模都远逊于其他媒体 • 受众市场规模的扩大受限于国家经济水平、大众文化水平、基础设施完善程度等基本因素 • 广告市场和相关业务市场又依赖于受众市场以及技术的进一步完善 • 新闻业务缺乏经验和人才，媒体公信力不足 • 定位不够清晰，相互雷同，缺乏各自特色 • 计算机和网络技术本身还不能完全满足人们对媒体的要求，在安全、速度、资源的丰富等方面还不够	• 重点开拓大、中城市青少年新市场，开发符合他们个性与需求的新业务 • 提高网络媒体的公信力，强化信息的时效性、丰富性、可信性，以及服务的多样性，用自己的优质质量来征服成年受众市场 • 积极向传统媒体学习，展开与传统媒体的跨媒体合资合作 • 明确定位，细分市场，创办各具特色的网络媒体 • 继续完善和开发新的网络应用技术，从技术层面上保证网络媒体应用的方便快捷与安全高效	• 利用目前的政策保护，在与外资的合资合作中，学习经验为主，抓紧机会增强自己的竞争实力 • 发挥网络媒体的传播优势，用个性与多元等特点，与其他媒体的内容、新传播技术等竞争 • 要与其他媒体、与外资争夺优秀人才，把握住未来发展的这一重要战略性资源 • 抓住中国信息化机遇，让国内网络技术研发与应用再上一个台阶，扩大应用范围，提高应用质量

要求：从表 11-1 中可以看出，谢新洲教授在进行中国网络媒体竞争态势分析时，主要从哪些方面入手的？

分析：好的 SWOT 分析的前提是正确识别出优势、劣势、机会与威胁因素。而评价某种因素优劣，该因素预示着机会或威胁，取决于企业的生存环境，而企业的生存环境主要由行业背景与主要竞争对手构成。

11.1.3 网络媒体运营策略

2000—2002 年间，网络媒体经历了自其产生以来最为严酷的挑战。在这场前所未有的危机中，许多互联网传媒公司轰然倒地。这场危机使得网络媒体开始重视探索如何才能建立有效的运营模式。结合网络经济发展状况和网络媒体的运营特点及存在的问题，研究者认为网络媒体的运营策略包括以下几个方面：

1）信息产品（服务）收费策略

提供"免费服务"曾是网络媒体发展初期一个最引人注目的动作，在注意力经济的鼓噪呐喊声中，许多网络媒体为了最大量的吸引眼球，提高点击量，推出了免费阅读、免费电子邮件、免费下载等多种服务。这种模式完全"克隆"了传统媒体的运营策略，即以廉价或免费服务提供给读者，通过获得的读者注意力换取广告商的投入，最终从广告商处获取收益。然而遗憾的是网络广告收益却一直进展缓慢，网络经济本身又是一种技术经济，为提供这些免费服务，其投入是巨大的，因此渐渐许多网络媒体难堪重负。2002 年，当时国内最大的免费电子邮件服务提供者 263 开始了收费服务，从此收费服务对许多网络用户来说日益常见。在美国目前有不少新闻网站是收费的，其典型的代表就是《华尔街日报》网站，自 1996 年推出以来，该网站会员年费占了该网站收入的一半。

实行信息产品（服务）收费策略要注意的问题是网络用户愿意承受的心理价位。有调查显示，约有 46.63% 的人对互联网信息资源收费能承受的价位在每月 10 元以内，31.90% 的人可以承受 11～30 元的月付费用，20.24% 的人可以承受 31～50 元的月付费用，愿意每月付出 50 元以上的仅有 1.23%。

还有就是性价比的问题，不能收费后和收费前的服务一个样，应该对信息进行深加工，提供深层次、精细化的信息服务。

【观念应用 11-2】

263 邮局的收费服务

2002 年 3 月 18 日，中国最早的免费邮件服务提供商、拥有数千万免费以及付费邮件用户的 263 邮局宣布，将停止免费邮件注册，并对现有的免费邮件用户实施收费。自 3 月 18 日宣布邮件全面升级以来，263 邮局新增个人用户高达 35 万个，超过了当初 30 万用户预期。其中值得关注的是，原来不是 263 免费邮件用户的网民购买的邮箱数达到 7 万个，占新增用户的 20%。2013 年，263 企业用户达到 10 万家，用户数达到 300 多万。

要求：263 邮局实行收费服务后产生了什么结果？

分析：对于高质量的付费邮件服务，用户们显然是比较认可的。

2）搜索力运营策略

从互联网开始发展起，搜索服务一直引人关注。雅虎就是以其极强的信息搜索能力而一度成了网络世界的明星。目前 Google 更是在搜索引擎创造着传奇。中文搜索引擎公司百度在美国纳斯达克上市，成功融资 1.09 亿美元，而且每股达到过 99 美元的高价。

从技术上来说，互联网搜索技术远未达到其应有水平，目前的搜索引擎还有待于改进与完善，甚至会有颠覆性的革命性技术出现。搜索技术需要使用户能更好地浏览和更方便地查找信息，未来的搜索引擎必须能够很好地理解文档。当用户进行搜索时，搜索引擎将能够向用户提供准确的答案，而不仅仅是像现在这样许多链接，让用户逐个阅读链接的内容然后自己寻求答案。

3）内容一体化运营策略

中国网络媒体目前在信息的采集和信息制作方面还存在着不少的不足。虚假信息和缺少原创内容使得网络媒体明显缺少权威性。为了弥补这一缺憾，目前比较可行的方式就是同在内容资源和内容制作方面具有明显优势的传统媒体进行一体化运营，让传统媒体提供信息。当然，这是最为初级的内容一体化。现在许多网络媒体和传统媒体的一体化运营已经向更为深入的层次发展。如实行媒介联动，即在同一时间范围内对同一事件进行报道时联手行动。还有的网络媒体为传统媒体提供同名论坛，让传受双方及时互动交流。有的网站为广播电视媒体开设了在线收看收听专区。

【观念应用 11-3】

腾讯大豫网的运营策略

腾讯大豫网是河南日报报业集团联手腾讯公司共同打造的河南互联网信息服务新平台。

上线后，腾讯大豫网充分利用本地传统媒体资源，借助河南日报报业集团暨《大河报》在省内权威公信力、广泛社会影响力，先后实时播报了"国信办举行中原经济区新闻发布会"、与《大河报》联合制作推出了"谁能代言河南"大型报网互动专题，以及"神九飞天女飞行员刘洋"和"豫见奥运"等新闻互动专题，在社会上特别是网民中产生了较大的影响力。此外，大豫网还先后举办了"2011 中国首届通用航空女飞行员选拔赛"、"中国模特之星大赛"、"中原沙滩音乐节"等大型活动。腾讯大豫网因此迅速站稳了市场，取得了骄人的成绩，日均访问量稳居河南网络媒体首位，一举成为河南最具品牌价值和影响力的网络媒体。

要求：腾讯大豫网的推广和运营有什么特点？

分析：资源的整合，善于借力，强强联手是许多网络媒体推广成功法宝。

4) 多元化运营策略

简单来说，多元化运营就是要网络媒体在进行新闻信息服务的基础上增加产品种类，经营多种产品、提供多种服务。目前网络媒体的经营业务范围已经较过去有大的拓展，如提供网站服务技术、域名注册服务、主机托管、空间租赁服务、短信服务、网络游戏服务，同时开展电子商务活动和在网站外进行实体经营。

【观念应用 11-4】

搜狐是一家单纯的网站吗？

2002 年，搜狐首席执行官（CEO）兼总裁张朝阳在接受《通信信息报》记者采访时称搜狐的赢利模式是多元化的。搜狐充分利用品牌、网络技术优势与用户优势，确立了四条主业务线：

（1）互动营销（E-Marketing）

面向企业客户，整合网络优势，为企业提供互动营销解决方案，包括在线广告、网站设计、线下广告和市场活动等多种形式。

（2）互联网技术解决方案（E-Technology Solutions）

面向企业客户为企业建立内部或公开的网站，提供配套的财经信息和技术服务。搜狐曾为国内外多家大型企业用户提供技术信息服务，如网上路演等。

（3）互联网定制服务（E-Subscription）

面向互联网最终用户提供手机短信和系列网络增值服务。

（4）电子商务（E-Commerce）

面向互联网最终用户提供 B2C（商家对用户）的安全易用的网上交易平台和服务，以及域名注册等系列增值服务。

资料来源　付志平. 专访张朝阳：搜狐将打造多元化的商业赢利模式［EB/LO］. （2002 - 07 - 16）. http://it.sohu.com/79/20/article16742079.shtml.

要求：根据材料分析，搜狐现在还是一家单纯的网站吗？

分析：通过多元化发展，搜狐已经变成了一个新经济服务提供商。

5）流量经营

很早就有了广义的流量经营，从互联网媒体出现广告开始，以流量换效益就产生了。简单来说，就是将网络媒体的流量数据转化为广告吸引力，这包括流量的数值（UV、PV），还有流量的来源组成（主要有覆盖区域、覆盖年龄、收入、学历等等）。这是传统网络媒体的基本广告形式，也就是最基本的流量运营。现在很多非媒体的网络公司也进行流量运营，用于产生效益，如 app、移动客户端的流量已经相当庞大。一般通信公司提供的带宽也是一种流量的表现，也是用流量来计算的。而网络媒体的流量也是一种衡量数值，有一套基本统一的计算方法。

有必要解释一下流量的概念。UV、PV，这两个是核心流量指标，分别代表不同意义，一般 UV 是指吸引了多少人来，PV 代表吸引了多少人停留了多少时间浏览了多少页面。

具体来讲，PV（page view），即页面浏览量，或点击量；通常是衡量一个网络新闻频道或网站甚至一条网络新闻的主要指标。PV 之于网站，就像收视率之于电视，从某种程度上已成为投资者衡量商业网站价值的最重要尺度。UV（unique visitor），指访问某个站点或点击某条新闻的不同 IP 地址的人数。在同一天内，UV 只记录第一次进入网站的具有独立 IP 的访问者，在同一天内再次访问该网站则不计数，独立 IP 访问者提供了一定时间内不同观众数量的统计指标。除了这两个还有一些其他的指标，如页面深度、停留时间、跳转率等。

11.2　网站的品牌建设

11.2.1　品牌的含义

品牌是指为顾客提供其认为值得购买的功能利益及其附加价值的产品商标。对品牌的拥有者来说，品牌可以作为顾客忠诚度的焦点，并由此发展为能产生稳定、可靠现金流的资产。因此品牌增加了企业经营的稳定性，成为企业抵抗竞争对手的工具之一。对消费者来说，品牌代表了品牌拥有者与消费者之间的"协议"。品牌为消费者提供了质量、价值和产品满意度方面的保证，让消费者在日益复杂的市场上充满信心地购物。

11.2.2　网站品牌的建设

网站要建设自己的品牌，将自己的品牌打造成一个知名品牌、强势品牌，首先要对其受众群进行细分，选择其目标受众群，根据这些人的需要及喜好，制定相应的品牌战略。同时由于网络的开放性、互动性、适时性和海量性等特点，在创建和打造网络品牌的理念与打造传统品牌有所不同。网络品牌实际上主要从功能或者体验方面来定位，如有的网站主要提供信息服务，消费者追求的实际上是一种功能性的服务，而另外一些网站主要提供一些娱乐项目和网友之间的互动。

一般来说，网络品牌的建设可以从以下几个方面着手：

1）确立主导产品

主导产品对网站品牌的形成有着至关重要的作用，网站将其作为主要发展方向。主导产品的使命是快速取得市场突破，创造出强大的品牌效应，带动其他产品在目标市场的发展。

对于媒体网站来说，主导产品就是新闻资讯；对于提供搜索服务的网站来说，主导产品就是搜索引擎；对于专业网站来说，主导产品就是提供的专业信息与服务。综合性门户网站也都有主导产品。像新浪网，虽然其前 CEO 王志东对新浪定位是成为全球华人互联网应用的中心，但在发展中，新闻成了它事实上的主导产品和核心竞争力。

2）切实打造易用性

易用性经常是网站最容易疏忽的问题。Web 世界给人们带来了无穷的自由和更多的选择机会；任何人都不会容忍设计平庸的网站。调查发现，影响企业网站易用性建设的问题主要有：网站设计差、内容贫乏、不完整的产品介绍令潜在用户产生疑虑和不信任，糟糕的导航结构让潜在用户失去耐心。网站的易用性建设注意因素：

- 降低用户使用的门槛；
- 保证界面设计的简洁；
- 保证网站结构的清晰、简单；
- 目录链接使用关键词，不要将无关的目录塞到一起；
- 清晰、统一的导航要贯穿网站的始终；
- 首页要在第一时间提示用户该站是关于什么内容、什么目的，同时要引导用户快速通往他们要寻找的目标页面；
- 栏目命名应该使用明确、易懂的描述性标签；
- 栏目层次不宜过深，尽可能缩短信息传递的渠道；
- 尽量减少用户的额外负担，如阅读需要额外下载插件等。

3）狠抓产品（服务）的质量建设

网站的品牌建设必须始终建立在产品（服务）的优良品质的基础之上。

新浪网的新闻报道以其"快速、全面、准确、客观"为特点，几乎制定了一种行业标准。其后的关键就是优秀新闻工作者对新闻质量的孜孜以求。他们制定了新浪新闻运营的基本规范和流程，甚至细化到了网页色彩、文字搭配与人的视觉关系方面。

4）有配套的营销手段

网站不能只靠自身的传播来创造品牌，必须要有与产品（服务）质量相配套的营销手段，包括针对目标受众群体的强大营销网络的建立、市场反馈机制的完善、广告促销，以及刺激市场、加快品牌发展的其他手段。

【观念应用 11-5】

Google 的实践

Google 目前已经成为网络搜索的代名词，它以简洁、快速、高效、严谨、富于想象力的品牌识别在用户中树立了极佳的口碑。那么，Google 是怎样成为我们网络生活中不可或缺的一部分的呢？

1. 高度整合的产品线策略

Google 不满足于单一的搜索，但没有像许多急功近利的厂商那样，看什么流行就做什么。它所有产品都围绕信息整理这一核心目标展开。因此它有了海量邮箱，并对繁多的 E-mail 进行有效整理；Google AdWords 则在搜索知识时，将包含相关信息的广告与其自动匹配；其地图服务，是对地理信息的整合；Orkut 则是对人际关系信息的整合。总之，Google 的目标就是整理人类信息，它的产品线也是围绕这一目标展开的。

2．不断点燃用户的热情

每当节日、纪念日或者某个伟大人物的生日，打开 Google 的页面，你肯定会感觉有点不一样。进而发现，原来是 Google 的 Logo 变了——妙趣横生，而且贴合当日的意义——这就是所谓的节日"彩蛋"。很多人每逢节日，都不会忘记打开 Google，哪怕他们根本不需要信息检索，只为了看看今天的 Logo 是什么样子。另一个例子是 Gmail。Gmail 推出时，只有得到邀请才能获得账号。Gmail 创新的技术特色和这种独特的获得方式，吊足了用户的胃口，使得邮箱产品获得了与之不相称的"尊贵"地位。在 Gmail 诞生之初，由 Google 以邀请形式发出的免费 Gmail 账号，竟然在 eBay 上被拍卖到 100 美元一个。

资料来源　曹广伟．从 Google 的成功看品牌塑造［EB/LO］．［2006 – 05 – 08］. http：//www. cnmanage. com/ArticleView/2006-5-8/Article_ View_ 92529. Htm，2006-05-08）

要求：通过 Google 的实践，你觉得打造网络品牌和我们在物理空间创建和打造品牌有没有不同？

分析：网络品牌首先要注意功能。其次，还要注意体验性和互动性。

11.3　网站的资本运营

资本运营又称资本运作、资本经营，泛指以资本增值为目的的经营活动。从企业的角度来看，资本运营是把企业所拥有的有形和无形的存量资产变为可以增值的活化资本，通过资本市场实现重组扩张，以最大限度地实现资产增值的目标。

网站的资本运营方式和途径是多种多样的，一般包括融资、上市，也包括兼并与收购、重组、杠杆收购等。

资本运营是网络企业快速成长的重要手段。在互联网开始席卷商业领域的不长的历史中，现代金融资本对这股来势汹涌的大潮起了推波助澜的作用。"高新技术产业=高新技术+风险投资+资本市场"的模式正是美国高新技术产业 20 世纪 90 年代中期以来取得长足发展的经验所在。知名的门户网站新浪就是由四通利方收购了华渊后成立的，搜狐也是从一起步就与风险投资紧密相连。

一般来说，网络企业在四个阶段可能需要进行融资：种子阶段、初创阶段、发展阶段、扩张阶段。[①]

在市场经济中，企业融资方式总的来说有两种：一是内源融资，即将本企业的留存收益转化为投资；二是外源融资，即吸收其他经济主体的资金，以转化为自己投资。对网络企业来说，目前采用较多的是外源融资的方式。网络企业的外源融资方式可以有以下几种选择。

1）风险投资

风险投资（Venture Capital），也称创业投资。广义的风险投资泛指一切具有高风险、高潜在收益的投资；狭义的风险投资是指以高新技术为基础，生产与经营技术密集型产品

[①] 参见中国人民大学新闻学院彭兰副教授的观点。

的投资。

（1）风险投资的特征

● 投资对象多为处于创业期（Start-up）的中小型企业，而且多为高新技术企业；

● 投资方式一般为股权投资，通常占被投资企业30%左右股权，不要求控股权，也不需要任何担保或抵押；

● 投资决策建立在高度专业化和程序化的基础之上；

● 风险投资机构一般积极参与被投资企业的经营管理，提供增值服务。除了种子阶段融资外，风险投资机构一般也对被投资企业以后各发展阶段的融资需求予以满足；

● 由于投资目的是追求超额回报，当被投资企业成功后，风险投资机构会通过上市、收购兼并或其他股权转让方式撤出资本，实现增值。

（2）风险投资的获取

风险投资机构常会收到许多项目计划书，经过初审筛选和严格审查等程序，最终挑出来进行投资的项目很少，可谓百里挑一。那么网站怎样才能得到风险投资机构的青睐呢？

对风险投资机构来说，是否决定向一家网站投资，一般需要考虑以下几个方面：

● 一份好的创业计划，以证明其经营领域前景良好；

● 一支好的队伍，为了判断企业是否有能力和决心来实现计划，风险投资机构非常看重队伍成员的经历和经验；

● 企业处在正确阶段，主要考察企业是否有计划和核心队伍，是否有充分准备，否则企业可能需要孵化器；

● 一个进取的发展计划，对缓慢的发展企业，风险投资机构并不感兴趣，它们期望有显著的、巨大的回报；

● 研究市场和竞争对手；

● 了解所在的市场地位和独特卖点；

● 充分符合投资者所偏爱的投资领域；

● 国际化潜力；

● 可行的推出路线。

根据风险投资机构重点考察的方面，创业者在设法获取风险投资的时候，可以从这些方面着手：

首先，需要了解风险投资机构的背景。目标中的风险投资机构对该行业是否了解，如果它们不了解创业者所在行业的话，一般不会进行投资。

在企业和风险投资公司初步接触后、风险投资机构产生一定兴趣时，企业应该向风险投资机构递交一份商业计划书。

【小资料11-1】

商业计划书的主要内容

● 企业前景分析。对企业本身情况和行业基本特点进行较为详尽的介绍，以供风险投资机构决策使用。其包括如下内容：行业介绍，企业概况，市场发展趋势，企业前景预测（产品销售预测、收入估计和利润预测等），生产条件，技术队伍，供应商等情况。

● 创业者及管理队伍介绍。这一部分主要展示企业创业管理层的实力，包括主要经营管理技术人员的教育背景和职业经验等，以及他们在公司中的股权分配。

●投资情况。这一部分主要介绍有关风险投资的使用计划等，包括申请的风险投资金额、以何种方式回报、风险投资机构在企业中占有多少股份以及其他风险投资条件。风险投资机构未来在企业中的地位也很重要：在企业董事会中有多少席位？是否需要风险投资机构来推荐高级主管？

●风险投资机构的投资回报方式，即风险投资退出方式。企业最后是公开上市、出售还是由企业家回购股份都需要事先约定。

2）孵化机构

企业孵化器是一种新型的社会经济组织，是新生中小企业的聚集地，含有其生存与成长所需的共享服务项目的系统空间。它通过提供研发、生产、经营的场地，通讯、网络与办公等方面的共享设施，系统的培训和咨询，政策、融资、法律和市场推广等方面的支持，降低创业企业的风险和成本，提高企业的成活率和成功率。

企业孵化器 20 世纪 50 年代发源于美国，1987 年引入我国，1988 年被纳入国家火炬计划的范畴，被称为高新技术创业服务中心，主要孵化科技型企业。成功的孵化器都离不开五大要素：共享空间、共享服务、孵化企业、孵化器管理人员、扶植企业的优惠政策。

由于资金是中小企业的生命线，是决定孵化企业成功与否的重要因素之一，因此孵化服务的主要内容之一是要帮助孵化企业解决资金问题，一些孵化器设立有孵化资金，以解决孵化企业流动资金困难或者资本金不足的问题，同时企业孵化器还有重点地选择风险投资机构，与风险投资机构共同选择并投资孵化企业。孵化器还进行适当的贷款担保以及组织孵化企业申请国家创新基金、国家科技专项基金。

3）上市

上市是指对企业资产进行分离和重组，向社会公开募集资金，在证券市场挂牌交易。上市曾是网络企业最为炫目的资本运营动作。1999 年 7 月，中华网在美国纳斯达克首次上市便圈得 8 600 万美元，2000 年 1 月再发新股，又募得 3 亿美元。2000 年 3 月中华网将其旗下香港网分拆上市，再次募得 1.7 亿美元。随后，新浪网、网易、搜狐先后在美国上市。2002 年网络经济逐步走出低迷后，盛大、TOM、腾讯、百度等又纷纷上市，以至于在中国网络行业有了这样的一个公式："概念+网络+上市 = 快速创富"。

4）传统产业融资

2000 年左右，海外风险资本对中国的投资进入了一个罕见的低迷期，而与此同时，网络产业的新一轮重构却正在悄无声息地酝酿着。一大批传统产业开始涉足网络经济。在这一点上，中国特色的互联网发展道路与美国式样板拉开较为明显的距离。

中国产业资本具有一定的竞争优势。因为在从计划经济向市场经济的转轨过程中，带有一定行政色彩的国有大型企业集团是社会经济的运行主体和中坚力量，依附于其上的产业资本拥有相当的话语权和运作空间。如果这样一部分资本流向互联网，往往会服从于整个利益集团的业务拓展和发展战略，这样对网站运作的连贯性和稳定性，都有很大的帮助。另外，产业资本的介入会带来成熟的管理体制、丰富的市场运作经验和宝贵的渠道资源，在很大程度上弥补了国内专业服务市场在这些方面的不足，有利于把传统经济的物流优势同网络经济时代的信息流优势结合起来，形成"鼠标+水泥"的良性运作模式。

除了上述这些流行的融资方式外，网站也可以通过银行信贷获得金融资本。银行贷款是企业募集资金最常使用的方式。现在，通过银行贷款的方式来融资已经相当成熟，无论是政府、银行还是企业自身，都有可靠的保障机制。

11.4　职业工作站

要求：为一个即将创建的综合性门户网站制定发展规划。

（1）列举出当前流行的门户网站的各种样式，分析门户网站环境背景。

（2）进行市场分析，重点分析互联网市场状况、市场趋势及市场机会。

（3）结合网站自身资源和所处环境，进行 SWOT 分析。

（4）进行竞争分析：第一确定有无行业垄断；第二从市场细分看竞争者市场份额；第三确定主要竞争对手。

（5）根据网站的自身优势和劣势，确定运营策略。

（6）为网站确立品牌建设思路。

（7）根据网站发展需要，制定投融资策略。

11.5　分析评价

在本章中，我们主要是从战略管理的角度对网站的经营管理进行了探讨，战略管理理论处于不断发展中。1971 年 Kenneth Andrews 出版了《公司战略的概念》一书，开创了将战略管理作为一个独立研究领域的时代。早期的战略理论集中在分析企业组织的优势、劣势和环境给企业所提供的机会、威胁（即 SWOT 分析法），并确定企业如何在此基础上制定战略，但早期理论也有很大的局限性。

【专论 11-1】

SWOT 的缺陷

战略决策需要信息，SWOT 分析对战略决策需要的信息做了两个区分：内外区分，即关于企业自身的信息（S、W）和关于企业所处环境的信息（O、T）的区分；利害区分，即对企业有利的信息（S、O）和对企业有害的信息（W、T）的区分。毫无疑问，这种分类大大明晰和简化了企业制定战略时需要掌握的信息，也说明了 SWOT 假定隐含的缺陷。

在 SWOT 分析中通常认为，机会和威胁只存在于外部环境中，优势与劣势只存在于内部环境中，然而事实上优势和劣势可能出现在企业外部，机会和威胁也可能出现在企业内部。Penrose 指出，企业的发展机会往往存在于企业内部，企业内部剩余的生产性资源是企业得以成长的重要机会。更为重要的是，很多时候企业内外难以分割。Barney 认为环境分析通常不能得到超额收益，即使因此得到超额收益，也是运气。因为环境分析的方法和信息是公开的，任何企业都可以得到，只有分析企业执行产品市场战略的独特资产，如专有技术，才可能获得超额收益。如果在 SWOT 分析中泛泛和割裂地列举企业内部优势和劣势以及外部环境的机会和威胁，继而建立标准，则往往依据业务的营运需要和组织特征的历史表现。威胁和机会可以针对同一事件，因为企业如果把握或处理得好，就有机会独占鳌头，反之则有可能一蹶不振，这种情况下机会也可以成为危机。因此，SWOT 的优势与劣势区分割裂了企业内部情况的连续统一，而机会与威胁的区分不能反映同一事件的利害联系，以此形成企业的战略，显然是危险的，而且在实践中已经证明是难以操作的。企业的外部变化导致企业优势的改变，这也从另一个方面表明企业内外联系的紧密性。换句话说，内外环境的分割只是分析的便利，而不是企业的实际。

资料来源　张建东，项保华.SWOT 的缺陷［J］.企业管理.2005（1）.

■ 本章小结

本章主要从战略管理的角度讨论了网站的经营管理问题。

我们首先对网络经营的环境进行了分析，认为影响网络公司、网络媒体、上网企业的环境因素可以分为宏观和微观两个方面。网络经营的宏观环境主要包括了政治环境、社会文化环境、法律环境、经济环境、技术环境等。网络经营的微观环境主要探讨了网络用户、竞争者、网络控制者、广告客户等直接影响网络经营的要素。

接下来讨论了网站经营战略的确定，在 SWOT 分析的基础上，并集纳近几年网络企业的运营实践，提出了信息产品（服务）收费策略、搜索力运营策略、内容一体化运营策略、多元化运营策略、流量经营等网络媒体运营策略。

之后集中讨论了网站的品牌建设问题，并从确立主导产品、打造易用性、产品（服务）的质量建设、配套的营销手段等方面给出了网站品牌建设的一些思路。

最后探讨了网站的融资手段等资本运营问题。

■ 主要概念和观念

□ 主要概念

经营战略　SWOT　资本运营　风险投资　企业孵化器　上市

□ 主要观念

网络经营环境因素　SWOT 分析　网络媒体运营策略　网络品牌建设　网络企业融资方式

■ 基本训练

□ 知识题

▲ 简答题

（1）网络媒体运营策略有哪些？

（2）网站资本运营的方式有哪些？

▲ 选择题

△ 多项选择

（1）在企业经营战略分类中，（　　）属于竞争战略。

A. 成本领先战略　　　　　　　B. 差异化战略

C. 专一化战略　　　　　　　　D. 一体化战略

（2）SWOT 具体是指（　　）。

A. 优势　　　　　　　　　　B. 劣势

C. 机会　　　　　　　　　　D. 威胁

（3）网络企业的融资可以通过（　　）方式实现。

A. 风险投资　　　　　　　　B. 孵化机构

C. 上市　　　　　　　　　　D. 传统产业融资

▲ 阅读理解

（1）网络经营的宏观环境和微观环境。

（2）品牌的内涵。

（3）网站的资本运营。

□ 技能题

▲ 单项操作训练

（1）请搜集搜狐网的相关资料，对其进行 SWOT 分析。

（2）Spring 网站拟开展品牌战略，塑造"Spring"品牌，请给出品牌建设的建议。

▲ 综合操作训练

王某在对市场考察后，发现游戏门户网站有市场空间，于是决定创办一家游戏门户网站。

（1）根据本章所学知识和目前我国网络发展现状，分析游戏网站的经营环境。

（2）请给出融资建议。

（3）请根据所学知识，并查找相关资料，为其制作一封商业计划书。

■ 观念应用

□ 案例题

《明日报》突然没有了明天

2000 年 2 月 15 日，我国台湾首家原生电子报《明日报》风光诞生，这是一个完完全全的网络媒体，没有印刷厂，但却有完善的报业运作机制，有自己的记者和编辑，发表的是原创原生的报道。全新的理念和运营方式一时间着实吸引了台湾众多的投资者。

成熟完善的新闻运作，加上迅捷的网络优势，使《明日报》不到半年时间就成了台湾媒体的一匹黑马，到 2001 年 1 月台湾媒体对收视点击率进行调查的时候，成立仅一年的《明日报》排名第二，并遥遥领先于在媒体世界名闻已久的联合新闻网，实力不可小看。

然而，2001 年 2 月，《明日报》社长突然宣布，由于资金耗尽、增资不顺利以及经营模式不良，《明日报》将于 2 月 21 日停刊。

资料来源　佚名. 台湾《明日报》猝亡的背后［EB/OL］.（2001 – 02 – 28）. http://it. enorth. com. cn/system/2001/02/28/000008088. shtml.

问题：

（1）《明日报》停刊是否意味着原生网络媒体难以生存？

（2）结合世纪之交的网络环境和相关资讯，请分析《明日报》停刊的深层原因。

□ **实训题**

在上面"案例题"的基础上，按照本章的内容和相关资料，为原生网络媒体的生存和发展提出建议。

□ **讨论题**

在全球化和经济一体化的浪潮中，网络企业生存环境日益复杂多变。在这种情况下，网络企业应该不断根据环境变化调整自己的经营战略，还是应该坚持原有策略，保持以静制动？

第 3 编

技术篇

第 12 章

HTML 语言

■ 学习目标

12.1　HTML 概述

12.2　HTML 基本概念

12.3　HTML 语法及编写原则

12.4　HTML 元素

12.5　分析评价

■ 本章小结

■ 主要概念和观念

■ 基本训练

■ 观念应用

■ 学习目标

知识目标：

　　了解 HTML 基本语法结构，掌握常见标记的用法。

技能目标：

　　依据所学 HTML 语法知识，掌握 HTML 源文件的基本写法。

能力目标：

　　具有阅读分析常见网页源文件的能力，及编写简单 HTML 源文件的能力。

引例　淘宝网首页分析

图 12-1 是淘宝网首页的一张截图，细心的读者会发现，当我们点击文件选择另存为的时候，在保存路径里面有两个文件，一个是名为"淘宝网 – 淘！我喜欢"的 HTML 文档，另一个是名为"淘宝网–淘 – 我喜欢_ files"的文件夹。显然，文件夹中的东西不是一个网页的核心，最关键的部分是那个"淘宝网 – 淘！我喜欢"的 HTML 文档，我们用 Windows 记事本打开"淘宝网 – 淘！我喜欢"的 HTML 文档，可以看到下面的代码段：

图 12-1　淘宝网首页（部分）

```
<! DOCTYPE HTML PUBLIC "–//W3C//DTD HTML 4.0 Transitional//EN ">
<! -- saved from url = (0022) http：//www. taobao. com/ -->
<HTML><HEAD><TITLE>淘宝网 – 淘！我喜欢</TITLE>
<META charset = gbk>……
<SCRIPT> ……</SCRIPT>
……
<BODY data–spm = "6659421 ">
<SCRIPT>……</SCRIPT>
<DIV id = J_ SiteNav class = site-nav>
<DIV id = J_ SiteNavBd class = site-nav-bd>
……
<! -- END -->
</DIV></BODY></HTML>
```

看到上面的这段源程序，好奇的读者可能要问，什么是 HTML？什么是 HTML 文档？我们能读懂 HTML 文档吗？如何获得 HTML 文档？HTML 文档的核心是什么？我们可以自己编写 HTML 文档吗？

通过本章的学习，以上的疑问将被一一解开。

12. 1　HTML 概述

HTML的英文全称是 Hyper Text Markup Language，中文名称是超文本标记语言，是一种应用于网页文档（文件）的标记语言，用它编写的文件，其文件扩展名是 ".html" 或 ".htm"。用 HTML 编写的超文本文档称为 HTML 文档，它能独立于各种操作系统平台（如 UNIX，Windows 等）。

可以说，HTML 就是所有的 Internet 站点共同的语言，所有的网页都是以 HTML 格式的文件为基础，再加上一些其他语言工具（如：JSCRIPT、VBSCRIPT、JAVA 等）构成的。这些文件除了一些基本的文字外还包含了一些标记（TAG），这些标记均由 "<" 和 ">" 符号以及一个字符串组成，而浏览器的功能是对这些标记进行解释，显示出文字、图像、动画、播放声音。

我们知道，现在有很多的 "所见即所得" 的网页编辑工具，比如 Adobe 公司的 Dreamweaver，Microsoft 公司的 FrontPage 等，使用它们可以直接开发网页，而不用费劲的书写代码，这使得用户在没有 HTML 语言基础的情况下，照样可以设计网页。相应的 HTML 文档由编辑工具自动编写，这是网页图形编辑工具的最大优点，但是从另一个角度来说，这也是它最大的不足。受到网页编辑工具自身的约束，势必产生大量的垃圾代码。所以，我们学做网页，要学会用网页编辑工具。但要想把网页做得更好些，或者理解别人的网页是如何制作的，就必须懂得 HTML 语言，从而知道哪些是垃圾代码，然后消除无用的代码，制作出高质量的网页。

目前，HTML 已经推出了 HTML5，但由于其还在推广中，因此本章主要围绕 HTML4 展开讲述。如果要用 HTML5，需要注意它提供了一些新的元素和属性，例如<nav>、<footer>、<audio>和<video>标记等。取消了一些过时的 HTML4 标记，像纯粹显示效果的标记，如<font>、<center>和<frame>等。这些可以查阅专门的 HTML5 手册了解并运用。

12. 2　HTML 基本概念

12. 2. 1　超链接与超文本

超链接（HyperLink）是一种对象，它以特殊编码的文本或图形的形式来实现链接。如果单击该链接，则相当于指示浏览器移至同一网页内的某个位置，或打开一个新的网页，或打开某一个新的 WWW 网站中的网页。

超链接在本质上属于一个网页的一部分，它允许我们同其他网页或站点之间进行链接，当各个网页链接在一起后，才能真正构成一个网站。Web 之所以存在，之所以具有生命力，都是因为有了链接。链接使得各个孤立的页面相互关联，使得整个 Web 成为一个巨大的、相互关联的信息系统。

超文本（HyperText）是把一些信息根据需要链接起来的信息管理技术。超文本的 "超" 体现在它不仅能包含文本，而且可以包含图像、音频、视频等多媒体信息，因此超文本也称为超媒体（Hypermedia）。

12.2.2 页面与主页

从用户角度看，Web 是由巨大的、遍及全球的电子文档组成的，这些文档通常简称为页面（Page）。每个页面都可以由一个或多个超文本文档组成。

一个 Web 站点通常包含大量页面，这些页面的首页称为主页（Homepage），通常命名为 Index. html 或者 Default. html。

注意：页面或主页文件名的扩展名既可以使用. html，也可以使用. htm。对于 UNIX 操作系统，如果使用. htm，那么 UNIX 用户浏览该网页是只能看到源文件，所以我们一般采用. html。

12.2.3 Web 浏览器

WWW 浏览器（Browsers）是一种 WWW 客户程序，它是 Internet 资源浏览软件，被称为超媒体工具。它不仅可以显示多媒体的 Web 页面，还可以通过 URL 链接到不同的 Internet 服务器获取信息。

WWW 浏览器主要有两种版本：

（1）以 Lynx 为代表的面向字符操作的 WWW 客户程序，主要供不具备图像和声音功能的电脑终端或仿真终端方式工作的电脑用户使用；

（2）以 Microsoft 为代表的面向多媒体电脑工作站的 WWW 客户程序，它可以在多种计算机平台上运行，在多窗口的界面下，用它不但可以浏览文本信息，还可以浏览与文本内容相匹配的图像、影视和声音等。这类浏览器目前流行的主要有：

①Internet Explorer。Internet Explorer 是微软公司推出的一款网页浏览器，是使用最广泛的网页浏览器。中文版 Web 浏览器由微软公司随 Windows 98 开始捆绑发放。

②Chrome。Chrome 是由 Google（谷歌）开发的一款设计简单、高效的，适用于计算机、手机和平板电脑的浏览器。Chrome 的特点是简洁、快速。

除了这两个流行的浏览器之外，火狐浏览器，苹果 Safari 浏览器和挪威的 Opera 浏览器也很受网民喜欢。

12.2.4 URL

统一资源定位符 URL（Uniform Resource Locator）是 Web 页面的地址。服务器通过这个信息，存储和定位一个 Web 站点和它的 Web 页面。Web 浏览器使用 URL 与 Web 站点服务器进行链接。服务器上的每一个 Web 站点和一个 Web 站点的每一个 Web 页面都必须对应一个不同的 URL。

一个基本的 URL 由四部分组成：

1）服务类型（Internet 资源类型）

常见的有：

http：∥ WWW 服务器。例：http：∥www. sina. com. cn。

ftp：∥ FTP 服务器。例：ftp：∥ftp. tsinghua. edu. cn。

Mailto：发送电子邮件。例：mailto：Tom@ tom. com。

2）主机名称（Host）和端口号（Port）

主机名称为 WWW 页所在的服务器域名，而不同的服务，在 TCP/IP 协议中对应于不同的端口号。

3）文件路径（Path）

文件路径指明服务器上某资源的位置。

4）文件名称（File）

（略）

【观念应用 12-1】

分析网络地址 http：//www. Microsoft. com/FrontPage/Support. htm。

要求：观察以上网址，分别指出此 URL 的各组成部分。

分析：服务器通过 URL 的信息，存储和定位一个 Web 站点和它的 Web 页面，并且 Web 浏览器使用 URL 与 Web 站点服务器进行链接。服务器上的每一个 Web 站点和一个 Web 站点的每一个 Web 页面都必须一一对应。每个 URL 都分别由服务类型（Internet 资源类型）、主机名称（Host）和端口号（Port）、文件路径（Path）及文件名称（File）等几部分组成且依次排列。

操作步骤：

①每见到一个网址先看其标头，HTTP 表示超文本传输协议类型服务器，FTP 则表示远程文件传输协议类型服务器。

②服务器类型确定后就应明确信息的来源地，即服务器域名或称主机名称端口号，如本例中为 www. microsoft. com。

③确定到主机后，就要明确文件路径，如本例中为 FrontPage，表示所浏览的网页在索引页所在文件夹下的 FrontPage 子文件夹下。

④最后找到所浏览文件，其文件名为 support. htm。

⑤需要注意 Web 站点的文件名称必须由字母和数字符号构成，不能包含空格、标点符号或斜线（/,），但是它可以包含连字符（-）和下划线（_）。

12. 2. 5　HTML 编辑器

HTML 的标记符号基于 ASCII 内码，因此可以使用记事本、写字板等纯文字编辑工具来编辑 HTML 文档，保存为 . html 文件，或者保存后将扩展名改为 . html。

另外还有专用的 HTML 编辑工具，例如：Microsoft 公司出品的 FrontPage，Adobe 公司的 Dreamweaver 等。

12. 3　HTML 语法及编写原则

HTML 并没有严格的计算机语法结构，其只是一种标识符，即 HTML 文件是由 HTML 标记符号系统组成的代码集合。HTML 文件通常使用<标记名>和</标记名>来表示标记的开始和结束（例如<HTML></HTML>标记对，标记符号不区分大小写，定义参数时有无引号均可）。

12. 3. 1　HTML 的标记与属性

对于刚刚接触超文本的朋友，遇到的最大的障碍就是一些用"<"和">"括起来的句子。我们称它为标记（TAG），是用来分割和标记文本的元素，以形成文本的布局、文字的格式及五彩缤纷的画面。标记通过指定某块信息为段落或标题等来标识文档某个部件。属性是标记里的参数的选项。

HTML 的标记分成对标记和单独标记两种。成对标记是由首标记<标记名> 和尾标记</标记名>组成的，成对标记的作用域只作用于这对标记中的文档。单独标记的格式<标记名>，单独标记在相应的位置插入元素就可以了，大多数标记都有自己的一些属性。属性要写在始标记内，属性用于进一步改变显示的效果。各属性之间无先后次序，属性是可选的，属性也可以省略而采用默认值。其格式如下：

<标记名 属性 1 属性 2 属性 3 … >内容</标记名>

虽然作为一般的原则，大多数属性值不用加双引号，但是包括空格、%、#等特殊字符的属性值必须加入双引号，为了好的习惯，提倡全部对属性值加双引号。如：

<font color=" #ff00ff" face=" 宋体" size=" 30" >字体设置</font>

注意事项：输入起始标记时，一定不要在"<"与标记名之间输入多余的空格，也不能在中文输入法状态下输入这些标记及属性，否则浏览器将不能正确地识别括号中的标记命令，从而无法正确地显示你的信息。

表 12-1 将介绍一些常用的 HTML 标记，更详细的标记符号可参考相关的 HTML 手册。

12.3.2 HTML 文档结构

每一个 HTML 文档都由文档头和文档体组成。

（1）第一部分 HEAD——文档头，对这个文档进行了一些必要的定义。例如，这里可以定义页面的语言，可以是"gb2312"，还可以是"big5"等。HTML 头部用<HEAD>标记符来标识头部的开始，用 </HEAD>标记符来标识头部的结束。在头部区域中的主要标记符元素有：

表 12-1   HTML 常用标记

标记分类	标记描述	简单说明
基本标记	<html></html>	创建一个 HTML 文档
	<head></head>	设置文档标题和其他在网页中不显示的信息
	<body></body>	设置文档的主体部分
标题标记	<title></title>	将文档的题目放在浏览器的标题栏中
格式标记	<p></p>	创建一个段落
	<p align="" >	将段落按左、中、右对齐
	 	插入一个回车换行符
	<blockquote></blockquote>	从两边缩进文本
	<dl></dl>	定义列表

标记分类	标记描述	简单说明
文本标记	`<pre></pre>`	预先格式化文本
	`<h1></h1>`	最大的标题
	`<h6></h6>`	最小的标题
	`<b></b>`	黑体字
	`<i></i>`	斜体字
	`<tt></tt>`	打字机风格的字体
	`<cite></cite>`	引用，通常是斜体
	`<em></em>`	强调文本（通常是斜体加黑体）
	`<strong></strong>`	加重文本（通常是斜体加黑体）
	`<font size="">\</font>`	设置字体大小，从 1 到 7
	`<font color="">\</font>`	设置字体的颜色，使用名字或 RGB 的十六进制值
图像标记	`<img src="name">`	在 HTML 文档中嵌入一个图像
	`<img src="name" align="">`	排列对齐一个图像：左、中、右或上、中、下
	`<img src="name" border="">`	设置图像的边框大小
	`<hr>`	加入一条水平线
	`<hr size="">`	设置水平线的厚度
	`<hr width="">`	设置水平线的宽度，可以是百分比或绝对像素点
	`<hr noshade>`	没有阴影的水平线
链接标记	`<a href="URL"></a>`	创建超文本链接
	`<a href="mailto：EMAIL"></a>`	创建自动发送电子邮件的链接
	`<a name="name"></a>`	创建位于文档内部的书签
	`<a href="#name"></a>`	创建指向位于文档内部书签的链接
表格标记	`<table></table>`	创建一个表格
	`<tr></tr>`	表格中的每一行
	`<td></td>`	表格中一行中的每一个格子
	`<th></th>`	设置表格头：通常是黑体居中文字
	`<table border="">`	设置边框的宽度
	`<table cellspacing="">`	设置表格格子之间空间的大小
	`<table cellpadding="">`	设置表格格子边框与其内部内容之间空间的大小
	`<table width="">`	设置表格的宽度，用绝对像素值或总宽度的百分比
	`<tr align="">`	设置表格格子的水平对齐方式（左、中、右）

标记分类	标记描述	简单说明
表格标记	`<tr valign="">`	设置表格格子的垂直对齐方式（上、中、下）
	`<td colspan="">`	设置一个表格格子跨占的列数（缺省值为1）
	`<td rowspan="">`	设置一个表格格子跨占的行数（缺省值为1）
	`<td nowrap>`	禁止表格格子内的内容自动断行
帧标记	`<frameset rows=" value, value">`	定义一个帧内的行数，可以使用绝对像素值或高度的百分比
	`<frameset cols=" value，value">`	定义一个帧内的列数，可以使用绝对像素值或宽度的百分比
	`<frame>`	定义一个帧内的单一窗或窗区域
	`<noframes></noframes>`	定义在不支持帧的浏览器中显示什么的提示
	`<frameset></frameset>`	放在一个帧文档的`<body>`标记之前，也可以嵌在其他帧文档中
	`<frame src=" URL">`	规定帧内显示的 HTML 文档
	`<frame name=" name">`	命名帧或区域以便别的帧可以指向它
	`<frame marginwidth="">`	定义帧左右边缘的空白大小，必须大于等于1
	`<frame marginheight="">`	定义帧上下边缘的空白大小，必须大于等于1
	`<frame scrolling="">`	设置帧是否有滚动栏，其值可以是"yes"、"no"或"auto"
	`<frame noresize>`	禁止用户调整一个帧的大小
表单标记	`<form></form>`	创建表单
	`<select multiple name=" name" size="" ></select>`	创建滚动菜单，size 设置在需要滚动前可以看到的表单项数目
	`<option>`	设置每个表单项的内容
	`<select name=" name"></select>`	创建下拉菜单
	`<textarea name=" name" cols=40 rows=8></textarea>`	创建一个文本框区域，列的数目设置宽度，行的数目设置高度
	`<input type=" checkbox" name=" name">`	创建一个复选框，文字在标记后面
	`<input type=" radio" name=" name" value="">`	创建一个单选框，文字在标记后面
	`<input type=text name=" foo" size=20>`	创建一个单行文本输入区域，size 设置以字符串的宽度
	`<input type=" submit" value=" name">`	创建提交（submit）按钮
	`<input type=" image" border=0 name=" name" src=" name. gif">`	创建一个使用图像的提交（submit）按钮
	`<input type=" reset">`	创建重置（reset）按钮

①注释（Comments）元素，`<! -- 注释内容 -->`，例如：

`<! --This is the comments of the html-->`

②META，用来描述文档的自身信息，如作者、过期时间、关键词列表等，不显示在屏幕上，但可为 Web 的索引目录程序利用，例如：

<META NAME＝author CONTENT＝somebody>

<META NAME＝expires CONTENT＝Tue，20 Aug 2006 11：0：0GMT>

③标题（Title），显示在浏览器最上面的标题栏里，并作为 WAIS 服务器对此 HTML 文档编目检索的信息。

（2）第二部分是文档体，是文档的主要内容，也就是放其他标记的地方。HTML 文档体用<BODY>标记符来标记开始，用 </BODY>标记符来标记结束。文档体中包括由段落、列表、表格和其他元素组成的 HTML 文档内容。在<BODY>里面可以添加属性，<BODY>常用属性示例及解释：

<BODY ALINK＝" ＃ rrggbb" BACKGROUND ＝ URL

BGCOLOR＝" ＃ rrggbb" LINK＝" ＃ rrggbb"

TEXT＝" ＃ rrggbb" VLINK＝" ＃ rrggbb" >

ALINK：指明激活链接的颜色；

BACKGROUND：指明作为背景图像的 URL 地址；

BGCOLOR：指明文档背景颜色；

LINK：指明普通链接的颜色；

TEXT：指明普通文字的颜色；

VLINK：指明已访问过的链接颜色；

rrggbb：00-ff 的十六进制数，分别表示红、绿、蓝颜色的强度。

12.3.3　超链接

HTML 文件中最重要的应用之一就是超链接。超链接是一个网站的灵魂，Web 上的网页是互相链接的，单击超链接的文本或图形就可以链接到其他页面。超级链接除了可链接文本外，也可链接各种媒体，如声音、图像、动画，通过它们我们可享受丰富多彩的多媒体世界。建立超链接的标记为<A>和</A>，格式：

<A HREF＝" 资源地址" TARGET＝" 窗口名称" #TITLE＝" 指向连接显示的文字" >超链接名称</A>

说明：标记<A>表示一个链接的开始，</A>表示一个链接的结束；

属性 "HREF" 定义了这个链接所指的目标地址，目标地址是最重要的，一旦路径出现差错，该资源就无法访问；

TITLE：该属性用于指定指向链接时所显示的标题文字；

TARGET：该属性用于指定打开链接的目标窗口，其默认方式是原窗口，其属性值见表 12-2。

表 12-2　　　　　　　　　　　建立目标窗口的属性

属性值	描　述
＿ parent	在上一级窗口中打开，一般使用分帧的框架页会经常使用
＿ blank	在新窗口打开
＿ self	在同一个帧或窗口中打开，这项一般不用设置
＿ top	在浏览器的整个窗口中打开，忽略任何框架

"超链接名称"是能单击到链接的元素，元素可以是文本，也可以是图形。文本带下划线且与其他文字颜色不同，图形链接通常带有边框显示。用图形做链接时，只要把显示图形的标记<IMG>嵌套在<A HREF=" URL" ></A>之间就能实现图形链接的效果。当鼠标指向"超链接名称"处时光标会变成手状，单击这个元素可以访问指定的目标。

通常网页上的超链接一般分为三种：第一种是绝对 URL 的超链接；第二种是相对 URL 的超链接，如将自己网页上的某一段文字或某标题链接到同一网站的其他网页上面去；第三种称为同一网页的超链接，也就是书签的超链接。

在网页中，一般文字上的超链接都是蓝色（当然，用户也可以自己设置成其他颜色），文字下面有一条下划线，当移动鼠标指针到该超链接上时，鼠标指针就会变成手形，这时候用鼠标左键单击，就可以直接跳到与这个超链接相链接的网页或 WWW 网站上去。如果用户已经浏览过某个超链接，这个超链接的文本颜色就会发生改变，但图像的超链接访问后颜色不会发生变化。

【观念应用 12-2】

用 Web 浏览器打开百度网站首页

要求：对"新闻、网页、贴吧、知道、音乐、图片……"超链接进行分析。

分析：

①打开网页，右键查看源文件。

②先在其中找我们所看到的内容：新闻、网页、贴吧、知道、音乐、图片……

然后分析"新闻"两端的<A 属性 属性 ...>...</A>标记。

12.4 HTML 元素

HTML 元素（HTML Element）用来标记文本，表示文本的内容，如 body，p，title 就是 HTML 元素，HTML 元素用标记（Tag）表示。下面我们来介绍一下 HTML 文档中的常见元素。

12.4.1 基本 HTML 元素的表述

1）标题<Hx>

有六级标题，第一级最为醒目，后面依次减弱。

格式：<Hx>标题内容 </Hx>

说明：x 为罗马数字，表示标题级别。

2）段落<P>

在 HTML 文档中回车控制符不起作用，段落之间的空行被忽略，两个字之间的所有空格被看成一个空格，可用<P>标记每个段落的开始。

3）预排文本<pre>

<pre> </pre> 照原样显示。

4）水平线<HR>

<HR>用于在页面上画一条水平线。

Align：对齐方式，缺省为 Center；

Noshade：没有三维效果，只产生一条简单黑线；

Size：缺省为 1；

Width：缺省为 100% 。

5）字体<FONT>

TT：打字机体，即等宽字体；

I：斜体；

B：黑体；

U：带下划线字体；

Big：大字体；

Small：小字体；

Sub：字符显示在右下角；

S：在字体中间划一横线；

Sup：字符显示在文本行的右上角；

Color：设置颜色，以十六进制 RGB 方式表示；

Size：设置字体的大小，实际尺寸 1~7，缺省为 3，也可使用相对尺寸值，用+，−号表示；

Face：字体。

12. 4. 2　几种常用 HTML 元素的表述

1）表<Table>

<TR>标记符：定义表的行，可具有 Align 及 Valign 属性；

<TH> 标记符：定义表头表元与数据，表头表元除显示为黑体且缺省 Align 属性为 Center 之外，其他与数据表元相同；

<TD> 标记符：定义数据表元，能包含任意文本或 HTML 代码，包括链接、列表、或其他表，Align 属性缺省为 Left，Valign 属性缺省为 Middle；

Border：设置表的边框宽度，用于<Table>；

Align：设置表内文字位置，取值 left，right，center；

Valign：取值 top，bottom，middle，baseline；

Cellspacing：分开表元的阴影线的宽度，用于<table>；

Cellpadding：表元边缘与表元数据内容间的空间距离；

Width：设定表宽度或列宽度；

Colspan：指明表元向右占据的列数，缺省为 1；

Rowspan：指明表元向下占据的行数，缺省为 1；

Nowrap：表示表元内容不能为了满足表元宽度要求而折行；

Caption：表标题。

2）内置图像<IMG>

绝大部分 Web 浏览器可以显示在 HTML 文档中插入的图像。

Src：指明图像的 URL 地址，图像可为 GIF、JPEG 或 PNG 文件；

Alt：设置图像的文字描述；

Align：描述图像与正文的相对位置；

Width：指明以像素为单位的图像宽度；

Height：指明以像素为单位的图像高度；

Border：设置图像的边框，单位为像素；

Hspace：定义图像边沿与周围元素的左右空白距离，单位为像素；

Vspace：定义图像边沿与周围元素的上下空白距离，单位为像素。

【观念应用 12-3】

一段简单 HTML 程序的编写

下面我们先来试着编写一段示例程序，用任何一个文本编辑器来编辑一段 HTML 代码，并且保存扩展名为".html"的文档。然后选择用 IE 打开，得到图 12-2。

```
<HTML>
<HEAD>
<TITLE>李白诗词</TITLE>
</HEAD>
<BODY BGCOLOR=" #ccFFFF" >
#############################################
<b><p>静夜思——李白</p></b>
<p>床前明月光，</p>
<p>疑是地上霜。</p>
<p>举头望明月，</p>
<p>低头思故乡。</p>
#############################################
</BODY>
</HTML>
```

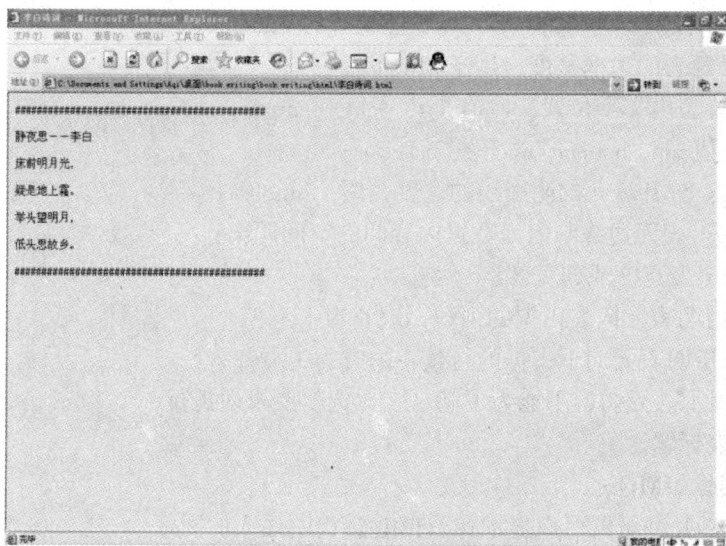

图 12-2　HTML 示例程序效果

要求：源程序中各种标记处于什么位置？分别起到什么作用？

分析：这个文件的第一个标记是<HTML>，这个标记告诉浏览器这是 HTML 文件的头。文件的最后一个标记是</HTML>，表示 HTML 文件到此结束。在<HEAD>和</HEAD>之间的内容，是文件头信息。文件头信息是不显示出来的，你在浏览器里看不到，但并不表示这些信息没有用。在文件头信息里加上一些关键词，有助于搜索引擎能够搜索到该网页。在<TITLE>和</TITLE>之间的内容，是这个文件的标题，你可以在浏览器最顶端的标题栏看到这个标题；在<BODY>和</BODY>之间的信息是正文，BGCOLOR = " #ccFFFF"是背景属性，背景颜色通常用六位十六进制分别表示 RGB 值；在和之间的文字，用粗体表示；在<p>与</p>之间表示段落，重新分段标记。

12.5　分析评价

到这里我们基本上把 HTML 的基本知识都教给大家了，我们在制作网页的过程中，如果能全部用 HTML 语言编写肯定是一件非常好的事，其优点很明确：浏览器解释效率高、格式漂亮、无任何垃圾码产生。然而在真正制作网页的过程中，我们常常借助于"所见即所得"网页编辑器来完成，例如 Dreamweaver、FrontPage 等，不过这些编辑器的有些动作总是不怎么到位，当然从外表上看起来也许漂亮极了，但是有心的人查一下网页的源代码就会发现里面有一大堆废码，比用 HTML 语言编写出来的网页要大几 KB，这样就减慢了网页的传输速度。有时用表格来控制你的布局，其实你所见的表格并非是你要的表格样式。现在，在我们了解了一些 HTML 最基本的规则，提高了网页的编写水平和对网页的感性认识之后，我们可以打开源文件进行修改，但是具体的运用还需要读者进一步在制作网页的过程中不断练习。

下面简单总结一下学习 HTML 的方法：

（1）我们学习 HTML 语言的主要目的不是要大家完全使用 HTML 语言来制作一个完整的网页，而是要大家掌握其基本语法格式后应用到动态程序中去，对于难记的属性和标记不必强行记忆，在用到的时候翻一下语法手册，多用几次就会熟练掌握了。

（2）刚开始时，可以先选择几个不错的网页形式加以模仿，照猫画虎地完成自己的 Homepages。

（3）看到好的网页，可以在浏览器点击右键菜单中"查看源文件"，这时我们就可以看到源程序，学习别人制作网页的一些方法和技巧了，有时候通过这种办法可以学到书本上没有的东西。

■ 本章小结

本章在简单介绍 HTML 语言与标记语言发展过程的基础上，从介绍 HTML 基本概念开始，逐步讲解了 HTML 的语法规则、编写原则、文档结构、HTML 元素，在最后的一节分析评价中总结了学习 HTML 的方法。

■ 主要概念和观念

□ 主要概念

　HTML　超链接　WWW 浏览器　统一资源定位商 URL

□ 主要观念

　标记

■ 基本训练

□ 知识题

　▲ 简答题

超链接有哪几种？分别用在何处？

　▲ 选择题

　△ 单项选择

（1）关于 HTML 语言，不正确的有（　　）。

A. 它是由 W3C 组织定义的第一代网页发布语言

B. 它是 HyperText Markup Language 缩写形式

C. "标记"的精确定义是：对数据进行编码的方法

D. HTML 的精髓在于"标记（Markup）"

（2）下列标记中，（　　）不是一个 HTML 文档所必需的。

A. html　　　　　　　　　B. head

C. body　　　　　　　　　D. title

（3）下列选项中，（　　）不是超链接属性项 target 的属性值。

A. parent　　　　　　　　B. left

C. self　　　　　　　　　D. blank

　△ 多项选择

（1）关于内置图像<IMG>标记，其可选属性有（　　）。

A. alt　　　　　　　　　B. align

C. width　　　　　　　　D. height

E. border　　　　　　　　F. hspace

G. vsapce

（2）CSS 样式定义由（　　）组成。

A. 选择符　　　　　　　　B. 属性

C. 超链接　　　　　　　　D. 属性的取值

　▲ 阅读理解

阅读如下代码，写出其在浏览器中的显示结果。

<td><div align=" center" class=" css_ id" >

<center>

<p align=" center" ></p>

<p align=" center" >

<font class=" css_ id" >

<font class=" font11" >

<font color=" #CCCCCC" ><font color=" #FFA76C" style=" font-size：14px；font-family：隶书" >

标题

</font>

</font>

</font>

</center>

</td>

这样的代码看起来感觉怎么样呢？

</font>

</p>

</center>

</div>

</td>

▲ 技术应用

简化上述代码，保持原效果不变。

□ 技能题

▲ 综合操作训练

用 HTML 编程独立或者以三到五人为一组创作自己或小组的主页，或其他自选题材网页。

■ 观念应用

□ 案例题

表格示例图如图 12-3 所示。

图 12-3　表格示例图

问题：如图 12-3 所示，将其改写为 HTML 应用程序。以"表格示例"为名称；将窗口的边框格式设为凹进的 3D 边框；将行标题以大写罗马字母编号标示，列标题按大写黑体字母标示。不显示最大化按钮、最小化按钮和系统菜单，其他属性不变。（表格颜色可自定义）

☐ **实训题**

在第 4 章的实训 1（为青岛市政府策划一个世园会）的策划基础上，使用 HTML 编码制作一个世园会网站。

☐ **讨论题**

以本章开头引例所示淘宝网站为例，对其源文件进行分析讨论：

（1）从中找出其所使用的所有标记<A>…</A>。

（2）从中找出其所使用的 CSS 样式。

（3）打开另一电子商务网站，例如 http：//www. jd. com 查看其源文件，互相对比异同。

第 13 章

平面图像处理
——Photoshop

■ 学习目标
13.1　图像基础知识
13.2　Photoshop 的窗口
13.3　图像的编辑
13.4　使用工具箱
13.5　图像色彩和色调的控制
13.6　使用路径
13.7　图层
13.8　通道和蒙版
13.9　使用文字
13.10　Photoshop 的滤镜
13.11　分析评价
■ 本章小结
■ 主要概念和观念
■ 基本训练
■ 观念应用

■ **学习目标**

知识目标：

　　能够掌握 Photoshop 的基本工具，了解 Photoshop 创建和编辑 Web 图像以及处理图片的基本过程。

技能目标：

　　可以完成简单的平面广告设计、包装设计、网页图片编辑。

能力目标：

　　具有在 Photoshop 中进行 Web 页面的设计、优化和保存供因特网使用的图像和文字的能力。

引例　使用 Photoshop 从普通照片上获取网络元素

Photoshop 是一种功能强大的图像处理软件。Photoshop 在图像处理、彩色出版、平面设计、网页设计以及照片处理等领域功能最强、用户最多、最为流行，也是最好的彩色图像处理软件，以无限的创作变化而闻名天下。有人这样形容 Photoshop，"你在使用 Photoshop 时，不要去想它能处理什么图像，而应该去想它不能处理什么图像效果"，Photoshop 的强大功能由此可想而知。如通过 Photoshop 简单的套索或魔棒工具就可从一张普通的照片（如图 13-1 所示）中得到我们所需的网络元素（如图 13-2 所示）。

图 13-1　原始照片

图 13-2　Photoshop 初步处理后的网络照片

13.1　图像基础知识

Photoshop 是对已经数字化的图像进行编辑处理的，因此在学习 Photoshop 之前我们必须对数字化图像的基础知识有一些了解。

13.1.1　像素

像素（pixel）是位图图像中构成图像的最小单位，是图像的基本元素。数码影像具有连续性的浓淡阶调，若把影像放大数倍，会发现这些连续色调其实是由许多色彩相近的颜色块（矩形网格）排列而成，这些颜色小方块就是构成影像的最小单位"像素"。

13.1.2　分辨率

分辨率是指图像单位长度上像素的多少。像素越多，图像越清晰，像素/英寸是分辨率的度量单位，分辨率可指示图像或文件中的细节和信息量，也可指示输入、输出或者显示设备能够产生的清晰度等级。在处理位图时，分辨率的大小会影响最终输出文件的质量和大小。

13.1.3　位图图像

位图图像，也称点阵图、栅格图像、像素图像。位图图像使用像素表现图像。每个像素都分配有特定的位置和颜色值，因此位图图像能表现出色彩绚丽的效果。在处理位图图像时，所编辑的是像素，而不是对象或形状，可以对每个像素进行操作。位图图像与分辨率有关，也就是说，它们包含固定数量的像素。因此，位图的色彩越丰富，图像的像素就越多，分辨率也就越高，文件也就越大。如果在屏幕上以高缩放比率对它们进行缩放或以低于创建时的分辨率来打印它们，则将丢失其中的细节，并会呈现出锯齿，如图 13-3 所示。位图可通过扫描、数码相机获得，也可通过如 Photoshop 之类的设计软件生成。常见的位图图像的文件格式，有 JPEG、PCX、BMP、PSD、PIC、GIF 和 TIFF 等。

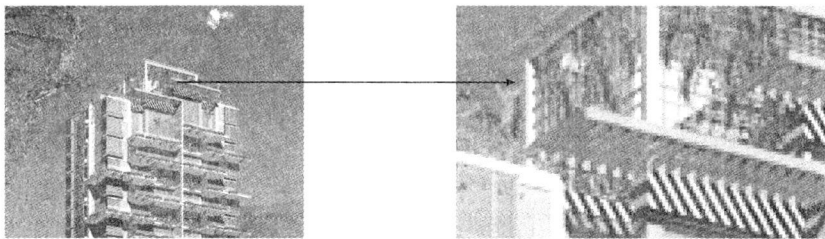

图 13-3　位图缩放前后对比效果

13.1.4　矢量图像

矢量图又称为向量图，是由称作矢量的数学对象定义的直线和曲线构成的。矢量根据图像的几何特征对图像进行描述。矢量图中图形的组成元素称为对象，与分辨率无关，以任何分辨率输出，图像的质量都不发生变化。矢量图像所占的存储容量小，容易进行变化和旋转，如图 13-4 所示。矢量图像无法通过扫描仪获得，而是在矢量设计软件中由数学函数生成。矢量图常见的文件格式有 CDR、SWF、Fla、3DS、DXF 等。

图 13-4　矢量图缩放前后对比效果

矢量图所占的空间较小，经常用于图案设计、文字设计、标志设计和版式设计等，但矢量图不能体现出绚丽多彩的图像效果。

13.1.5 色彩模式

色彩模式是将色彩用数据来表示的一种方式，正确的色彩模式可以使图形图像在屏幕或印刷品上正确地显现。常用的色彩模式有 RGB、CMYK、HSB、Lab、黑白模式、灰度模式等，而且各个色彩模式之间可以互换。

1）RGB 模式

RGB 模式是一种加色模式，由 Red（红）、Green（绿）和 Blue（蓝）3 种颜色组成，通过这 3 种色光的组合形成更多其他的颜色。用户可按不同的比例混合这 3 种色光，获得可见光谱中绝大部分种类的颜色，在生活中被广泛地采用，如我们每天接触的电脑显示屏即采用 RGB 颜色模式。

2）CMYK 模式

CorelDRAW 调色板中默认的色彩模式为 CMYK 模式，分别表示 Cyan（青）、Magenta（品红）、Yellow（黄）和 Black（黑），相对于 RGB 模式的加色混合模式，CMYK 的混合模式是一种减色叠加模式，CMYK 模式也称印刷色模式，因为在印刷中通常都要进行四色分色再进行印刷。

3）Lab 模式

Lab 模式是一种国际色彩标准模式，该模式将图像的亮度与色彩分开。它由 3 个通道组成，L 通道是透明度，其他两个通道是色彩通道，即色相（a）和饱和度（b）。在 Lab 模式下，L 通道的范围为 0~100%。

4）HSB 模式

HSB 模式是根据颜色的色相（H）、饱和度（S）和亮度（B）来定义颜色的。

5）灰度模式

灰度模式又称 8 比特深度图，它能产生 256 级的灰色调。和黑白模式一样，灰度模式的图像中只有明暗值，没有色相和饱和度这两种颜色信息，黑白模式只有黑、白两种色值，而灰度模式则由 0~255 个灰度级组成。

6）黑白模式

黑白模式中只有黑和白两种色值。

13.2 Photoshop 的窗口

Photoshop 是美国 Adobe 公司于 20 世纪 80 年代末推出的图像处理软件。由于 Photoshop 在处理位图和矢量图方面的强大功能，它被广泛地应用在图像处理、摄像、印刷等行业。

1）界面窗口

学习任何一个软件，打开后首先是要了解它的界面窗口，Photoshop 学习同样也是这样。它的界面窗口由以下几部分组成（如图 13-5 所示）：

（1）菜单栏

Photoshop 的菜单栏提供了选单式的操作形式，分为"文件、编辑、图像、图层、选择、滤镜、3D、视图、窗口和帮助"等选项，Photoshop 中能用到的命令几乎都集中在这里。

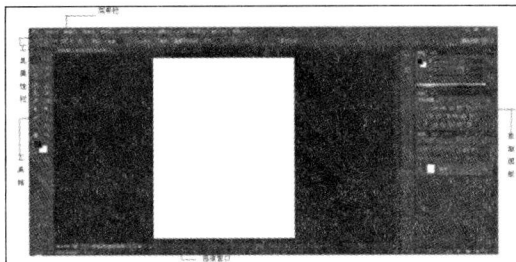

图 13-5   界面窗口

（2）工具箱

工具箱中集合了图像处理过程中使用最频繁的工具，这些工具以图标形式排列在一起，从工具的形态和名称就可以清楚了解各个工具的功能。

（3）工具属性栏

通过工具属性栏可以对选取的工具进行属性的设置。

（4）图像窗口

显示图像文件，窗口标题栏显示文件的基本信息。

（5）控制面板

控制面板主要用于设置和修改图像。

2）窗口的基本操作

文件夹窗口的基本操作如下：

（1）新建

在文件菜单下，设定文件的名称、尺寸、分辨率，模式等，如图 13-6 所示。

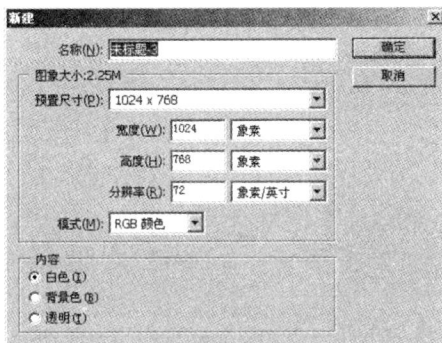

图 13-6   新建

（2）打开

在文件菜单下，用来打开已有的文件。可打开的扩展名（格式）有 PSD 自身格式、JPEG 压缩格式、TIFF 印刷格式、BMP、PNG、GIF 等。

（3）打开为

在文件菜单下，选择某一扩展名（格式）（只能打开这一格式的文档），一般只用打开的命令。

（4）存储

在文件菜单下，直接保存，新文件也可直接存成不同的格式。一般存成 PSD 自身格式，用以存档。

（5）存储为

在文件菜单下，根据需要在把文件另存一个文件，可选择不同的扩展名（格式）。

（6）置入

在文件菜单下，用来在当前文件里打开 AI、EPS 矢量图和 PDF 多页面电子版文件文档。

（7）关闭

在文件菜单下，用来关闭当前文档。

（8）存储为 Web 所用格式

在文件菜单下，存成网络页面 HTML 文档。

（9）恢复

在文件菜单下，用以恢复到上次存过的状态。

（10）浏览

在文件菜单下，类似看图软件，可直接预览，双击打开，非常方便。

13.3　图像的编辑

13.3.1　图像编辑操作

通过对菜单栏下图像窗口夹的简单操作，可以达到以下功能：

1）改变图像大小、画布大小

执行菜单操作"图像—图像大小/画布大小"。

说明：

- 像素大小选项组：图像的显示尺寸（1 024×768 像素）；
- 文档大小选项组：图像的打印尺寸和打印分辨率；
- 约束比例：可以使图像的宽高比例保持不变；
- 重定图像像素：可以使用户在改变图像的打印尺寸和打印分辨率时，自动改变图像的显示尺寸。
- 改变画布大小：在不改变图像的显示或打印尺寸的情况下，对画布进行裁减或增加空白区；
- 相对：可以以增加量或者减少量来改变画布大小；
- 定位：单击 9 个方格可以设置裁减或扩展的方向。

2）旋转图像

执行菜单操作"图像—图像旋转"，可以打开子菜单选择各项命令。其中"任意角度"命令的参数可以是介于−359.99 至 359.99 的角度。

3）剪切图像

可以对整个图像进行剪切，也可以对某一选区内的图像进行剪切。具体操作时，使用选区工具在图像中选择要剪切的图像，执行"编辑—剪切"命令，剪切图像。

4）复制图像

使用选区工具后，可以通过执行"编辑—拷贝"命令，把选区内的图像进行复制，原图像不受影响。

5）粘贴图像

在对图像进行剪切、复制后，可以通过执行"编辑—粘贴"命令，将剪贴、复制的图像粘贴到新图像中。

13.3.2　图像的颜色模式

1）可见光的种类

可见光通常可分为：直射光、透射光、反射光（单色光、复色光）。

2）色彩属性

色相：指红、橙、黄、绿、蓝、靛、紫等色彩成分，黑、白以及各种灰色属于无色系。

亮度：彩色光的功率越大，其亮度感觉也越大。

饱和度：指色彩的纯度，加入白光可以降低色彩饱和度。

3）图像的颜色模式

颜色：选择不同的色彩模式进行调色，在各色彩模式中，RGB、CMYK 和 Lab 是 3 种常用的色彩模式。

颜色面板：快速选取颜色，可保存自定义颜色，另有大量颜色库可调用。

拾色器：单击前景或背景取色，可自调颜色，另有色库调用。

13.4　使用工具箱

13.4.1　工具箱简介

工具箱位于 Photoshop 主界面的左侧。它存放 Photoshop 各种常用工具，单击任意工具按钮就可执行相应的功能，如图 13-8 所示。

13.4.2　工具使用

移动工具：用来移动图层里的整个画面或图层里由选框工具控制的区域。

选取工具（矩形、椭圆形、单行、单列）：这几个工具在同一个按钮里，按 Shift 绘正方、正圆，按 Alt 从中心点扩展，可直接用鼠标拖拉绘制。

套索工具（自由套索、多边形套索、磁性套索）：这三个工具在同一按钮中，用 Shift+L 切换，分别是自由拖拉形状；点击多点以得到多边形状；利用原有画面的颜色反差三种方式。

魔棒工具：根据颜色来选取区域。

这些选框工具可以混合运用，在绘制好选区的基础上，再用选框工具对已有选区的相加、相减、交叉的掌握，做到控制自如（用键盘的 Shift 加选、Alt 减选、两个键齐按交叉的配合）。

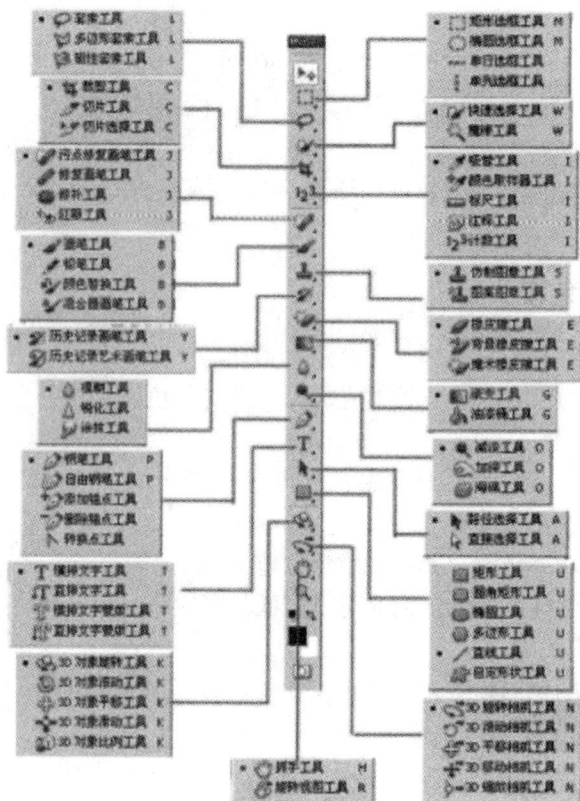

图 13-7　工具箱

魔棒工具比较适合抠取背景为单色的图像。

【观念应用 13-1】

掌握魔棒工具的使用方法

要求：用魔术棒工具把图像从背景中选出来，使背景成为空白，如图 13-8 所示。

分析：使用魔棒工具在图片中选取部分图案是 Photoshop 软件中常用手法，所以要熟练掌握。魔棒选择是有范围（数值）限制的，只能选取近似值的区域，而且是封闭的区域，因此不同封闭区域的图像要分开选取。

（1）　　　　　　　　（2）　　　　　　　　（3）

图 13-8　魔棒工具的使用方法

操作步骤：

首先在 Photoshop 中打开一副背景为单色的图像（如图 13-8（1）所示）。在工具箱中选择魔棒工具，这时在 Photoshop 菜单栏下的选项栏中出现了对魔棒的设置选项。进行设置后，在图像中点击背景处，选择灰色的背景（如图 13-8（2）所示），但是扳机处的背景并没有被选中，我们这时选择选项栏中的"添加到选区"图标，然后再在图像中点击扳机处的背景。这时就已经选择了全部的背景，按下键盘上的"Delete"键，删除背景，按"Ctrl+D"组合键，取消选区，看到处理后的图像（如图 13-8（3）所示）。

裁剪工具：用来裁剪文件大小，拖拉绘制裁剪区域。

切片工具：用来做网页的热区（超链接的设定），结合开始菜单可存为 Web 所用的格式，用来制作简单的网页。

修补工具：可选取源来自图案或画面，画面需按 Alt 选取源再进行修补，而区域修补只需选取所需修补的区域，再挪移至源图上即可。

画笔工具：用以绘制颜色，自由绘制即可。

仿制工具：有仿制图章和图案图章，仿制图章须按 Alt 取一样品再复制到另一位置，图案图章是用来将定义的图案绘制出来（须定义图案——先用矩形框选所需图案，再用编辑菜单下的定义图案，系统自带许多图案，可直接运用）。

历史画笔工具：有历史记录画笔工具、历史记录艺术画笔工具。历史记录画笔工具主要作用是将部分图像恢复到某一历史状态，可以形成特殊的图像效果。历史记录艺术画笔工具也可以将指定的历史记录状态或快照用作源数据，但历史记录艺术画笔在使用这些数据的同时，还可以应用不同的颜色和艺术风格。

橡皮擦工具：有橡皮擦、背景橡皮擦、魔术橡皮擦三种不同擦除工具。橡皮擦在有背景层时把画面擦为背景色，在普通层把画面完全擦除；背景橡皮擦能将背景层擦成普通层，把画面完全擦除；魔术橡皮擦依据画面颜色擦除画面。

模糊工具（R）：有模糊、锐化、涂抹三种工具。分别将画面局部变成模糊效果、锐化清晰效果及涂抹效果。

渐变工具：有渐变、油漆桶工具和 3D 材质拖放工具。渐变工具有五种不同的渐变类型（直线、径向、角度、对称、棱形），是一种可一次拉出多种颜色的工具。直接拖拉即可，重在自己编辑（可在渐变编辑器中进行全面的编辑，保存），如图 13-9 所示。油漆桶工具可填充前景色和图案（有容差设定）。

钢笔工具：有钢笔、自由钢笔、加锚点、减锚点、转换点工具。钢笔是点击绘制路径的（按 Alt 切换为转换点工具、按 Ctrl 可切换为子路径选取工具，另直接在路径上点击可增加锚点、在已有锚点上点击可删除锚点）；自由钢笔是拖拉绘制路径，其他控制同钢笔；加锚点、减锚点可在路径上加锚点和减锚点；转换点工具能改变锚点的类型（平滑点、拐角点、直角点——可控制路径的形状）。钢笔工具可绘制不同的类型，如有填充的形状图层——经绘制即得到一个新图层，可以填充、由路径控制形状；单独的路径——空白的路径，绘制好后再对其进行利用。

多边形工具：有矩形、圆角矩形、椭圆形、星形、直线形、自定义形状六种工具。有三种不同的生成方法（有填充的形状图层、单独路径、直接填充——即直接绘出图形，不由路径再控制），其中自定义形状须自己定义——先用路径工具得到想要的形状，再用编辑菜单下的定义自定义形状。

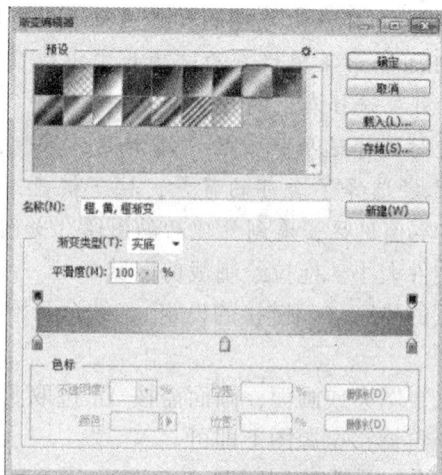

图 13-9　渐变工具

路径选择工具：含有路径选择和直接选择工具。路径选择工具用来选择整条路径（按 Shift 可加选多条）；直接选择工具可以选择路径、路径段、锚点，移动锚点和方向点，从而达到调整路径的目的。

文字工具：可以在图像窗口中输入文本，并使文本横向或直排列。横排（直排）文字蒙版工具可以直接创建横排（直排）文字选区，然后再为选区填充内容。

13.5　图像色彩和色调的控制

控制色彩是对原有图像的加工，所以调整后的图像不可能比原图具有更多的色彩，使用命令时要防止丢失色彩数据。图像色调的调整主要是对图像明暗程度的调整。

1）转换图像模式

颜色模式是基于色彩模型的一种描述颜色的数值方法，选择一种颜色模式，就等于选用了某种特定的颜色模型。在 Photoshop 模式菜单中提供了其所支持的所有图像颜色模式命令。可以看当前图像颜色模式，也可以在不同颜色模式之间进行转换。打开一个文件以后，选择"图像—模式"，在弹出的子菜单中选择一种颜色模式（如图 13-10 所示），即可将其转换为该模式。

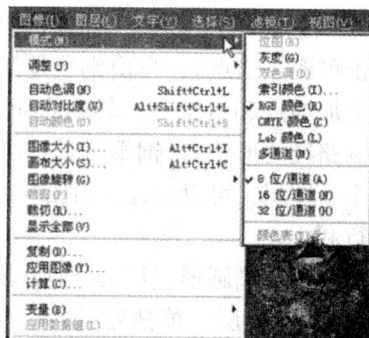

图 13-10　转换图像颜色模式

2）图像—调整（各种控制色彩、色调的命令）

（1）亮度/对比度

使用"亮度/对比度"命令，可以对图像的亮度和对比度进行直接调整，如图13-11所示。与"色阶"命令和"曲线"命令不同的是，亮度/对比度命令不考虑图像中各通道颜色，而是对图像进行整体调整。

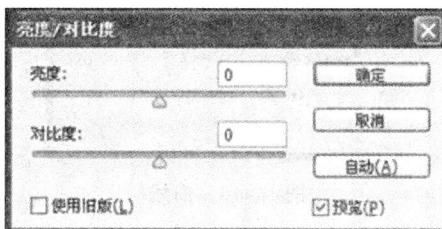

图13-11　亮度/对比度

（2）色阶

"色阶"调整命令通过调整图像的暗调、中间调和高光的亮度级别来校正图像的影调，包括反差、明暗和图像层次，以及平衡图像的色彩。选择"图像—调整"，在弹出的子菜单中点击"色阶"，或者按下Ctrl+L键，打开色阶对话框，如图13-12所示。

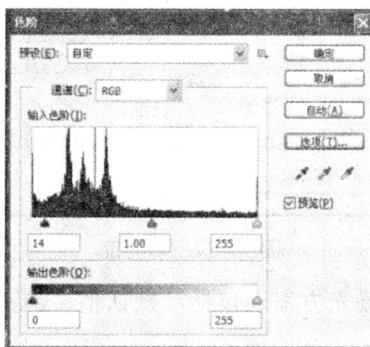

图13-12　色阶

①输入色阶：直方图显示图像的亮度信息（0～255）。黑色三角滑块——黑色（0），白色三角滑块——白色（255），灰色三角滑块——中间色调（127～128）。

移动滑块可以改变黑场、白场和中间色调。如果移动黑色滑块到坐标15，则滑块左侧（坐标0～15）全变为黑色（0）；同样如果移动白色滑块到坐标230，则滑块右侧（坐标230～255）全变为白色（255）；将中间的灰色滑块向右移动，0～128的像素数增加，图像变暗，向左移动，128～255的像素数增加，图像变亮。

②输出色阶：向右拖动黑色三角滑块可使图像变亮；向左拖动白色三角滑块可使图像变暗。

③吸管工具：可以直观地在图像上选取颜色作为黑场、白场和中间色调。

④自动和选项（同自动色阶操作）：有自动色阶、自动对比度、自动彩度，对图像色阶、对比度和彩度的自动操作。

（3）曲线

曲线是一个用途非常广泛的色调调整命令，与色阶功能大致相同，较之更灵活，可以综合调整图像的亮度、对比度和色彩等，如图13-13所示。

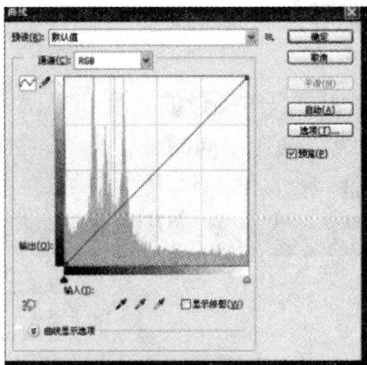

图 13-13　曲线

曲线的使用方法：利用曲线表格调整曲线形状；利用铅笔工具绘制曲线；利用亮度滑块切换节点数值显示方式和色调调整方式。

（4）曝光度

使用曝光度命令，可以将拍摄中产生的曝光过度或曝光不足的图片处理成正常效果，如图 13-14 所示。

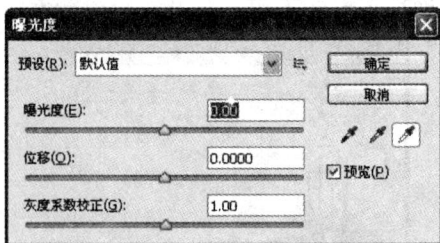

图 13-14　曝光度

①预设：预先设置好的曝光方案。包括：默认值、减 1.0、减 2.0、加 1.0、加 2.0 和自定等。

②曝光度：修改图像的曝光程度。值越大，图像的曝光度也越大，对极限阴影的影响很轻微，向右拖动滑块或者输入正值，可以将画面调亮。

③位移：指定图像的曝光范围。可以使阴影和中间调变暗，对高光的影响很轻微。向左拖动滑块或者输入负值，可以增加对比度。

④灰度系数校正：指定图像中的灰度程度，校正灰度系数。

（5）色彩平衡

色彩平衡命令允许在图像中混合各种颜色，以增加颜色的均衡效果，如图 13-15 所示。它将图像分为高光、中间调和阴影三种色调，我们可以调整其中一种或两种色调，也可以调整全部色调的颜色。例如，可以只调整高光色调中的红色，而不会影响中间调和阴影中的红色。

（6）色相/饱和度

色相/饱和度可以调整图像中单个颜色成分的色相、饱和度和亮度。也可以给灰度图像染色。

（7）去色

去色可以在不改变图像色彩模式的情况下，去除图像中的色彩，即将图像中的所有颜

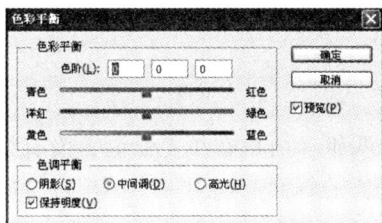

图 13-15 色彩平衡

色的饱和度都变为 0 。

(8）替换颜色

替换颜色能够在图像中使用特定颜色来调整色相、饱和度和明度值。

【观念应用 13-2】

用 Photoshop 图层模式让照片色彩变得鲜亮

很多刚开始使用 Photoshop 的学生，常常感叹自己拍的照片色彩又灰又暗，没有出版物上的照片亮丽漂亮，于是就直接在 Photoshop 里运用图层复制和图层模式等功能进行调整，这样不仅费时费工，而且效果常常适得其反。

要求：根据本节知识，在 Photoshop 软件里，还可以运用哪些操作让你的照片"靓"起来？

分析：在 Photoshop 里，色彩的变化是它的主要功能之一。针对此问题，可以考虑使用色彩调整里的对比、曲线、饱和等功能综合应用。由于色彩调整是对原有图像的加工改造，调整后的图像不可能比原图像具有更多的色彩层次和像素，所以使用这些命令时要谨慎，防止丢失原始色彩数据。

13.6 使用路径

路径：钢笔、自由钢笔等工具画出或编辑的线条和几何形状。路径中的线条不含具体的像素，属于矢量图形，独立于图像，也不存储于特定的通道。路径可以是闭合的，也可以是开放的。

路径面板：可以对路径进行高级控制，路径填充、描边（选取用画笔的工具都可用来描边，可具有画笔的一切特性）、变为选区（Ctrl+回车），把选区变为路径，把路径保存、做成剪切路径，以置入其他软件。

路径的构成：锚点（平滑点、拐角点、直角点）、线、面的组合。路径在 Photoshop中地位高于选框工具，因其可随时变成选区，控制比选框工具灵活、准确，而且描边比选区功能好。另通过路径面板可制作剪切路径。路径的构成如图 13-16 所示。

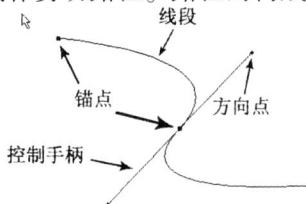

图 13-16 路径的构成

13.7 图层

图层像一张没有厚度的透明纸，可以在纸上绘画，没有绘画的部分保持透明。将各图层叠在一起，可以组成一幅完整的画面。当对一个图层进行操作时，图像文件的其他图层将不受影响。换句话说，修改某一图层中的图像时，要先将该层选中。同一个图像文件中，所有图层具有相同的分辨率、通道数和图像模式（新建文件时已确定），但每一个图层可以有各自不同的混合模式和不透明度。

层面板和层菜单的一些功能，如图 13-17 所示。

图 13-17　层面板

1）图层面板

根据各种图层功能的不同可分为：普通层、填充层、形状层、样式层、调整层、文字层。

2）图层混合模式

正常：缺省模式，当图层不透明度为 100% 时，没有什么效果。

溶解：根据图像像素所在位置的不透明度，以基本色彩或混合色彩随机取代像素点的颜色，产生颗粒效果。

变暗：对像素进行比较，最后由较暗的像素决定最后的值，结果是色调更暗了。

正片叠加：把两种颜色相乘，得到的颜色比图层和背景的颜色都要暗一些。

颜色加深：与混合色相关的下层颜色变暗。

线性加深：通过降低各通道颜色的亮度来加深图像，可以使图像变暗。

深色：比较两个图层的所有通道值的总和并显示值较小的颜色。

变亮：仅当图层的颜色比背景的颜色浅才起作用，颜色浅的覆盖颜色深的。

滤色：可以使图像产生漂白的效果。

颜色减淡：使混合色相关的下层颜色变亮，图层的亮度增加，背景好像被漂白一样。

线性减淡：基本色彩变亮。

浅色：比较混合色和当前图像所有通道值的总和并显示值较大的颜色，不会生成第三种颜色。

覆盖（Overlay）：通常是亮调区和暗调区不变，中间亮度区域进行混合。

柔光：对部分像素进行正片叠底的运算，部分像素进行屏幕运算，结果使亮的区域更亮，暗的区域更暗。

强光：比柔光的效果更强烈。

鲜明光：通过增加或降低对比度来加深或减弱颜色。

线性光：通过增加或降低亮度来加深或减弱颜色。

点光：替换颜色。

差值：取上下两层像素的差值。

排除：较差值柔和。

色相：用上层的色相，下层的亮度和饱和度。

饱和度：用上层的饱和度，下层的色相和亮度。

颜色：用上层的色相和饱和度，下层的亮度

【观念应用 13-3】

用 Photoshop 制作一个绿色按钮

要求：颜色必须使用渐变。

分析：按钮制作比较简单，主要是清楚制作思路，体现出一定的立体感。

操作步骤：新建一个文件，用圆角矩形工具画一个 80×30 的圆角矩形，然后在图层面板里双击该图层，打开图层样式，按照以下设置：

①对渐变叠加进行设置，如图 13-18 所示。具体的设置颜色值为#66CC33，如图 13-19 所示。

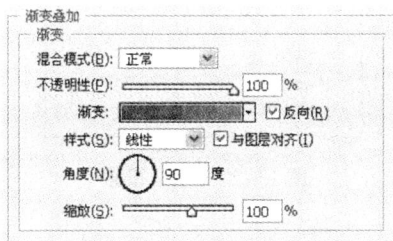

图 13-18　渐变叠加设置

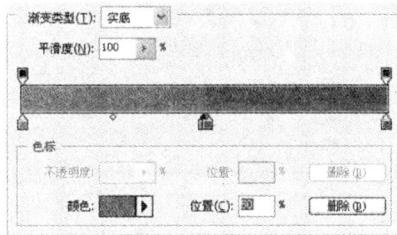

图 13-19　设置颜色值

②对描边选项进行设置，颜色值为#006600，如图 13-20 所示。

完成以上两步后，可得以下效果，如图 13-21 所示。

③完成高光部分。高光部分与前面一样，也是用渐变来完成。首先我们在图层面板建立一个新图层，重命名为"高光"，然后按 Ctrl+圆角矩形图层，建立按钮的选区，点击

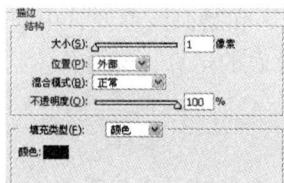

图 13-20　描边设置

图 13-21　效果

"选择—修改—收缩"，设置收缩量为 1。点击选框工具，在选择区域上点右键选择描边，做以下设置，如图 13-22 所示。

然后双击"高光"图层，打开图层样式，做一个白色从透明到实底的渐变设置，如图 13-23 所示。

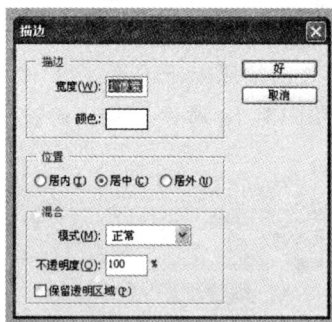

图 13-22　描边设置

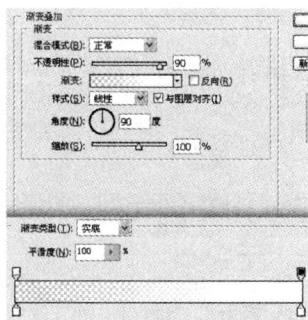

图 13-23　渐变叠加设置

此时可得最终按钮，如图 13-24 所示。

图 13-24　最终效果

13.8　通道和蒙版

1）通道的概念

通道是存储不同类型信息的灰度图像，主要用于存放图像的颜色分量和选区信息。在 Photoshop 中，通道的概念源于图像的模式，用来表示图像模式的颜色分量。

对于不同的色彩模式，其色彩通道略有区别。如 RGB 模式和 CMYK 模式中，色彩通道所代表的颜色不同；Lab 模式中即有亮度通道，又有色彩通道；而 HSB 模式中的通道则代表了颜色的色相、饱和度、亮度三个属性。

2）蒙版的基础知识及操作

（1）**蒙版**是对当前层再蒙上一个"层"，此层起到对当前层的隐藏与显示的作用，通过灰度级来控制，如黑色隐藏、灰色起到半透明、白色显示。此种蒙版因只对当前层起到屏蔽的效果，故不损伤当前层，且可随时修改。

（2）控制图层的一部分显示，而另一部分隐藏（图层蒙版、矢量蒙版、形状图层、图层编组）。通过更改图层蒙版，可以将大量特殊效果应用到图层，而又不影响该图层上的像素，所有图层蒙版可以与多图层文档一起存储。

（3）蒙版的基本操作：

①快速蒙版——模式切换（Q 键）。

②添加图层蒙版或矢量蒙版——"图层"菜单。

③应用或移去蒙版（图层、矢量）——"图层"菜单。

④删除图层蒙版：直接把图层面板中的那个图层蒙版拖到面板底部的小垃圾桶图表中。

13.9　使用文字

13.9.1　创建文字图层

通过创建文字图层可以在图像中的任何位置创建横排文字或竖排文字。

创建工作路径：用选定的某文字层的字形创建成路径，加以应用。

转换成形状：把文字层直接变成形状层（用字的形状生成）。

文字变形：对选定文字层的多种变形效果。

更新所有图层：用来更新外来的文本字体（用本机的字体进行更新）。

替代所有图层：用来替代外来的文本字体（如本机没有原文件的字体）。

文字排版：有文字选项板（基本格式的控制，区别横、竖排，区别打文字与文字选区的差别）、文字调板（比较全面的对字符的控制）、段落调板（对段落的全面控制）等工具。

点阵化：把特殊层转为普通层（文字、形状、填充层、层剪切路径）。

基于层生成切片：用此层的形状生成（网页上的按钮——超链接）。

13.9.2 文字处理

创建文字图层后，可以编辑文字并对其应用图层命令，可以更改文字取向、应用消除锯齿、在点文字与段落文字之间转换、基于文字创建工作路径或将文字转换为形状，可以像处理正常图层那样，移动、重新叠放、拷贝和更改文字图层的图层选项。

1）栅格化文字图层

某些命令和工具（如滤镜效果和绘画工具）不适用于文字图层，必须在应用命令或使用工具之前栅格化文字。栅格化将文字图层转换为正常图层，并使其内容成为不可编辑的文本。如果选取了需要栅格化图层的命令或工具，则会出现一条警告信息。某些警告信息提供了一个"好"按钮，点按此按钮即可栅格化图层。

将文字图层转换为正常图层：

（1）在"图层"调板中选择文字图层。

（2）选取"图层—栅格化—文字"。

2）使文字图层变形

变形允许扭曲文字以符合各种形状，如可以将文字变形为扇形或波浪形。选择的变形样式是文字图层的一个属性，可以随时更改图层的变形样式以更改变形的整体形状。变形选项可以精确控制变形效果的取向及透视。

基于文字创建工作路径可以将字符作为矢量形状处理。工作路径是出现在"路径"调板中的临时路径。基于文字图层创建工作路径之后，就可以像其他路径一样存储和操纵该路径，但不能将此路径中的字符作为文本进行编辑，不过原文字图层可以在保持不变的情况下编辑。

基于文字创建工作路径：

选择文字图层，并选取"文字—创建工作路径"。

注意：不能基于不包含轮廓数据（如位图字体）的字体创建工作路径。

13.10 Photoshop 的滤镜

滤镜是 Photoshop 中功能最丰富、效果最佳的工具之一。使用滤镜可以在短时间之内，生成多种光怪陆离、变化万千的特殊变换效果。Photoshop 同时也支持非 Adobe 公司开发的外挂滤镜，扩充了 Photoshop 滤镜功能。这些滤镜安装后出现在"滤镜"菜单的底部，与内置滤镜一样使用。

1）部分滤镜的使用

（1）动感模糊，如图 13-25 所示。

图 13-25 动感模糊

作用：模拟了摄像中拍摄运动物体曝光的功能，从而使图像产生一种动态效果。

参数：

角度：控制图像的模糊方向。

距离：控制图像的模糊强度。

（2）USM 锐化，如图 13-26 所示。

图 13-26　锐化边缘

作用：USM 锐化用来锐化图像中的边缘，在图像边缘的两侧生成一条亮线一条暗线，使画面整体更加清晰。

参数：

数量：设置图像对比的强度。数值越大，图像的锐化效果越明显。

半径：设置边缘两侧影响锐化的像素数目。值越大，锐化的范围就越大。

阈值：设置锐化像素与周围区域亮度的差值。值越大，锐化的像素越少。

（3）等高线，如图 13-27 所示。

作用：白色底色上简单地勾勒出图像的轮廓。

参数：

色阶：描绘边缘的程度。

边缘：较高（在图像轮廓线下描绘）、较低（在图像轮廓线上描绘）。

（4）风，如图 13-28 所示。

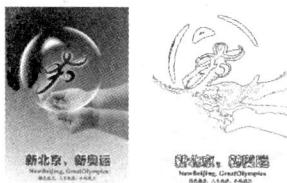

图 13-27　等高线

图 13-28　风

作用：在图像中增加一些小的水平线以达到起风的效果。

参数：

方式：风、大风、飓风。

方向：从左、从右。

2）实例

【观念应用 13-4】

将凌乱图片变成炫彩背景。

要求：选用图片色彩与图像元素要丰富。

分析：炫彩主要靠色彩来渲染，所以色彩越丰富越好；另外注意发射中心也是炫彩的主要元素，是决定动感的关键因素。

操作步骤：

①选择色彩比较丰富的图片，在 Photoshop 中打开，复制背景层，如图 13-29 所示。

②把背景副本"滤镜—模糊—径向模糊"3 次，如图 13-30 所示。

图 13-29 原始图片

图 13-30 径向模糊

③复制背景副本，模式改为叠加，如图 13-31 所示。

④将背景副本执行"滤镜—锐化—USM 锐化"，如图 13-32 所示。

图 13-31 叠加模式

图 13-32 USM 锐化

⑤把背景副本再复制一层，去色，如图 13-33 所示。

图 13-33 去色

⑥图层模式改为正片叠底，如图 13-34 所示。

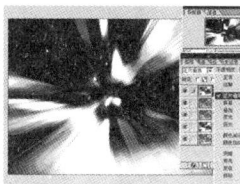

图 13-34　正片叠底

⑦用旋转扭曲滤镜，如图 13-35 所示。

⑧切下一块，就大功告成了，如图 13-36 所示。

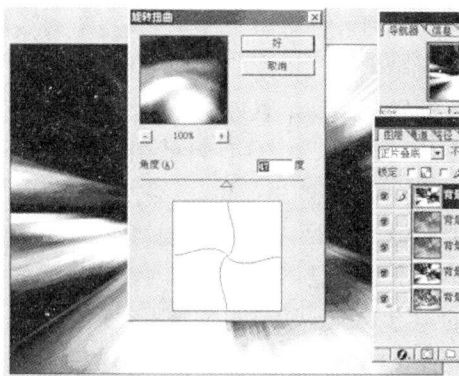

图 13-35　旋转扭曲

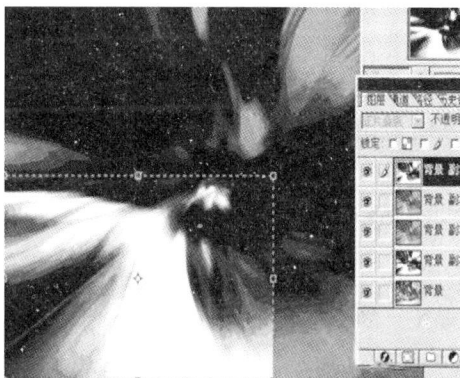

图 13-36　裁切

对切下来的图片，可以调节一下饱和度（Ctrl+U），如图 13-37 所示。

图 13-37　调节饱和度

13.11 分析评价

我们学习 Photoshop 一定要掌握正确的学习方法。首先，一定要记住 Photoshop 只是一个工具，它就好比是我们上网使用的鼠标，我们不会关心这个鼠标本身究竟是什么结构，吸引我们的只是屏幕上的内容——作品。不懂得这句话，就会造成学习 Photoshop 过程中的枯燥。一开始就钻牛角尖，一个个地去识记工具作用，去探求软件的结构，学得头昏脑涨，结果却发现，居然连很多基本效果都做不出来。这是因为 Photoshop 只是工具，使用工具靠的是自己的感觉、技巧，而不是 Photoshop 本身。其次，一定要多观察、多思考、多延伸，不要盲目学习。这样学习经历才会非常有趣。第一次接触 Photoshop 的时候，可能会觉得这个图片处理软件很难学懂，用了一大堆工具，居然看不出有什么具体效果。但随着不断地使用，我们会逐渐感觉到这个软件的强大。更进一步使用，就会深刻的体会到——就像广告里说的，在图片处理领域，只有自己想不到的，没有 Photoshop 做不到的。现在市面上有很多专门介绍 Photoshop 的书，但很多书不能很好地引导学生，甚至只会浪费学生时间，难免令人痛心疾首。但回过头来想想，很多精妙之处，只可意会，不可言传。要达到一个更高层次，唯有靠自己不断的积累，甚至要走过又长又艰苦的弯路才能得以提高。最后，要掌握好的学习方法。学习的时候不要东学一点、西学一点，都很粗浅地了解，也不要一开始就研究高深的通道、光照、颜色调整，而应该是踏踏实实、一样样地学好。在大概了解了 Photoshop 的基本界面及工具后，然后就要深入学习，这时具体方法应该是看到一个效果—惊讶—我也要做—学习—完成效果设计。然后还要再思考，看看能不能用这个特性做出更好的效果。还有没有其他方法去实现这个效果。但同样要记住：Photoshop 不是神笔，不要什么都用它。如说我们要做很炫的反光、做照片的透视……一些很有针对性的软件也能方便地做出效果，就没必要苦苦用 Photoshop 去实现了。另外，Photoshop 除了自带的滤镜外，还有很多外挂滤镜，要想快速方便的做出我们想要得到的效果，就要不断的扩充自己的 Photoshop 滤镜。

■ 本章小结

本章在简单介绍 Photoshop 窗口和基本操作的基础上，又讲解了图像的编辑、使用工具箱、图像色彩和色调的控制、使用路径、图层、通道和蒙版、使用文字、滤镜等，在最后一节分析评价中介绍了学习 Photoshop 的方法。

■ 主要概念和观念

□ 主要概念
曲线　通道　蒙版　滤镜　分辨率　位图图像　矢量图　色彩模式

□ 主要观念
层　模糊

■ 基本训练

□ 知识题

▲ 选择题

△ 单项选择

（1）Photoshop 是美国 Adobe 公司于（　　）推出的图像处理软件。

A. 20 世纪 80 年代初　　　　　　　　　B. 20 世纪 80 年代末

C. 20 世纪 90 年代初　　　　　　　　　D. 20 世纪末

（2）图像旋转其中"任意角度"命令的参数最大可以是（　　）的角度。

A. –359.99 至 359.99　　　　　　　　B. 0 至 360

C. –180 至 180　　　　　　　　　　　D. –180 至 359.99

□ 技能题

▲ 单项操作训练

（1）制作如图 13–38 所示的网页常见渐变按钮。

图 13–38　渐变按钮

（2）制作如图 13–39 所示的半圆柱形按钮。

图 13–39　半圆柱形按钮

▲ 综合操作训练

请为图书"数字图像艺术"制作在网页上展示的封面图像。

要求：（1）图书封面为 32K（130mm×185mm）4 色铜版印刷；

（2）网页图像大小为 350×462px；

（3）用数字"0"和"1"作背景图案底纹；

（4）背景图案底纹要有渐变效果；

（5）画面颜色除黑白灰色外只能任选一种其他颜色；

（6）要有 2 种颜色渐变效果；

（7）利用"0"和"1"组成的图案任意使用滤镜，在封面上制作图案效果；

（8）图书名称要求有变形（缩放、倾斜……）或样式。

提示：数字花纹可利用"扭曲—极坐标"滤镜制作。

■ 观念应用

□ 案例题

见图 13–40。

图 13–40　案例图

问题：

（1）在 Photoshop 里，墙面上的标识与名称的透视是通过什么命令完成的？最少需要几个步骤？

（2）标识的立体效果是怎么做出来的？

□ **实训题**

用三种或三种以上不同的操作方式（工具或命令）来完成同一个作品。

□ **讨论题**

Photoshop 软件的最大优势是什么？

第 14 章

网页制作软件
——Dreamweaver

■ 学习目标

14.1　Dreamweaver 基本知识

14.2　页面和超链接创建

14.3　站点

14.4　框架、AP Div（层）与 CSS 样式的使用

14.5　利用模板创建网页

14.6　分析评价

■ 本章小结

■ 主要概念和观念

■ 基本训练

■ 观念应用

■ **学习目标**

知识目标：

　　了解使用 Dreamweaver 进行网站开发的基本知识和流程。

技能目标：

　　能够较熟练地运用 Dreamweaver 制作网页，熟悉框架、层、CSS 样式的使用。

能力目标：

　　能独立或者团队合作制作个人站点及商务网络站点。

引例　用 Dreamweaver 制作网页

在第 12 章中我们学习了用 HTML 语言建立简单的网页，但是都是较简单的例子，虽然也可以用 HTML 语言编写复杂的网页，但是那要求很高的编程技巧，要记住复杂的 HTML 标记，对一个初学者来说显然要求太高，而且没有必要。制作网页最简单的方法就是使用网页制作工具，如在业界非常流行的 Dreamweaver MX，可以像编辑 Word 文档一样编辑网页，不必懂 HTML 语法规则，一切由程序完成，如果对自动生成的 HTML 源文件不满意，还可以手动修改代码，在 Dreamweaver MX 编辑环境里面，使用代码模式、拆分模式、设计模式使你的工作变得特别容易。

我们现在来看图 14-1 的例子。我们截取了一个网站首页的一部分，从中可以看到，这个网页图文很多，且有多种样式，还有表单等需要关联数据库的动态设计。通过查看源文件，可以看到单单这样一个页，编制有七百多行代码。如果用 HTML 来编程，无疑是很费时间的，但使用 Dreamweaver 很快就能制作出这样一个页面。

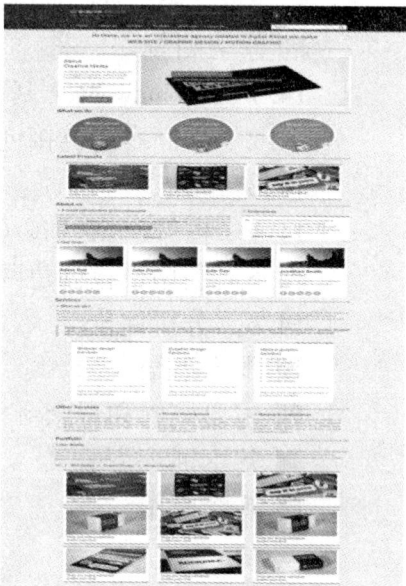

图 14-1　网页文件截图

在这一章里面，就为大家简单介绍一下这款神奇的网页制作工具。

14.1　Dreamweaver 基本知识

14.1.1　Dreamweaver 简介

Dreamweaver 是 Adobe 公司出品的一款"所见即所得"的网页编辑工具。与 FrontPage 不同，Dreamweaver 采用的是浮动面板的设计风格，初学者可能会感到不适应，但习惯了其操作方式后，就会发现 Dreamweaver 的直观性与高效性是 FrontPage 所无法比拟的。

Dreamweaver 对于 DHTML（动态网页）的支持特别好，可以轻而易举地做出很多炫目的互动页面特效，插件式的程序设计使得其功能可以无限地扩展。

Dreamweaver 有很多版本，当年的 Dreamweaver 4 是用来做静态页面的，与之同期的有另一个版本 Dreamweaver UltraDev，用来做动态技术的网站，如 ASP、JSP 等。之后出了 Dreamweaver MX 把 Dreamweaver 4 和 Dreamweaver UltraDev 整合起来。现在的版本是 Dreamweaver CC，其实只要掌握了最基本的用法，不管用的是哪个版本都可以做出效果很好的网站。

14.1.2　Dreamweaver 工作窗口

Dreamweaver 的工作窗口主要包括功能菜单、插入栏、文档工具栏、文档窗口、状态栏、属性面板、功能面板等，如图 14-2 所示。

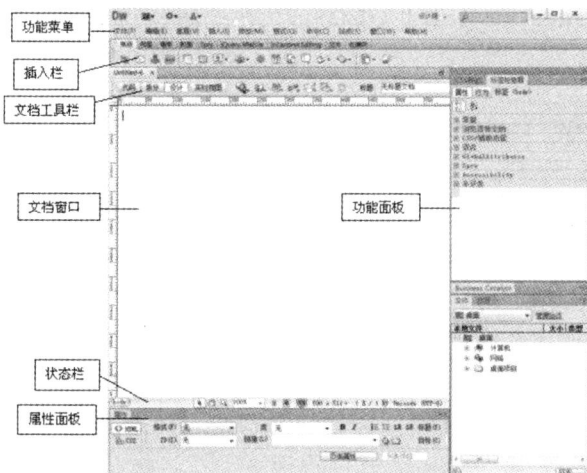

图 14-2　Dreamweaver 工作窗口

1）功能菜单

功能菜单拥有"文件"、"编辑"、"查看"、"插入"、"修改"、"格式"、"命令"、"站点"、"窗口"、"帮助"等 10 个菜单分类，单击这些菜单可以打开其子菜单。Dreamweaver 的菜单功能极其丰富，几乎涵盖了所有的操作功能。

2）插入栏

插入栏包含用于将各种类型的"对象"（如图像、表格和层）插入到文档中的按钮，每个对象都是一段 HTML 代码，允许您在插入它时设置不同的属性，例如，可以通过单击"插入"栏中的"表格"按钮插入一个表格，也可以不使用"插入"栏而使用"插入"菜单插入对象。

3）文档工具栏

文档工具栏中包含一些按钮，使用这些按钮可以在"代码"视图、"设计"视图以及"拆分"视图间快速切换。文档工具栏还包含一些与查看文档、在本地和远程站点间传输文档有关的常用命令和选项。

4）文档窗口

显示当前创建和编辑的文档。Dreamweaver 文档窗口提供了几种视图模式，可以任意选择。

（1）设计视图

设计视图是一个用于可视化页面布局、可视化编辑和快速进行应用程序开发的设计环境。在该视图中，Dreamweaver 显示文档的完全可编辑的可视化表示形式，类似于在浏览器中查看页面时看到的内容。

（2）代码视图

代码视图是一个用于编写和编辑 HTML、JavaScript、服务器语言代码以及任何其他类型代码的手工编码环境。

（3）拆分视图

拆分视图使用户可以在一个窗口中同时看到同一文档的"代码"视图和"设计"视图。

5）状态栏

状态栏提供与正在创建的文档有关的其他信息，如图 14-3 所示。

图 14-3　状态栏

A：标签选择器 B：选取工具 C：手形工具 D：缩放工具 E：设置缩放比率 F：窗口大小 G：下载文件大小/下载时间 H：编码格式

6）属性面板

用于查看和更改所选对象或文本的各种属性，每种对象都具有不同的属性。

在工作窗口右侧，主要分布着"CSS 样式"面板、"应用程序"面板"文件"面板等功能面板。

14.1.3　参数设置

在 Dreamweaver 中通过设置相关参数，可以改变操作环境，从而使其更加符合设计者的设计需要。常见的设置有"预览设置"、"设置外部编辑器"、"编辑快捷键"、"设置页面属性"等，其他的参数设置和这些方法相同，用户可以根据需要自行设置。

如在"编辑"菜单中选择首选参数，在这里，你可以把自己的 Dreamweaver 设置为自己喜欢的样式，一般使用默认就可以了，如图 14-4 所示。

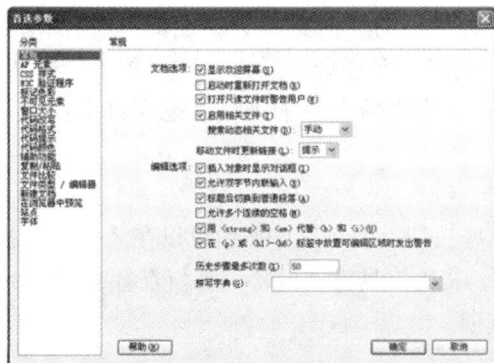

图 14-4　在 Dreamweaver 中通过设置相关参数

14.2　页面和超链接创建

14.2.1　页面内容创建

不管我们做什么，内容总是最重要的，使用工具软件开发作品时尤其如此，在本节里，我们先从页面内容谈起。

1）文本对象

首先来介绍创建一个新的空白网页。

一般推荐用户在站点窗口完成新建网页文件的操作，这样有助于清楚新建的页面在整个网站的具体位置。

在文档窗口中选择"文件—新建"就可以创建新网页。在 Dreamweaver 中新建文档的具体操作步骤如下。

①依次选择"文件—新建"菜单命令，打开"新建文档"对话框，如图 14-5 所示。

②在"空白页"选项卡内的"页面类型"列表框中选择所要创建的文档类型，然后在"布局"列表框中选择想要创建的样式，然后单击"创建"按钮即可。

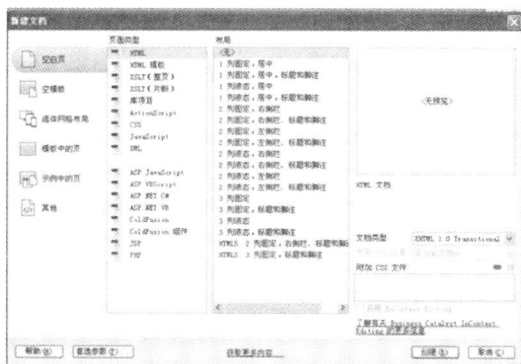

图 14-5　新建 Dreamweaver 网页

设置页面属性是在正式开始制作网页前一个必不可少的工序，可使用"页面属性"对话框指定网页面的若干基本页面布局选项，包括字体、背景颜色和背景图像。执行"修改—页面属性"命令，在弹出窗口进行页面属性设置。如图 14-6 所示。

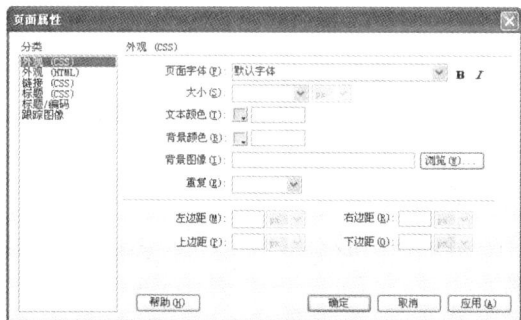

图 14-6　设置页面属性

标题：页面的标题会直接显示在浏览器的左上方。务必要养成每一页都设定一个标题的习惯，这既便于访问者浏览，也有助于在网页编辑的过程中区分不同的页面。虽然标题并不是一个网页必要的元素，但却能够体现网页制作者是否从细节处为浏览者着想。

背景图像：点击浏览按钮，可以为网页添加背景图片。

背景：默认为白色，点击可以选择其他的颜色。

文本：文字默认设置为黑色。要注意，假如不对背景及文字的颜色进行设置（此时RGB色值显示为空），那么浏览器在显示页面的时候，就会采用系统的默认设置。但因为不同的系统的设置可能会有所区别，这样就会导致页面的显示效果也是千差万别。因此，为了让页面充分体现出设计思想，最好设定页面的背景颜色及文字颜色。

链接：设定超链接的颜色，默认为蓝色。

上边距和左边距：设置左部及上部的页边距，一般都设置为"0"以方便网页的编辑。

最后，因为新创建的网页文件是空白的，没有任何内容，我们可以为它添加各种网页元素。Dreamweaver 使用户可以通过直接键入、复制和粘贴或导入方式轻松地将文本插入文档中，Dreamweaver 不保留在其他应用程序中应用的文本格式，但它保留换行符。

【小资料14-1】

插入连续空格小知识

HTML 只允许字符之间包含一个空格，若要在文档中添加其他空格，必须插入连续空格。Dreamweaver 可以设置一个在文档中自动添加连续空格的参数选择。选择"插入—HTML—特殊字符—连续空格"，或者按 Ctrl+Shift+空格键。

我们还可以将 Word 或 Excel 文档的内容添加到新的或现有的 Web 页中，将文件从当前位置拖放到显示内容的页中，如果出现"插入 Microsoft Word 或 Excel 文档"对话框，单击"将文档的内容插入到此 Web 页中"，然后单击"确定"，Word 或 Excel 文档的内容就会出现在页面中。使用属性检查器或"文本"菜单中的选项可以设置或更改所选文本的字体特性，设置字体类型、样式（如粗体或斜体）和大小。

2）图像对象

（1）插入图像

在将图像插入 Dreamweaver 文档时，Dreamweaver 自动在 HTML 源代码中生成对该图像文件的引用。为了确保此引用的正确性，该图像文件必须位于当前站点中，如果图像文件不在当前站点中，Dreamweaver 会询问是否要将此文件复制到当前站点中。

用户还可以插入动态图像。动态图像指那些经常变化的图像，例如，广告横幅旋转系统需要在请求页面时从可用横幅列表中随机选择一个横幅，然后动态显示所选横幅的图像。

（2）插入图像占位符

图像占位符是在准备好将最终图形添加到 Web 页之前使用的图形，我们可以使用以下操作来插入图像占位符：

①"文档"窗口中，将插入点放置在要插入占位符图形的位置。

②插入栏中，单击"图像占位符"图标 ，或者选择"插入—图像占位符"，"图

像占位符"对话框随即显示。

③在该对话框中,为图像占位符选择选项,您可以设置占位符的大小和颜色,并为占位符提供文本标签。

(3)调整图像大小

以可视方式调整图像的大小按以下步骤操作:

①在"文档"窗口中选择该图像(如一个图像或 SWF 文件),在图像的底部、右侧及右下角出现调整大小手柄,如果未出现调整大小控制点,则单击图像以外的部分然后重新选择它,或在标签选择器中单击相应的标签以选择该图像。

② 执行下列操作可以调整图像的大小:

若要调整图像的宽度,可拖动右侧的选择控制点。

若要调整图像的高度,可拖动底部的选择控制点。

若要同时调整图像的宽度和高度,可拖动顶角的选择控制点。

若要在调整图像尺寸时保持图像的比例(其宽高比),则在按住 Shift 键的同时拖动顶角的选择控制点。

3)其他多媒体对象

可以将以下媒体文件合并到 Dreamweaver 页中:Flash 和 Shockwave 影片、QuickTime、AVI、Java Applet、ActiveX 控件以及各种格式的音频文件。

以下操作可以在页面中插入媒体对象:

①将插入点放在"文档"窗口中希望插入该对象的位置。

②执行下列操作之一插入对象:在"插入"栏的"常用"类别中,单击"媒体"按钮,并选择要插入的对象类型的按钮,或者从"插入—媒体"子菜单中选择适当的对象,如图 14-7 所示。

图 14-7 插入多媒体对象

在大多数情况下,会出现一个对话框,可从中选择源文件并为媒体对象指定某些参数。

14.2.2 创建超链接

超链接是一个网页的灵魂,学好它是做一个好的 Web 站点的必要前提。在第 12 章已经介绍过 HTML 语言,这里再做以延伸和拓展。

1)超链接类型

网站中有很多的页面,如果页面之间是彼此独立的,那么网页就好比是孤岛,这样的网站是无法运行的,为了建立起网页之间的联系我们必须使用超链接。

下面我们就来讨论怎样在网页中创建超链接。

Dreamweaver 提供多种创建超文本链接的方法，可创建到文档、图像、多媒体文件或可下载软件的链接。可以建立到文档内任意位置的任何文本或图像（包括标题、列表、表、AP Div 或框架中的文本或图像）的链接。

链接的创建与管理有几种不同的方法，有些 Web 设计者喜欢在工作时创建一些指向尚未建立的页面或文件的链接；而另一些设计者则倾向于首先创建所有的文件和页面，然后再添加相应的链接；另一种管理链接的方法是创建代替最终文件的占位符页面，这样可以快速添加链接，而且可在实际完成所有页面之前对这些链接进行检查。

2）绝对路径与相对路径

绝对路径提供所链接文档的完整 URL，而且包括所使用的协议（如 Web 页通常使用 http：//），例如，http：//www. adobe. com/support/dreamweaver/contents. html 就是一个绝对路径。尽管对本地链接（即到同一站点内文档的链接）也可使用绝对路径链接，但不建议采用这种方式，因为一旦将此站点移动到其他域，则所有本地绝对路径链接都将断开。

文档相对路径对于大多数 Web 站点的本地链接来说，是最适用的路径。在当前文档与所链接的文档处于同一文件夹内，而且可能保持这种状态的情况下，文档相对路径特别有用，文档相对路径还可用来链接到其他文件夹中的文档，方法是利用文件夹层次结构，指定从当前文档到所链接的文档的路径。**文档相对路径**的基本思想是省略掉对于当前文档和所链接的文档都相同的绝对 URL 部分，而只提供不同的路径部分。

3）创建超链接

在一个文档中可以创建以下几种类型的链接：

①链接到其他文档或文件（如图形、影片、PDF 或声音文件）的链接。

②命名锚记链接，此类链接跳转至文档内的特定位置。

③电子邮件链接，此类链接新建一个收件人地址已经填好的空白电子邮件。

④空链接和脚本链接，此类链接使用户能够在对象上附加行为，或者创建执行 JavaScript 代码的链接。

注意：创建链接之前，一定要了解文档相对路径、站点根目录相对路径以及绝对路径的工作方式。

使用属性检查器和"指向文件"图标 可创建从图像、对象或文本到其他文档或文件的链接。超链接创建面板如图 14-8 所示。

图 14-8　超链接创建面板

4）管理超链接

为避免站点中出现失效链接，可以激活链接管理，使 Dreamweaver 在作出更改后自动更新链接，也可以使用站点的可视化表示形式来修改链接，还可以通过一次更改将所有链接更新到一个特定的文件中，每当在本地站点内移动或重命名文档时，Dreamweaver 可自动更新指向该文档的链接。当将整个站点（或其中完全独立的一个部分）存储在本地硬盘上时，此项功能最适用。

14.3　站点

在 Dreamweaver 中，"站点"是网站中使用的所有文件和资源的集合。站点可以组织和管理所有的 Web 文档，将创建的站点上传到 Web 服务器，跟踪和维护链接以及管理和共享文件。定义一个站点可以充分利用 Dreamweaver 的功能以减少错误，如路径出错、链接出错等。

站点通常由两部分文件夹组成，可在其中存储和处理文件的计算机上的本地文件夹和可在其中将相同文件发布到 Web 服务器上的远程文件夹。

1）创建本地站点

在 Dreamweaver 中创建本地站点的具体操作步骤如下：

①菜单栏选择"站点—新建站点"；

②在弹出的"站点设置"对话框的"站点名称"栏输入站点名称，然后选择本地站点文件夹位置，或创建本地站点文件夹，最后点击保存。

这时，在文件夹面板会显示当前站点的最新本地根文件夹（如图 14-9 所示）。文件夹面板中的文件列表将作为文件管理器，以便复制、粘贴、删除、移动和打开文件，就像在桌面上一样简单。在该面板中，不仅可以将本地文件上传到服务器，也可以将服务器上的文件下载到本地。

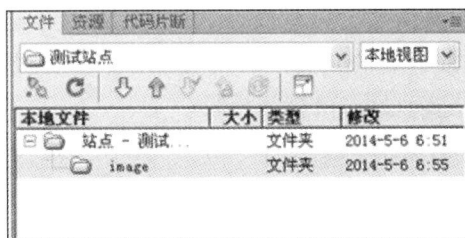

图 14-9　站点文件夹

2）管理本地站点

创建站点后，还需要对站点进行管理。在 Dreamweaver 的主菜单中，选择"站点-管理站点"，可以打开如图 14-10 所示的站点管理器对话框。在该对话框中，可以对已经创建的站点进行管理。例如，切换、添加和删除等。

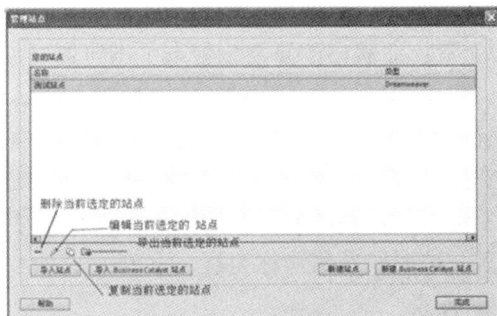

图 14-10　站点管理器

14.4 框架、AP Div（层）与 CSS 样式的使用

我们在设计某个页面的时候，首先应该有一个页面架构与布局的蓝图。然后根据蓝图通过编辑工具来实现它，在 Dreamweaver 里面这是很容易实现的。

14.4.1 页面架构与布局

在 Dreamweaver 中可以使用表格进行布局，或使用 CSS 在文档中添加内容块来进行布局，可以插入<div>标签并对其应用 CSS 定位样式，或者使用 AP Div（层）来创建布局。

无论使用 CSS、表格还是框架对页面进行布局，Dreamweaver 都用标尺和网格来作为布局中的可视化指导。Dreamweaver 还提供跟踪图像功能，可以使用该功能来重新创建已经使用图形应用程序创建的页面设计。

框架提供将一个浏览器窗口划分为多个区域、每个区域都可以显示不同 HTML 文档的方法，现多见 T 形、门形及 pop 形等。框架是浏览器窗口中的一个区域，它可以显示与浏览器窗口的其余部分中所显示内容无关的 HTML 文档；框架集是 HTML 文件，它定义一组框架的布局和属性，包括框架的数目、框架的大小和位置以及在每个框架中初始显示的页面的 URL。使用框架的最常见的情况就是，一个框架显示包含导航控件的文档，而另一个框架显示含有内容的文档。

14.4.2 表格的作用

表格是网页的一个非常重要的元素，因为 HTML 本身并没有提供更多的排版手段，所以我们往往需要借助表格实现网页的精细排版。

表格是用于在页面上显示表格式数据以及对文本和图形进行布局的强有力的工具。表格由一行或多行组成，每行又由一个或多个单元格组成。虽然 HTML 代码中通常不明确指定列，但 Dreamweaver 允许操作列、行和单元格。当选定的表格或表格中有插入点时，Dreamweaver 会显示表格宽度和每个表格列的列宽。

14.4.3 AP Div（层）的作用

最初的 Web 页面的排版是完全平面式的，在 HTML 2.0 以后，表格得到了广泛的应用，设计者可以精确地布置页面上的元素。但是随着页面的复杂程度的增加，设计者越是想精确布局，页面的表格就越复杂，从而给设计者和浏览者都带来了一定的困难：设计者无法随心所欲地放置页面元素；而表格的复杂化带来了浏览器缓冲时间的增加，用户等待时间加长。

为了解除这些困扰，新的 CSS 中包含了一个绝对定位的特性，它允许设计者将页面上的某个元素定位到任何地方，而且，除了平面上的并行定位，还增加了三维空间的定位 Z-INDEX。因为 Z-INDEX 定义了堆叠的顺序，类似于图形设计中使用的图层，所以拥有了 Z-INDEX 属性的块元素，被人们形象地称为层。在 Dreamweaver cs4 中被称作 AP Div，也被称为 AP 元素或 CSS-P 元素。

AP Div 和表格一样可以作为网页布局的容器，AP Div 内可以包含文本、图形图像、

动画、音频、视频、表格等一切可以放置到 HTML 中的元素，甚至可以在 AP Div 内放置
AP Div。

14.4.4　表格与 AP Div（层）的使用

1）插入表格

点击对象面板的 ![图标] 可到如图 14-11 所示的对话框。

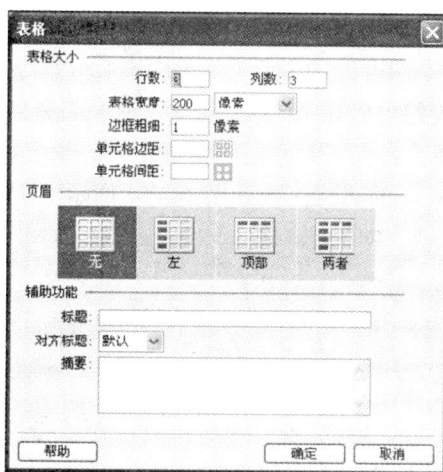

图 14-11　表格

在这里可以设置表格的行数、列数，表格的宽度，单位可以是像素（pixels）或百分
比（percent），按像素定义的表格大小是固定的，而按百分比定义的表格，会按照浏览器
的大小而变化。

在表格线上点一下，可以全选整个表格，如图 14-12 所示。

图 14-12　表格属性

![图标]消除列的宽度设置；![图标]消除行的高度设置；![图标]将表格宽度的设置由百分比转换
为像素；![图标]将表格高度转化为像素；![图标]将表格宽度转化为百分比；![图标]将表格高度转化
为百分比。

如果我们把光标移到其中一个单元格，此时看到的属性面板又会有所不同，如图
14-13所示。

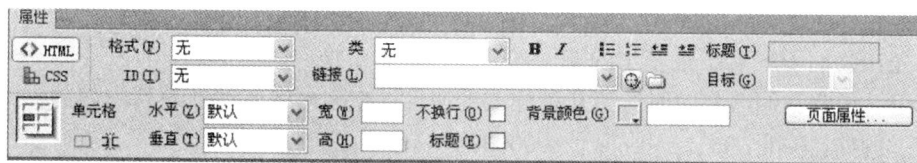

图 14-13　表格单元格属性

2）AP Div（层）的使用

AP Div（层）是一种 HTML 页面元素，可以将它定位在页面上的任意位置，AP Div 可以包含文本、图像或其他任何可在 HTML 文档正文中放入的内容，Dreamweaver 使用户可以方便地在页面上创建 AP Div 并精确地将 AP Div 定位。

当插入一个 AP Div 时，"设计"视图中会显示 AP Div 代码标记，Dreamweaver 将默认显示该 AP Div 的边框，并在指针滑过该块时高亮显示该块（只要该块具有相关联的 class、id 或 style），可以通过禁用不可见元素并隐藏层边框来关闭 AP Div 代码标记。

在"布局"类别中单击按钮 ，或者在菜单中选择"插入—布局对象—AP Div"就可以创建出一个 AP Div，我们可以在 AP Div 上输入绝大部分的网页元素，例如图片、文字、表格，层的好处是可以放置在页面的任何位置。

选择一个 AP Div 后，对应的属性面板如图 14-14 所示。

图 14-14　层属性

可以在这里设置 AP Div 的各种属性，也可以直接在"设计"视图中通过鼠标拖拉一个 AP Div 出来，然后调整其位置和大小尺寸。

14.4.5　CSS 样式的使用

在上面我们已经学习过要改变字体的颜色、大小等，可以先选取文字，再在属性面板上进行设置，如果文字或图片非常多，一一设置会很麻烦。下面我们学习另一种定义方法。

CSS 是 Cascading Style Sheets（层叠样式表单）的简称，它允许作者在 HTML 文档中加入样式（如字体类型、颜色、大小等），对于设计者来说它是一个非常灵活的工具，不必再把繁杂的样式定义编写在文档结构中，可以将所有关于文档的样式指定内容脱离出来，在行内定义、在标题中定义，甚至作为外部样式文件供 HTML 调用。CSS 在当前的网页设计中已经成为不可缺少的技术，如我们现在最常见的去除链接文字的下划线就是 CSS 最简单的应用。

CSS 是一系列样式的集合，使用 CSS 可以有效地分离页面的内容与格式，从而减少网页设计的工作量。CSS 的语法结构由 3 部分组成，分别为选择符（selector）、样式属性（properties）和属性的取值（value）。基本语法如下：选择符｛样式属性：属性的取值｝。

例如：body｛color：black｝，是表示使页面中的文字为黑色。

首先让我们了解 CSS 最基本的特性：分组、继承、层叠。

分组：通常我们需要同时改变几种样式的属性，CSS 允许通过分隔其内容的方式来进行分组。例如：body，td，p｛color：#000000，text-align：left｝。

继承：通过继承，CSS 设置可以被应用到多个标识中，绝大部分（但不是全部）的 CSS 可以通过封闭 CSS 选择器中的 HTML 标识来被继承，例如通过一个 CSS 设置来改变整个页面的字体：

body｛font-family：" Arial"；font-size：14px；line-height：18px；color：#000000｝。

这种形式的定义之所以成为可能，是因为<body>标识被认为是页面上所有元素的父标识。

层叠：Cascading 描述了覆盖通用样式的局部样式的能力，在相同的方式中，一个普遍地应用到某一块文本上的 CSS 规则可以被其他应用到相同文本中某个更为特殊的部分的规则所覆盖。

样式表的使用有三种方式：连接、导入和嵌入。其中连接和导入可用于多个页面共用一个样式表文件（在这两种方式中，通常连接方式在浏览器中得到更好的支持）；嵌入则仅对单一页面起作用。在 Dreamweaver 3 及以前的版本中，用户可以选择使用哪种方式设置 CSS，但从 Dreamweaver 4 以来，默认的是使用 LINK 方式，即只要用户设置 CSS，那么就自动将其设置保存为一个 CSS 文件，以便在站点文件中调用。

下面为嵌入式定义本页的样式。打开 CSS 面板，点击 CSS 面板上的 ➕ 新建一个样式表，如图 14-15 所示。

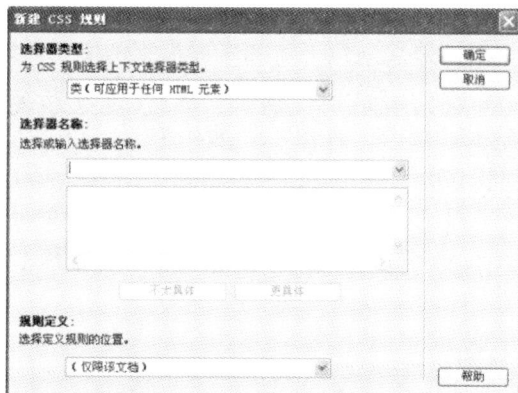

图 14-15　新建 CSS 样式

选中"标签（重定义 HTML 元素）"和"仅限该文档"两项，标签选取<body>，按"确定"后，出现如图 14-16 所示的对话框。设好后按"确定"。

说明：还可以定义边框，背景，有无上、下划线等。

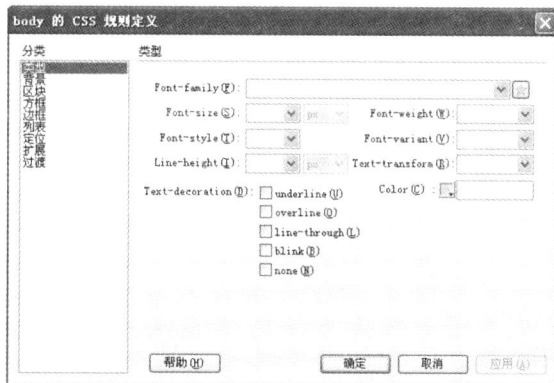

图 14-16　body 的 CSS 规则定义

【观念应用 14-1】

千龙网网站的首页及各级页面

浏览千龙网网站的首页及各级页面。

要求：清楚其页面框架，了解表格、AP Div 或 CSS 样式在其页面上的应用。

分析：本节介绍了框架、表格、AP Div 和 CSS 样式及它们的简单制作方法。框架可以通过观察其整个页面整体布局得出，表格及 AP Div 在其上的应用则可以通过将下载页面导入 Dreamweaver 软件再进行分析，CSS 样式可利用其分组、继承、层叠特性在多级页面比较中了解掌握。

14.5 利用模板创建网页

14.5.1 Dreamweaver 模板

当需要制作大量布局基本一致的网页时，使用模板是最好的方法。模板创作者在模板中设计"固定的"页面布局，然后创建可在基于该模板的文档中进行编辑的区域；如果创作者没有将某个区域定义为可编辑区域，那么模板用户就无法编辑该区域中的内容。模板创作者控制哪些页面元素可以由模板用户（如作家、图形艺术家或其他 Web 开发人员）进行编辑，文档中可以包含数种类型的模板区域。

模板最强大的用途之一在于一次更新多个页面，使基于模板创建的文档与该模板保持连接状态（除非以后分离该文档），可以修改模板并立即更新基于该模板的所有文档中的设计。

14.5.2 模板区域的类型

将文档另存为模板时，Dreamweaver 自动锁定文档的大部分区域，模板创作者指定基于模板的文档中的哪些区域可编辑，方法是在模板中插入可编辑区域或可编辑参数。

创建模板时，可编辑区域和锁定区域都可以更改，但是，在基于模板的文档中，模板用户只能在可编辑区域中进行更改，无法修改锁定区域。模板区域共有四种类型：

可编辑区域是基于模板的文档中的未锁定区域；它是模板用户可以编辑的部分，模板创作者可以将模板的任何区域指定为可编辑的。要让模板生效，它应该至少包含一个可编辑区域；否则，将无法编辑基于该模板的页面。

重复区域是文档中设置为重复的布局部分，例如，可以设置重复一个表格行。通常重复部分是可编辑的，这样模板用户可以编辑重复元素中的内容，同时使设计本身处于模板创作者的控制之下。在基于模板的文档中，模板用户可以根据需要使用重复区域控制选项添加或删除重复区域的副本。

可选区域是在模板中指定为可选的部分，用于保存有可能在基于模板的文档中出现的内容（如可选文本或图像）。在基于模板的页面上，模板用户通常控制是否显示内容。

可编辑标签属性使用户可以在模板中解锁标签属性，使该属性可以在基于模板的页面中编辑。

【观念应用 14-2】

基于网页创建模板。

要求：对现存网页进行改进，并创建为自己的网页模板。

分析：可应用网站的各个区域中，可编辑区域开放性最好，重复区域在页面中出现最多，可选区域及标签属性区域则用于进一步控制模板。基于网页创建自己的模板时最简便的方法则是直接通过修改可编辑区域来进行改进。

操作步骤：

①打开一个已经存在的网页，如图 14-17 所示，打开示例站点中已经建好的index. htm 文件，执行打开"文件"操作。

②另存为模板。点击"另存为模板"，选择模板存放的站点，在"另存为"中为模板输入一个唯一的名称，单击保存按钮，如图 14-18 所示。

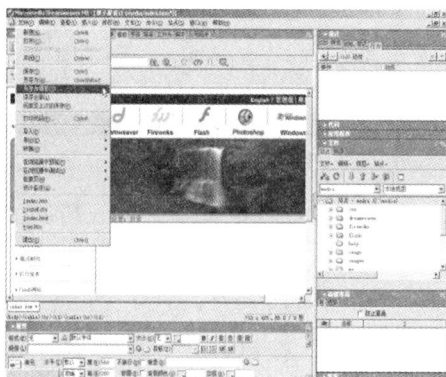

图 14-17　Dreamweaver 工作界面

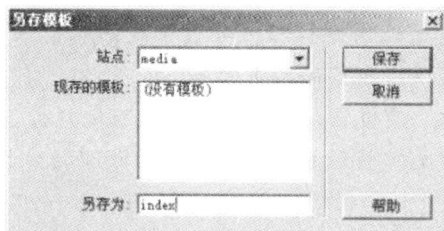

图 14-18　模板存储面板

③新建可编辑区域。在"插入栏"选择"模板"，然后单击"可编辑区域"。在"名称"文本框中为该区域输入唯一名称，如图 14-19 所示。

图 14-19　定义可编辑区域名称

④重复这个过程，可以再做一些"可编辑区域"。打开"文件"菜单，单击"保存"，一个模板就做好了。

14.5.3 应用模板

为了简化制作过程，常常采用先制作出页面，再应用模板的方法。

简明步骤：打开一个有内容的页面→打开资源面板→点击模板按钮→选择一个模板→点击应用按钮→指定可编辑区域→确定。

①打开一个填充了内容的网页。

②打开资源面板，点击"模板"按钮，打开模板类别，如图 14-20 所示。

图 14-20　应用模板

③选择一个模板，点击"应用"按钮。

④将内容移到新区域，按"确定"按钮。

【观念应用 14-3】

使用商业网站模板

要求：通过互联网下载商业网站模板，分析下载到的模板站点的四种类型的模板区域，熟悉各个区域后将其修改成自己的网页模板。

分析：根据可编辑区域、重复区域、可选区域及可编辑标签属性的特征判断出各个区域并对其进行修改，再按照创建模板的方法对其进行操作。

14.6　分析评价

Dreamweaver 作为一个 Web 站点开发工具，其功能是非常强大的，下面总结一下其优点：

（1）完全用户自定义控制可以迅速完成页面以及站点的设计，通过 Dreamweaver 与其他群组产品的配合使用以及众多第三方支持可轻松完成发布动态电子商务网站，到目前为止，全世界超过 60% 的专业网页设计师都在使用 Dreamweaver 。

（2）Dreamweaver 支持最新的 Web 技术，包含 HTML 检查、HTML 格式控制、HTML 格式化选项、HomeSite/BBEdit 捆绑、可视化网页设计、图像编辑、全局查找替换、FTP 功能、处理 Flash 和 Shockwave 等媒体格式和动态 HTML、基于团队的 Web 创作，在编辑上可以选择可视化方式或者用户喜欢的源代码编辑方式。

（3）Dreamweaver 是一个用于可视化设计与管理网页和网站的专业级 HTML 编辑器，

无论是亲自书写 HTML 代码还是在可视化编辑环境中工作，Dreamweaver 都能很快上手并且提供有用的工具来增加用户的网页设计经验。

（4）Dreamweaver 包含很多编码工具和特性：一个 HTML、CSS 和 JavaScript 参考，一个 JavaScript 调试器和代码编辑器（代码视图和代码检查器）。可以使用代码编辑器直接在 Dreamweaver 中编辑 Javascript、XML 和其他文本文档。Macromedia 往返 HTML 技术可以使在导入 HTML 文档时不需重新格式化代码。

（5）Dreamweaver 中的可视化编辑功能可以为页面快速添加设计和功能，而不用另写一行代码，可以查看所有的站点元素或资源，并且可以直接将它们从一个易用面板中拖动到文档，可以程序化开发流程：在 Macromedia Fireworks 中创建和编辑图像，然后直接将它们导入到 Dreamweaver 中，或直接将创建的 Flash 对象添加到 Dreamweaver 中。

（6）Dreamweaver 是可以完全自定义的，可以使用 Dreamweaver 创建自己的对象和命令、修改快捷键，甚至可以书写 JavaScript 代码，从而用自己创建的新行为、属性检查器和站点报告来扩展 Dreamweaver 的功能。

■ 本章小结

本章在对 Dreamweaver 简要介绍的基础上学习了其工作环境与参数设置，接下来详细介绍了页面内容、超链接、库、框架、AP div、CSS 样式的使用，第四节学习了模板的相关知识及其使用，最后对 Dreamweaver 的优点进行了总结。

■ 主要概念和观念

□ 主要概念
绝对路径　文档相对路径　CSS　模板

□ 主要观念
框架　表格　AP div　CSS 样式

■ 基本训练

□ 知识题
　▲ 简答题
（1）简述创建一个新站点的一般步骤。
（2）简述 AP div 和表格的作用。
（3）什么是 Dreamweaver 模板？模板区域有哪些类型？
　▲ 选择题
　△ 单项选择
（1）在 Dreamweaver 中下面可以用来做代码编辑器的是(　　　)。
A. 记事本程序（Notepad）

B. Photoshop

C. Flash

D. 以上都不可以

（2）在创建模板时，下面关于可选区的说法正确的是（   ）。

A. 在创建网页时定义的

B. 可选区的内容不可以是图片

C. 使用模板创建网页，对于可选区的内容，可以选择显示或不显示

D. 以上说法都错误

（3）在 Dreamweaver 中，能对其设置超链接的对象是（   ）。

A. 任何文字

B. 图像

C. Flash 影片

D. 以上都可以

△ 多项选择

（1）File 菜单中的导入选项，可以导入（   ）类型的文件。

A. . htm   B. . xml

C. . css   D. . swf

（2）使用框架（Frame）制作主页，页面上已经创建了 3 个框架，当选择 File 菜单下的 Save All 进行文件保存时，系统将保存（   ）HTML 文件。

A. 3 个   B. 2 个

C. 4 个   D. 5 个

（3）关于表格的使用，以下说法正确的是（   ）。

A. 表格不能被任意拆分

B. 表格使得页面在不同平台、不同分辨率的浏览器中保持布局和对齐

C. 表格能够转化为 AP div

D. 任何层都可以被转化为表格

□ **技能题**

▲ 综合操作训练

根据提供的素材，自己创建一个网站，要求尽可能地使用学到的功能。

网站性质：企业

内容：公司简介、产品介绍、最新消息公告、技术咨询。

■ 观念应用

□ **案例题**

百度网站首页地址为 www. baidu. com 。

问题：

（1）打开百度网站首页，保存为 . html 文件。

（2）查看其源文件，列举出其所用的所有标签。

（3）在 Dreamweaver 里制作一个类似的网页。

□ **实训题**

在第 4 章的实训 1（为青岛市政府策划一个世园会）的策划基础上，使用 Dreamweaver 网页制作软件制作一个世园会网站。

□ **讨论题**

分析 Dreamweaver 与 Frontpage 各自的优点和不足。

综合案例

    2000 年 5 月 25 日，千龙网（见图综合案例–1）作为"国务院新闻办公室批准的全国第一家综合性新闻网站"正式开通，标志着真正具有划时代意义的网络新闻媒体已经产生。同年 8 月 8 日，千龙网首次成功地同时采用文字、音频、视频和图片等 4 种形式现场直播了"中国西部大开发高峰论坛"。8 月 31 日，第一次向京外派出记者采访，全程追踪了在四川成都举行的第六届全国大学生运动会。现在的千龙网，集报纸、广播、电视三大传统媒体的优点于一身，同时又首家开设视频新闻、音频新闻、图片新闻、卡通新闻等频道，在传统媒体与网络媒体的结合点上亮起了一面鲜艳的旗帜。

图综合案例–1　千龙网首页

    在其 Logo 上，独特的龙造型与"千龙网"的名字呼应，主色调上以明黄色为主，淡蓝色为辅，给人以明快、清新的感觉，让人印象深刻。在内容上，以新闻信息为主打，新闻频道采用了大多数网站设计常用的 3 栏制，在首屏的左上方是一副醒目的新闻主照片，形成了整个页面的视觉凝聚点，但又并不一定是头版头条的新闻配图。通过上方的导航按钮可以轻松查看"北京"、"时政"、"体育"、"文娱"等各个频道的新闻图片，设计独特灵活。在页面下方兼有主图和邮票式照片，起到导航和提示作用，整个页面文字与图片搭配和谐，版面美观。网站的整体设计使用 Dreamweaver 软件，编程语言使用 HTML 语言，Logo 等图片用 Photoshop 软件制作。同时，左上角的广告由 Flash 软件制作完成。

    千龙网的专题导航页整体上比较简单，一目了然，共分为新闻专题、资讯专题、互动专题、视频专题 4 类。其中重点是新闻专题，又分为北京、国内、国际、娱乐、体育、文化、军事、社会等几个板块，各板块以内容提要加下划线的形式列出一部分，附以"更多"链接。另外，编辑在各板块右上方附上了该板块的具体网址，如北京板块的网址是 http：//beijing. qianlong. com/，国内板块的网址是 http：//china. qianlong. com/。在千龙网的新闻专题报道中，尤其注重对背景资料的运用和挖掘，细致、全面，形式灵活多样。

    2006 年 4 月 9 日，针对一些网站存在着的传播不健康信息、刊载格调低下图片、提供不文明声讯服务、传播黄色内容等严重危害社会的问题，千龙网首先发起倡议，联合新浪、搜狐、网易等14家网络媒体向全国互联网界发出《文明办网倡议书》，倡议书的主要内容是：在互联网工作者中大力宣传、贯彻、落实胡锦涛总书记提出的以"八荣八耻"为主要内容的社会主义荣辱观；坚决抵制与社会公德和中华民族优秀传统美德相背离的不良信息，自觉抵制网络低俗之风，净化网络环境；坚持自我约束，实施行业自律；自觉接受管理，欢迎社会监督，提高网络媒体的社会公信力，让广大网民文明上网。4月20日，千龙网副总裁曾洪军在接受《工人日报》采访时说："文明办网是我们的社会责任，基于互联网对社会风气的影响力越来越大，千龙网要从新闻与信息的真实性与严肃性上下工夫。"

从2006年4月6日起，千龙网开始对公司全体员工进行学习教育和培训，正确认识当前形势，强化社会责任意识，做到"人人把关，个个守则"。各部门、各频道、各页面都进行了"地毯式"自查自纠，彻底删除所有有害信息。截至4月13日晚12点，总共关掉、删除含有不良信息的论坛3个，文章800篇，图片3 174张，贴文134条。

经过此次自查，千龙网80多个发送项目中，无一含有有害文字信息和图片信息。同时，在千龙网对本网站短信数据库的检查中，没有发现一条"黄段子"和一张色情图片。

千龙网在论坛和个人博客的引导方面也做了进一步探索。先审后发，网民发到论坛和博客上的内容，先发到论坛内部，论坛的管理人员一方面对信息进行证实核对，另一方面对一些不良信息从后台进行处理。

问题：

(1) 千龙网属于哪一类网络媒体？它和传统媒体的网络版有什么区别？

(2) 请分析千龙网的网站定位和网站结构。

(3) 结合千龙网的《文明办网倡议书》，请谈谈你对网络伦理的看法。

(4) 根据千龙网的 Logo，请写出或演示用 Photoshop 制作 Logo 的步骤。

综合实训

网站的设计也是网络编辑的一项重要的前提性工作。现在假设你要设计一个自己的网站，请拟出大致的操作步骤。请注意在操作中必须包括以下几个部分：

（1）确定网站主题。

（2）搜集材料。

（3）规划网站。

（4）选择合适的制作工具。

（5）制作网页。

（6）上传测试。

（7）推广宣传。

（8）维护更新。

综合讨论

（1）互联网与广播、电视、报纸等传统媒体在编辑业务、编辑理念上有什么相同和不同之处？有没有可以互相借鉴的地方？根据它们的不同，互联网行业从业人员与传统媒体从业人员相比，需要在哪些方面有所转变或突破？

（2）互联网行业中技术人员（非专业新闻人员）的大量加入，对网络编辑业务、理念等各方面有什么影响？你对此有什么看法？

（3）网络发展到今天，已经呈现出了更加多样化、个性化、自主化的形态，如微博、微信等为信息的传播提供了崭新的空间。那么，将来网络的发展趋势会是怎样的？网络这种新媒体在信息的传播上会有怎样的前景呢？请谈谈你的看法。

主要参考书目

［1］孙一平．新编计算机文化基础［M］．北京：科学出版社，2002.

［2］Matt H. 24 小时精通网络技术［M］．2 版．信达工作室，译．北京：人民邮电出版社，2001.

［3］徐祥征，曹忠民．计算机网络与 Internet 实用教程——技术基础与实践［M］．北京：清华大学出版社，2005.

［4］仲志远．网络新闻学［M］．北京：北京大学出版社，2002.

［5］陈彤，曾祥雪．新浪之道：门户网站新闻频道的运营［M］．福州：福建人民出版社，2005.

［6］李凌凌．网络传播理论与实务［M］．郑州：郑州大学出版社，2004.

［7］彭兰．中国网络媒体的第一个十年［M］．北京：清华大学出版社，2005.

［8］彭兰．网络传播概论［M］．北京：中国人民大学出版社，2001.

［9］张海鹰，滕谦．网络传播概论［M］．上海：复旦大学出版社，2001.

［10］竺培芬，李乔．网络传播研究——第四届全国科技传播研究会年会论文集［M］．上海：上海科学普及出版社，2002.

［11］冈特利特．网络研究——数字化时代媒介研究的重新定向［M］．彭兰，等，译．北京：新华出版社，2004.

［12］钟瑛．网络传播伦理［M］．北京：清华大学出版社，2005.

［13］谢新洲．网络传播理论与实践［M］．北京：北京大学出版社，2004.

［14］杜骏飞．网络新闻学［M］．北京：中国广播电视出版社，2001.

［15］杜骏飞．中国网络新闻事业管理［M］．北京：中国人民大学出版社，2004.

［16］许林．读图时代的新闻摄影论说［M］．北京：中国摄影出版社，2002.

［17］匡文波．网络传播技术［M］．北京：高等教育出版社，2003.

［18］匡文波．网民分析［M］．北京：北京大学出版社，2003.

［19］邓炘炘．网络新闻编辑［M］．北京：中国广播电视出版社，2005.

［20］何苏六，等．网络媒体的策划与编辑［M］．北京：北京广播学院出版社，2001.

［21］刘世英，等．网络时代的宠儿［M］．北京：中国时代经济出版社，2006.

［22］蓝鸿文．新闻伦理学简明教程［M］．北京：中国人民大学出版社，2001.

［23］周鸿铎，等．网络产业经营与管理［M］．北京：经济管理出版社，2005.

［24］刘一丁．中国新闻漫画［M］．北京：中国青年出版社，2004.

［25］黄瑚．新闻法规与职业道德教程［M］．上海：复旦大学出版社，2005.

［26］罗马尼罗．Photoshop CS 从入门到精通［M］．魏海萍，于晓菲，译．北京：电子工业出版社，2005.

［27］李金明，李金荣．中文版 Photoshop CS6 完全自学教程［M］．北京：人民邮电出版社，2012.

［28］胡崧．HTML 从入门到精通［M］．北京：中国青年出版社，2007.

［29］彭兰．网络新闻编辑教程［M］．武汉：武汉大学出版社，2007.

［30］巢乃鹏．网络媒体经营与管理［M］．福州：福建人民出版社，2007.

［31］新夫，范晓静，任利军．网络编辑实用教程（助理网络编辑师）［M］．北京：海洋出版社，2008.

［32］张海鹰．网络传播概论新编［M］．上海：复旦大学出版社，2008.

［33］彭兰．网络传播学［M］．北京：中国人民大学出版社，2009.

［34］匡文波．网络媒体的经营管理［M］．北京：中国传媒大学出版社，2009.

［35］孟科．网络传播技术［M］．北京：中国电影出版社，2009.

［36］匡文波．网络传播学概论［M］．3 版．北京：高等教育出版社，2009.

［37］赵志立．网络传播学导论［M］．成都：四川人民出版社，2009.

［38］雷跃捷，辛欣．网络传播概论［M］．北京：中国传媒大学出版社，2010.

［39］缪亮，彭示勤．Dreamweaver 网页制作实用教程［M］．北京：清华大学出版社，2008.

［40］董江勇，李博明．与 50 位网站主编面对面：BiaNews 网编训练营系列讲座［M］．北京：清华大学出版社，2010.

［41］宋文官，王晓红．网络信息编辑实务［M］．北京：高等教育出版社，2008.

［42］王晓红，谭云明，等．网络信息编辑［M］．北京：北京航空航天大学出版社，2009.

［43］赵丹．网络编辑实务［M］．杭州：浙江工商大学出版社，2010.

［44］范万生，张磊．网络信息采集与编辑［M］．北京：北京大学出版社，2010.

［45］克雷格．网络新闻学：新媒体的报道、写作与编辑［M］．刘勇，译.1 版．北京：中国时代经济出版社，2010.

［46］金力，刘路悦．网络编辑实训教程［M］．北京：北京大学出版社，2010.

［47］张子让．新闻编辑教程［M］．上海：复旦大学出版社，2010.

［48］刘行芳，刘修兵．新闻编辑原理与实务［M］．武汉：武汉大学出版社，2010.

［49］邓利平．新闻编辑学新编［M］．北京：北京大学出版社，2010.

［50］廉钢生，李廷艺．编辑修炼［M］．北京：中国时代经济出版社，2009.

［51］彭兰．网络传播案例教程［M］．北京：中国人民大学出版社，2010.

［52］张佰明，李志宏．网络传播实务［M］．北京：中国传媒大学出版社，2010.

［53］周庆祥．网络新闻：理论与实务［M］．台北：台湾风云论坛出版社有限公司，2005.

［54］中国互联网络信息中心（CNNIC）．中国互联网络发展状况统计报告（第 16 次

—第 33 次）［R］．2006—2014.

［55］数字艺术教育研究室．中文版 Dreamweaver CS6 基础培训教程［M］．北京：人民邮电出版社，2012.